志願服務理念與實務

Concept and Practice to Voluntary Service

陳武雄◎著

自　序

　　「古早善人造橋鋪路、摩登好人志願服務」，這句話是中華民國志願服務協會於民國八十七年舉辦「志願服務嘉句」徵句比賽，榮獲社會組第一名的一位社會青年所做的詮釋。心領神會，使人深切體悟，致力造橋鋪路者的確是善人，因為他可拉近人間的距離；參與志願服務者也確實是好人，因為他可散佈關懷傳播愛。

　　吾人常言，政府力量有限，民間資源無窮，此乃意謂著政府任何一項公共事務的推動，如果沒有民間力量的協助支持，絕對不可能克竟事功；而民間資源的匯集唯賴志願服務的有效推廣。近年來，由於社會結構急遽轉型，民眾需求日益殷切；諸如：幼兒托育、少年輔導、婦幼安全、老人照顧、障礙關懷、衛生保健、環境保護、生態保育、緊急救護、消防救難、交通安全、社會治安等議題均引起社會大眾高度重視與關心。面對這些與民眾生活息息相關的問題與衝擊，固有賴政府公權力的有效伸張，但若單憑政府的力量推動，沒有民間資源的密切配合，相信必將事倍功半，績效難顯。於是我們除了要有專職人員的全力以赴外，更要有熱心公益的志工朋友致力各種溫馨服務的提供，以人為的力量來扭轉社會變遷中的不幸，讓我們的生活環境，在政府與民間的共同努力下，展現「時時有愛、處處溫情」的快樂人間。

　　志願服務是民眾基於自由意志，秉持「甘願做、歡喜受」的理念，「以己之有餘、助人之不足」的一種崇高志業。亦即志願

服務的重要使命，是要把愛送給需要愛的人，將關懷送給需要關懷的同胞。志願服務的弘揚推廣，固然端賴善心人士抱著憂人之憂、人溺己溺的人生觀熱烈參與，但政府機關及運用單位更應負起應負的責任；也就是說，唯有政府機關、運用單位及志工朋友同心同德，攜手合作；志願服務的助人事業始能在我們的社會紮根實現。二〇〇一年為「國際志工年」，我國恭逢其盛公布施行「志願服務法」，這個法案不但明白揭示志工的權利義務，尤更明文規定政府機關及運用單位應有的職責；足見，志願服務的發皇光大，有賴政府機關政策推動，運用單位克盡職責及志工朋友矢志奉獻。亦即務須政府機關有為，運用單位有責，志工朋友有愛；三者環環相扣，才能使志願服務的崇高志業發揮最大的效能。

最後要特別籲請志工朋友深切體認的是，參與志願服務愛心固然不可無，方法尤更不可缺；因為，助人靠愛心，服務講方法；而服務方法的孕育端賴教育訓練始能有成。就因如此，志願服務法第四條特別規定，政府機關應主管志工教育訓練的規劃及辦理；第九條更規定，志願服務運用單位應對志工辦理教育訓練；且第十四條亦規定，志工應有接受足以擔任所從事工作之教育訓練的權利；另第十五條又規定，參與志願服務運用單位所提供之教育訓練應亦是志工的義務；由此足以看出，教育訓練對志工參與志願服務的重要性及必要性；因為，教育訓練是溝通觀念、分享經驗、激發問題、修正態度、發展技巧及導引服務方向、提昇服務品質的最佳途徑。至於教育訓練是否能夠達到預期的效果？有關政策規劃、需求評估、計畫擬訂、課程設計、講座遴聘、教材準備及經費籌措等應均是影響成敗的關鍵因素，其中尤以講座遴聘及教材準備更為重要。有鑑於此，個人遂將原著《志願服務理念與實務》，參照志願服務法相關規定及志願服務基

礎訓練課程，加以增修、補充，適時持續出版；以期負責推動志願服務的相關人員及致力志願服務的志工朋友，能有一本足作參考的專門用書。

　　本書得以順利出版，固值欣慰；惟筆者才疏學淺，所知有限；謬誤之處，必定難免；敬祈學者、專家不吝教正。

陳武雄 謹識

九十二年十二月五日

目 錄

vi

志願服務理念與實務

第一章

志願服務法規之認識

一、引言

　　志願服務是一種自動自發、助人利他，只問付出、不計回報的崇高志業；我國在各項為民服務的領域已大量的運用志願工作者來提供協助，以減輕在服務工作上的投資，並增進在服務民眾上的溫情；可是，志願服務逐漸發展將近二十年來，一直沒有「法」的依據做基礎，致使該項民力運用的重要工作，在發展上難免感到似有所缺或美中不足。二○○一年為「國際志工年」，我國恭逢其盛於民國九十年元月四日經立法院三讀通過「志願服務法」，並於同年元月二十日奉總統令公布；這個重要法案的制定，可以說正是政府在「國際志工年」送給全體志工最佳、且最珍貴的禮物。吾人深信，「志願服務法」的制定，應該旨在希望能為志工朋友提供更多的助力及鼓舞；一方面期盼藉以提昇民眾參與志願服務的意願，推動全民共同關懷社會；另一方面更冀望能提昇志工之安全保障，增進志願服務的水準。其中尤以關於「績優志工優先服相關兵役替代役」、「績優志工應予獎勵，並得列入升學、就業之部分成績」之觀念，應是對於從事志願服務工作者之重要激勵措施。至盼這個法案的公布施行，對於我國志願服務工作的弘揚推廣，能夠在新的世紀邁向新的里程。

二、法案內涵

(一)總則

1.制定目的

　　志願服務法之制定係為整合社會人力資源，使願意投入志願

服務工作之國民力量做最有效之運用，以發揚志願服務美德，促進社會各項建設及提昇國民生活素質。（第1條第1項）

　　志願服務，依該法之規定。但其他法律另有規定者，從其規定。（第1條第2項）

2.適用範圍

　　志願服務法之適用範圍為經主管機關或目的事業主管機關，主辦或經其備查符合公眾利益之服務計畫。（第2條第1項）

　　前項所指之服務計畫不包括單純、偶發，基於家庭或友誼原因而執行之志願服務計畫。（第2條第2項）

3.名詞定義

　　志願服務法之名詞定義如下（第3條）：

　　(1)志願服務：民眾出於自由意志，非基於個人義務或法律責任，秉誠心以知識、體能、勞力、經驗、技術、時間等貢獻社會，不以獲取報酬為目的，以提高公共事務效能及增進社會公益所為之各項輔助性服務。

　　(2)志願服務者（以下簡稱志工）：對社會提出志願服務者。

　　(3)志願服務運用單位：運用志工的機關、機構、學校、法人或經政府立案之團體。

(二)主管機關

1.主管機關及目的事業主管機關

　　(1)志願服務法所稱主管機關，在中央為內政部，在直轄市為直轄市政府，在縣（市）為縣（市）政府。（第4條第1項）

　　(2)志願服務法所定事項，涉及各目的事業主管機關職掌者，由各目的事業主管機關辦理。（第4條第2項）

2.各主管機關及各目的事業主管機關之權責

(1)主管志工之權利、義務、召募、教育訓練、獎勵表揚、福利、保障、宣導與申訴之規劃及辦理，其權責劃分如下（第4條第3項）：

①主管機關：主管從事社會福利服務、涉及兩個以上目的事業主管機關之服務工作協調及其綜合規劃事項。

②目的事業主管機關：凡主管相關社會服務、教育、輔導文化、科學、體育、消防救難、交通安全、環境保護、衛生保健、合作發展、經濟、研究、志工人力之開發、聯合活動之發展及志願服務之提昇等公眾利益之機關。

(2)應置專業人員：主管機關及目的事業主管機關應置專責人員辦理志願服務相關事宜，其人數得由各級政府及目的事業主管機關視其實際業務需要而定之。（第5條第1項前段）

(3)召開志願服務會報：為整合、規劃、研究、協調及開拓社會資源、創新社會服務項目相關事宜，得召開志願服務會報。（第5條第1項後段）

(4)加強聯繫輔導及協助：對志願服務運用單位，應加強聯繫輔導，並給予必要之協助。（第5條第2項）

(三)志願服務運用單位之職責

1.志工召募——志願服務計畫之公告

(1)志願服務運用單位得自行或採聯合方式召募志工，召募時，應將志願服務計畫公告。（第6條第1項）

(2)集體從事志願服務之公、民營事業團體應與志願服務運用單位簽訂服務協議。（第6條第2項）

2.志願服務計畫之辦理

(1)志願服務運用者應依志願服務計畫運用志願服務人員。
（第7條第1項）

(2)前項志願服務計畫應包括志願服務人員之召募、訓練、管理、運用、輔導、考核及其服務項目。（第7條第2項）

(3)志願服務運用者，應於運用前，檢具志願服務計畫及立案登記證書影本送主管機關及該志願服務計畫目的事業主管機關備案，並應於運用結束後二個月內，將志願服務計畫辦理情形函報主管機關及該志願服務計畫目的事業主管機關備查；其運用期間在二年以上者，應於年度結束後二個月內，將辦理情形函報主管機關及志願服務計畫目的事業主管機關備查。（第7條第3項）

(4)志願服務運用者為各級政府機關、機構、公立學校或志願服務運用者之章程所載存立目的與志願服務相符者免於運用前申請備案。但應於年度結束後二個月內，將辦理情形函報主管機關及該志願服務計畫目的事業主管機關備查。（第7條第4項）

(5)志願服務運用者未依上述(3)(4)兩項規定辦理備案或備查時，志願服務計畫目的事業主管機關應不予經費補助，並作為志願服務績效考核之參據。（第7條第5項）

3.志願服務計畫之核備

　　主管機關及志願服務計畫目的事業主管機關受理志願服務計畫備案時，其志願服務計畫與志願服務法或其他法令規定不符者，應即通知志願服務運用單位補正後，再行備案。（第8條）

4.教育訓練之辦理

(1)為提昇志願服務工作品質，保障受服務者之權益，志願服務運用單位應對志工辦理下列訓練：①**基礎訓練**；②**特殊**

訓練。（第9條第1項）

(2)上項之基礎訓練課程由中央主管機關定之。特殊訓練課程由各目的事業主管機關或各志願服務運用單位依其個別需求自行訂定。（第9條第2項）有關基礎訓練課程包括：①**志願服務的內涵二小時；②志願服務倫理二小時；③自我了解及自我肯定、快樂志工就是我（二選一）二小時；④志願服務經驗分享二小時；⑤志願服務法規之認識二小時；⑥志願服務發展趨勢**二小時。（90.4.24.內政部台(90)內中社字第九〇七四七五〇號函頒「志工基礎教育訓練課程」）

5.服務安全及衛生之確保

志願服務運用單位應依照志工之工作內容與特點，確保志工在符合安全及衛生之適當環境下進行服務。（第10條）

6.服務資訊之提供及專責督導之指定

志願服務運用單位應提供志工必要之資訊，並指定專人負責志願服務之督導。（第11條）

7.志願服務證及服務紀錄冊之發給

志願服務運用單位對其志工應發給志願服務證及服務紀錄冊。有關志願服務證及服務紀錄冊之管理辦法，由中央主管機關定之（第12條）。有關「志願服務證及服務紀錄冊管理辦法」，內政部已於民國九十年四月二十日，以內政部台(90)內中社字第九〇七四七七七號函頒布實施。該管理辦法之重要規定為：

(1)志工完成教育訓練者，志願服務運用單位應發給志願服務證及服務紀錄冊。（管理辦法第2條）

(2)志願服務證及服務紀錄冊由志工使用及保管，不得轉借、冒用或不當使用；有轉借、冒用或不當使用情事者，志願服務運用單位應予糾正並註記，其服務紀錄不予採計。

（管理辦法第6條）

    (3)志願服務運用單位對不適任之志工，得收回服務證，並註銷證號。（管理辦法第10條）

    (4)目的事業主管機關得隨時抽檢志願服務證及服務紀錄冊之使用情形。（管理辦法第12條）

8.服務限制

    必須具專門執業證照之工作，應由具證照之志工為之。（第13條）

(四)志工之權利及義務

1.志工之權利

    志工應有以下之權利（第14條）：

    (1)接受足以擔任所從事工作之教育訓練。

    (2)一視同仁，尊重其自由、尊嚴、隱私及信仰。

    (3)依據工作之性質與特點，確保在適當的安全與衛生條件下從事工作。

    (4)獲得從事服務之完整資訊。

    (5)參與所從事之志願服務計畫之擬訂、設計、執行及評估。

2.志工之義務

    志工應有以下之義務（第15條第1項）：

    (1)遵守倫理守則之規定。

    (2)遵守志願服務運用單位訂定之規章。

    (3)參與志願服務運用單位所提供之教育訓練。

    (4)妥善使用志工服務證。

    (5)服務時，應尊重受服務者之權利。

    (6)對因服務而取得或獲知之訊息，保守秘密。

    (7)拒絕向受服務者收取報酬。

(8)妥善保管志願服務運用單位所提供的可利用資源。

前述所規定之倫理守則，由中央主管機關會商有關機關定之。（第15條第2項）「志工倫理守則」內政部已於九十年四月二十四日，以內政部台(90)內中社字第九○七四七五○號函頒實施。

(五)促進志願服務之措施

1.志工之保險

志願服務運用單位應為志工辦理意外事故保險，必要時，並得補助交通、誤餐及特殊保險等經費。（第16條）

2.志願服務績效證明書之發給

(1)志願服務運用單位對於參與服務成績優良之志工，因升學、進修、就業或其他原因需志願服務績效證明者，得發給服務績效證明書。（第17條第1項）

(2)上項服務績效之認證及證明書格式，由中央主管機關召集各目的事業主管機關及直轄市、縣（市）政府會商訂之。（第17條第2項）關於此項，內政部已於民國九十年四月二十四日，以內政部台(90)內中社字第九○七四七五○號函頒實施「志工服務績效認證及志願服務績效證明書發給作業規定」。依該規定第三點，志工服務年資滿一年，服務時數達一五○小時以上者，始得向志願服務運用單位申請認證服務績效及發給志願服務績效證明書。

(3)另該規定第六點，志工持志願服務績效證明書申請升學、就業、服相關兵役替代役或其他目的者，應依相關目的事業主管機關法令規定辦理。

3.資源之使用

各目的事業主管機關得視業務需要，將汰舊之車輛、器材及

設備無償撥交相關志願服務運用單位使用；車輛得供有關志願服務運用單位供公共安全及公共衛生使用。（第18條）

4.績效評鑑與獎勵

(1)志願服務運用單位應定期考核志願服務者個人及團隊之服務績效。（第19條第1項）

(2)主管機關及目的事業主管機關得就前項服務績效特優者選拔楷模獎勵之。（第19條第2項）

(3)主管機關及目的事業主管機關應對推展志願服務之機關及志願服務運用單位定期辦理志願服務評鑑。（第19條第3項）

(4)主管機關及目的事業主管機關得對上項評鑑成績優良者予以獎勵。（第19條第4項）

(5)志願服務表現優良者，應給予獎勵，並得列入升學、就業之部分成績。（第19條第5項）惟申請列入升學、就業之部分成績，應依相關目的事業主管機關規定辦理。（獎勵辦法第7條）

(6)上項獎勵辦法由各級主管機關及各目的事業主管機關分別訂之。（第19條第6項）內政部已於民國九十年六月二十一日函頒實施「志願服務獎勵辦法」。志工從事志願服務工作，服務時數三千小時以上，持有志願服務績效證明書者，始可申請獎勵（獎勵辦法第2條）；其獎勵之等次如下（獎勵辦法第5條）：

①服務時數三千小時以上，頒授志願服務績優銅牌獎及得獎證書。

②服務時數五千小時以上，頒授志願服務績優銀牌獎及得獎證書。

③服務時數八千小時以上，頒授志願服務績優金牌獎及得

獎證書。

5.志願服務榮譽卡之核發

(1)志工之服務年資滿三年，服務時數達三百小時以上者，得檢具證明文件向地方主管機關申請核發志願服務榮譽卡。（第20條第1項）關於此項，內政部已於民國九十年四月二十四日，以內政部台(90)內中社字第九○七四七五○號函頒實施「志工申請志願服務榮譽卡作業規定」。依該規定第三點，志願服務榮譽卡使用期限為三年，期限屆滿後，志工得檢具相關文件重新申請，惟重新申請時，其服務年資及服務時數不得重複計算。（作業規定第3點）又申請志願服務榮譽卡應檢具：①一吋半身照片二張；②服務紀錄冊影本；③相關證明文件。（作業規定第2點）

(2)志工進入收費之公立風景區、未編定座次之康樂場所及文教設施，憑志願服務榮譽卡得以免費。（第20條第2項）

6.優先服兵役替代役

從事志願服務工作績效優良並經認證之志工，得優先服相關兵役替代役，其辦法由中央主管機關定之。（第21條）

(六)志願服務之法律責任——過失行為之處理

(1)志工依志願服務運用單位之指示進行志願服務時，因故意或過失不法侵害他人權利者，由志願服務運用單位負損害賠償責任。（第22條第1項）

(2)上項情形，志工有故意或重大過失時，賠償之志願服務運用單位對之有求償權。（第22條第2項）

(七)經費——經費編列與運用

主管機關、志願服務計畫目的事業主管機關及志願服務運用

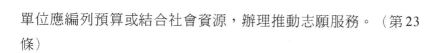

單位應編列預算或結合社會資源，辦理推動志願服務。（第23條）

(八)附則

1.派遣前往國外服務之志工適用本法之規定

　　志願服務運用單位派遣志工前往國外從事志願工作，其志願服務計畫經主管機關及目的事業主管機關備查者，適用志願服務法之規定。（第24條）

2.施行日期

　　志願服務法自公布日施行。（第25條）

三、我國志願服務法的析評

　　我國早在民國七十八年九月，中華民國社區發展研究訓練中心就已委託師範大學社會教育系陸光教授研究擬訂完成「社會福利志願服務法」（草案），並經內政部社會司於八十年九月印發社會各界，建請針對草案踴躍提供意見；以期集思廣益，彙整建言，促使該法早日制定頒布，以有助於志願服務工作的弘揚推廣。唯事隔十餘年漫長的時間，雖台灣地區志願服務的風氣日盛，但「志願服務法」的頒布實施，卻仍毫無進展。

　　二○○一年為「國際志工年」，立法院江委員綺雯等對「志願服務法」的制定，至為熱衷，卯足全力積極推動該法的立法工作，除逕行研提「志願服務法」（草案），透過委員們連署提案送請立法院審議外，且不斷催促內政部立即研提政府版本的「志願服務法」（草案）送請立法院一併審議。其間內政部雖曾委託學者研訂該法草案，並委由中華民國志願服務協會就擬訂之「志願服務法」（草案）分北、中、南、東四區舉辦公聽會，期藉以廣納建

言後，再加修正整理，俾能儘速將政府版本的「志願服務法」（草案）送請立法院併案審查；但最後仍由於委員們一致期盼該法能夠趕在「國際志工年」一開始就即通過；致使立法院開始著手審查該法案時，根本等不及政府版本的姍姍來遲；遂就江委員等所提的法案版本，以急就章方式匆匆審議，草草協商；而使「志願服務法」順利於民國九十年元月四日經立法院三讀通過，並奉總統令於同年元月二十日公布施行。

經查立法院衛生環境及社會福利委員會第十四次委員會議紀錄，當時在審議該法的過程中，委員們意見有所出入的部分蓋包括：①服務時數可否儲存抵用；②服務時數可否抵稅；③績效良好的服務人員可否轉為職業；④志工與義工可否併稱等；惟該等意見均在大家抱持與響應「國際志工年」湊熱鬧的心態下，極盼法案趕緊通過；結果未經多花時間討論，即透過協商捨棄意見難以交集的少數條文，而將沒有太大爭議的整個法案快馬加鞭，決議通過。以如此情況通過的法案，對內行人而言，其品質如何，想像得知。

說實在的，政府為因應社會的需求，特配合「國際志工年」制定「志願服務法」，足見政府對志願服務工作的重視與期許。雖然這個法案的通過稍嫌草率，但綜觀其主要特色概有：①績效優良並經認證的志工，得優先服相關兵役替代役；②績優志工應予獎勵，並得列入升學、就業之部分成績；③志願服務運用單位應為志工辦理意外事故保險；④志願服務績效證明書的發給；⑤志工的權利義務；⑥志工的法律責任；⑦主管機關、目的事業主管機關應有的權責；及⑧志願服務運用單位應有的職責。不過，仔細研讀整個法案的內容，確實仍有諸多值得商榷之處，茲將其析評如下：

第一，這個法案的通過，在立法院審議時，政府機關既未能

與委員們充分溝通，又未能就不妥之處提出有力說明；致使整個法案的內容，因有部分考慮欠周或窒礙難行的盲點，而使法案的原本美意難免須打折扣。

第二，整個法案並無應予訂定「施行細則」之規定，致使各推展志願服務的相關機關，遇有法條規定亟待整合之處，因無施行細則得以統一規定，如此對於冀求法案之落實實施，必定難上加難。

第三，第四條有關目的事業主管機關之規定有欠周延；依當前推展志願服務的狀況，應增列主管相關：司法（包括：觀護、更生、犯罪被害人保護……）、治安維護、導覽解說、青年輔導、勞工、消費者保護等；而有關：志工人力之開發、聯合活動之發展及志願服務之提昇等其目的事業主管機關模糊不清的項目實不宜列入。

第四，第四條另規定：各級主管機關及各目的事業主管機關主管志工之權利、義務……、宣導與申訴之規劃及辦理。其中有關「申訴」之規定似有欠當；因為志願服務的基本前提本來就是「無怨無悔」、「甘願做，歡喜受」、「只問付出，不計回報」，志工參與志願服務就算稍有委屈，理應忍受，談何申訴？這種規定不但違背志願服務的崇高精神，尤易導致志工服務理念的偏差；而使志願服務的善良風氣向下沈淪。爾後修法宜將「申訴」修正為「協商」。

第五，第七條第三項規定：志願服務運用者，應於運用前，檢具志願服務計畫……送主管機關及該志願服務計畫目的事業主管機關備案，並應於運用結束後二個月內，將志願服務計畫辦理情形函報……備查；其中規定運用前之「備案」及運用後之「備查」，究係何指？且用意何在？這種規定不但易滋爭議，更讓人不解。所謂「備案」，到底是指運用志工之前要先報請核准，抑或例

行性的報請存備查考？如果務須報請核准，非僅顯有擾民之虞，更與「低度管理、高度自治」的原則相違。

第六，第九條規定：志願服務運用單位應對志工辦理：①基礎訓練；②特殊訓練。其中特殊訓練應改為「**專業訓練**」或「**專長訓練**」較為恰當。

第七，第十條規定：志願服務運用單位應依照志工之工作內容與特點，確保志工在符合安全及衛生之適當環境下進行服務；不可否認的，志工在參與服務的過程中，確保自身安全自屬重要，但要苛求講究衛生，殊屬不易；因為志工投入服務之處，不外貧病、髒亂、災變或環境較為惡劣之處所，此等地方如果要過度要求符合衛生，不免使志工給人作秀有餘、服務虛晃之不良印象。爾後修法是否應將「衛生」二字刪除為宜。

第八，第十二條規定：志願服務運用單位對其志工應發給志願服務證及……；而第十五條第四款規定：志工應有妥善使用志工服務證之義務；其中「志願服務證」與「志工服務證」顯係同一事實，而卻規定不一。依推展志願服務現況而言，應採「**志工服務證**」之名稱為宜。

第九，第十五條第二款規定：倫理守則由中央主管機關會商有關機關定之，更為不妥。因為倫理守則應係志工務必遵守的道德標準及行為規範；理應由全國性志願服務團體邀集相關團體及志工朋友共同研商，凝聚共識自行訂定，作為志工伙伴參與志願服務時自我約束的圭臬；這種規則與秩序竟然規定由主管機關會同有關機關訂定，如此非但與「低度管理」的原則相違，尤其更失去訂定倫理守則的意義。

第十，第二十條規定：志工之服務年資滿三年，服務時數達三百小時以上者，得檢具證明文件向地方主管機關申請核發志願服務榮譽卡；此項規定尤更有欠思考，因為：①目前服務年資滿

三年，服務時數達三百小時以上之志工在在皆是；就算不追溯既往，要想達到此一目標亦係輕而易舉的事情；②核發榮譽卡並無績效優良認證之規定，如果人人可以核發，有何榮譽可談？這項規定，至少應該改爲：①服務年資滿十年，服務時數達一、五〇〇小時以上者；②經過審愼考核，服務績效優良並經認證者。

四、落實實施志願服務法規的前提

　　我國「志願服務法」的制定可以說是舉世推動志願服務工作罕有的一大創舉，但徒法不足以使志願服務工作產生重大變革；務須政府機關、民間團體、運用單位及志工本身，群策群力，凝聚共識；才能有助於「志願服務法」的落實實施，進而眞正帶動志願服務蔚爲善良的社會風尚。

(一)在政府機關方面

1.訂頒明朗的主導政策

　　因爲明朗的政策才能激起民間團體及機構的響應，讓團體及機構認識、了解提供各項配合措施的目的及意義，政府在擬訂任何一項志願服務計畫時，一方面要求均衡、協調與可行，另一方面事先應有完善的推行方案，完整的工作架構；更應明訂政策的目標、期望，與如何與民間團體、機構配合運用的需求，期使各個民間團體與機構在認清政府的明朗政策下，貢獻專長，提供更多、更佳，且更有意義的配合措施。尤其「志願服務法」第5條明文規定，主管機關及目的事業主管機關應置專責人員辦理志願服務相關事宜，其人數得由各級政府及目的事業主管機關視其實際業務需要而定。期盼各級政府機關在訂頒明朗政策之前，應將此項規定優先落實；否則，即使志願服務法案已經頒布實施，且

主導的政策也訂得冠冕堂皇，但在缺乏專責人員投入、執行志願服務政策與法案的情況下，要想志願服務的發展能夠有所開拓，絕對猶如緣木求魚、紙上談兵。

2.建立評鑑獎勵制度

評鑑是手段，獎勵是目的；惟獎勵表揚欲求達到公正客觀、寧缺勿濫的目標，則有賴良好評鑑機制的建立；否則，獎勵的結束，非但未能產生激勵作用，反而可能釀成忿忿不平的開始，如此獎勵則完全失去意義。「志願服務法」第十九條明文訂定評鑑獎勵的規範，不論對志工個人或志工團隊服務績效優良者，均得予以獎勵；且對志願服務表現優良者，除應給予獎勵外，並得列入升學、就業之部分成績；又第二十一條又訂有「績效優良並經認證之志工，得優先服相關兵役替代役」之規定。因此，政府機關亟應儘速建立評鑑獎勵制度，俾以透過審慎謹嚴、公正客觀的評鑑考核，選拔出真正名副其實的優質志工及志工團隊。

3.加強推行「民營化」措施

志願服務的實施旨在彌補政府人力之不足，而如「志願服務法」的頒布反而增加政府的負擔，則完全喪失制定「志願服務法」的基本精神；因此，政府機關應該在掌控政策原則的情形下，將部分推動志願服務的業務委託績優的民間志願服務團體辦理，俾能使志願服務經由效率的政府與活力的民間密切合作精進發展。

(二)在民間團體方面

1.致力健全組織功能

民間團體係志趣相投的有志之士，為著實現某一理想，而本自發之意願所結合的社會組織；它不但是推動社會進步的基石，尤是支援公共事務的最佳助力。當前我國經政府許可立案的志願服務團體已經相當普遍，且有日益成長的趨勢；這股力量的整

合，對於協助志願服務的發展應可發揮不可限量的影響效果；惟每一個團體是否均能實踐章程宗旨，屬行章程任務，相信團體的領導幹部人人心知肚明。說實在的，「志願服務法」的頒布實施，各志願服務團體首應力自整飭，共同負起貫徹執行法案的重責大任；所以，至盼各志願服務團體務須對內致力健全組織功能，產生凝聚作用；進而才能對外協助落實執行法案，發生輻射效能。

2.研擬推動創新方案

「法」的可貴在於能夠落實實施，並日見制定法案的預期效果。惟「法」的貫徹執行，固然有賴政府的正確主導，但民間團體如能全力配合，協助推動，相信必能更加產生潛移默化的實際成效。為使「志願服務法」的實施能夠更加有助於維護受服務對象的最佳利益，並保障志工應有的權益，進而提昇志願服務的品質；又欲期「志願服務法」的頒布確能對志願服務的推展產生肯定的發酵作用；各志願服務團體應該心手相連，貢獻智慧，勇於扮演中介、輔助的角色，積極研擬創新方案，配合辦理：「志願服務法」宣導、志工教育訓練、志願服務評鑑及獎勵、志工倫理守則之研訂等事項；以期「志願服務法」的制頒能在最短時間內，促使我國志願服務的發展產生嶄新的風貌。

(三)在運用單位方面

1.妥切訂定志願服務計畫

志願服務運用單位是否善盡職責應是志願服務推展成功與否的關鍵要素；不可諱言的，當前有些志願服務運用單位，由於業務膨脹不堪負荷，急需志工的協助支援，於是乃大肆廣召志工，但從不考慮志工的素質或志工適任與否；飢不擇食，來者不拒，每每造成「志工有不如無」或「請神容易送神難」的窘境；如

此，對於志工的運用非但無濟於事，反而致使業務的推展造成無謂的困擾。因此，爾後志願服務運用單位對於志工的運用務須確實依照「志願服務法」第七條規定，妥切訂定「志願服務計畫」，舉凡有關：志工的召募甄用、教育訓練、輔導考核、服務項目、服務規則、服務限制……均應詳細規定無遺，俾期志工的運用能按既定的計畫充分產生預期的效益。

2.落實志工教育訓練

教育訓練是一個持續不斷的傳意過程；辦理志工教育訓練將可了解志工的動機、觀念、態度、抱負、技巧和潛能；志工教育訓練最重要的任務，就是希望經由教育訓練激發問題，進而帶領志工汲取經驗和告訴志工如何去做；眾人皆知，有效的教育訓練應是「志工支持」的重要因素。依「志願服務法」第九條規定，為提昇志願服務工作品質，保障受服務者之權益，志願服務運用單位應對志工辦理基礎訓練及特殊訓練。因之，推展志願服務，理念架構不可無、方法技巧不可缺；於是研究發展不可少，教育訓練不可免。因為，教育訓練可增強認知、引導方法、修正態度及增添自信；志願服務運用單位對於志工的教育訓練絕對不容忽視。

3.建立志願服務督導體制

志願服務的督導工作對於運用單位組織功能的發揮，服務成效的增強，具有絕對的影響作用。因此，運用單位必須設置和培植督導人才，建立督導體制，以有助於志願服務工作的順利推動。尤其「志願服務法」第十一條特別明文規定，志願服務運用單位應提供志工必要之資訊，並指定專人負責志願服務之督導；其他如：第十二條有關志願服務證及服務記錄冊的發給，第十九條有關志願服務者個人及團隊服務績效的定期考核等，在在均須督導人員善加為之始能見效；由此可見，建立志願服務督導體制

的重要性與必要性。一般來說，一個優秀的志願服務督導應該扮演：行政者、指導者、管理者、教育者、支持者、諮詢者及激勵者等角色。

(四)在志工本身方面

1.恪遵倫理守則

倫理是一種價值觀念，也是一種行為規範。志願服務倫理係指志工在從事服務工作的過程中，與受服務對象、志工伙伴、運用單位及志工督導互動之間所應遵守的「有所為」與「有所不為」的秩序與標準。依「志願服務法」第十五條規定，遵守倫理守則是志工最主要之義務；志工的本質雖然只求奉獻，不計酬勞，完全是一種「甘願做、歡喜受」的高尚情操；但既然出自自願，一旦參與，則應全心投入、全力以赴；絕不可沽名釣譽、敷衍應付，有損志工清純的形象。基此，為落實實施「志願服務法」，並使「志願服務法」的執行展現具體的成果；在志工本身方面，務須自我體認恪遵倫理守則的重要性，進而以身作則，樹立服務典範；俾有助於志願服務工作的有效推展。

2.力求自我約束

倫理守則是一種規定，而自我約束則是發自內心的惕厲自勉；前者是外力的驅使，後者是內心的制約；雖然二者的起源不一，但最終的目的應是一致的。吾人常言，人要活得有尊嚴；志工參與志願服務的動機固然完全出自個人內心自發的意願，而非外力的驅迫，當然更要服務得有尊嚴；那就是說，志工應該言必由衷，實事求是；否則說是一套，做又是另外一套；說起來洋洋灑灑，做的時候又是懶懶散散；如此高談志願服務非但天馬行空，尤更損及志工的人格價值。依「志願服務法」第二十二條規定，志工依志願服務運用單位之指示進行志願服務時，因故意或

過失不法侵害他人權利時，由志願服務運用單位負損害賠償責任；惟前述情形，志工如有故意或重大過失時，賠償之志願服務運用單位對之有求償權。至盼志工朋友務須好自為之，尤其更應自我規範，知法守法；俾期每位志工都成為社會上眾口皆碑、肯定推崇的優質志工。

五、結語

回顧過去，志願服務在我國雖然自古有之，但真正由政府著手介入，主導規劃；應源自台灣省政府社會處於民國七十一年先後訂定「台灣省推行志願服務實施原則」及「台灣省加強推行志願服務實施方案」；接著台北市政府社會局亦於民國七十三年訂定「台北市政府社會局推展志願服務實施原則」，後於八十二年修正訂頒「台北市政府推展志願服務實施要點」；而高雄市政府社會局在民國七十三年也陸續訂定「高雄市政府社會局志願服務人員管理要點」及「高雄市政府社會局志願服務團組織要點」。另內政部社會司為鼓勵志工持續參與志願服務工作，又在民國七十八年訂定「志願服務記錄證登錄暨使用要點」，使每位志工參與服務的時數得以確實逐一登錄，以供獎勵表揚之參據。且為使志願服務能在有步驟、有方法、有目標、有效益的完善制度下，逐步擴大推展；更於民國八十四年頒布實施「祥和計畫」，從此，志願服務乃日漸蓬勃發展，發揚深耕。至於民間開始有組織、有計畫地配合政府推展志願服務，開啟非政府組織積極投入志願服務工作之善良風尚，則應歸功於民國七十一年八月「台北市志願服務協會」成立之後。

總之，不論「法」的規定是否盡善盡美，有「法」總比無「法」好；誠摯地期盼這種愛與關懷的志願服務工作，能夠經由政

府的主導、團體的配合、志工的嚮往、社會的響應，以及輿論的宣揚，一天比一天發皇光大；進而促使「志工台灣」的理念因為「志願服務法」的訂頒，能夠早日紮根實現。

第二章

志願服務的內涵

一、引言——志願服務的涵義

我國「志願服務法」第三條規定，「**志願服務**」係民眾出於
自由意志，非基於個人義務或法律責任，秉誠心以知識、體能、
勞力、經驗、技術、時間等貢獻社會，不以獲取報酬為目的，以
提高公共事務效能及增進社會公益所為之各項輔助性服務。引申
言之，志願服務應具有下列涵義：

(1)它是一種自由抉擇的服務工作。
(2)它是一種誠心奉獻的服務工作。
(3)它是一種助人利他的服務工作。
(4)它是一種不計報酬的服務工作。
(5)它是一種無怨無悔的服務工作。
(6)它是一種學習成長的服務工作。
(7)它是一種講求方法的服務工作。
(8)它是一種公平正義的服務工作。
(9)它是一種永續經營的服務工作。
(10)它是一種輔助支援的服務工作。
(11)它是一種增進公益的服務工作。
(12)它是一種施受互惠的服務工作。

二、志願服務的基本理念

隨著社會的急遽變遷，民眾的需求日益增加；志願服務不但
確有漸受重視的趨勢，而且更發展成為有效推動公共事務不可或
缺的一環。惟因有些志工對於志願服務的認識不夠，了解不深，
以致常有隨風而起、無疾而終，或乘興而來、敗興而歸的現象產

生。個人認為參與志願服務工作至少應有下列的基本理念。

(一)非勉強拉伕的參與，而是自由意志的抉擇

民主社會一切建立在自由的基礎上，有志之士為了追求公共利益參與志願服務，務須秉持「甘願做、歡喜受」的理念，出自自由意志的抉擇，始能使志工朋友施展自我抱負，實踐自我理想；亦才能使服務的成效持久發揚，並產生豐碩的服務價值。設若勉強拉伕參與，非但對志工本身而言是一種痛苦；尤其對公共利益的增進，亦必徒勞無功，甚至產生負面的作用。

(二)非要「薪」的工作，而是要「心」的服務

推展志願服務不必支「薪」，但參與者必須有「心」；假設參與者「閹雞學鳳飛」（台語發音）到處亂竄，根本無心插柳；則即使其真正參與，相信也只是「提籃假燒金」（台語）；對公共事務或社會公益的協助推動，非但未能產生加分作用，反而可能造成減分的負面影響。說實在的，參與志願服務貴在有心，參與者既無津貼，更無薪給；只問付出，不求回饋；就因如此，志工受到社會一致的肯定與推崇。

(三)非虛晃一招的「作秀」，而是實事求是的「作事」

參與志願服務工作務須「真誠」，因為唯有真心，始能展現愛心；也唯有誠心，始能做得開心。假定志工開口閉口都是「助人最樂、服務最榮」，但其所作所為根本就是虛晃一招，而非實事求是；其動機只求表演作秀，並非真想實際作事；這種自欺欺人的虛情假意，對於志願服務工作的推展，非但於事無補，反而可能越幫越忙。無庸置疑，參與志願服務應該完全出自個人自由意志的抉擇；因此，既然想做，則應真做，並且好好做；否則，口是

心非地欺騙自己又欺騙社會，對個人而言，的確有損形象；對社會而言，更是擾亂視聽。

(四)非全付精神的投入，而是餘時餘知的奉獻

意願的啓發是參與志願服務的動力，只要志之所在，興之所趨，人人可參與，處處可展開。志願服務並非全部時間的占有，亦非全付精神的投入；它是餘時的提供，也是餘知的貢獻；因之，志願服務不太在意做得多寡，而是在意做得有無價值。全部時間的占有或全付精神的投入，均與志願服務的本質相違；只要能夠出自意願，積極參與，相信其服務的熱情必定溫馨而感人。不過，志工朋友應該深切體認的是，所謂貢獻所餘的「餘」，應是「節餘」，絕非剩餘。

(五)非全恃人力、智力的提供，仍須財力、物力的配合

志願服務的有效推展，固然需要有人，但也需要有錢。志願服務空口說白話，無濟於事；就以扶危濟傾提供生活必需爲例，不但需要人的關懷，更需要錢作後盾；否則，提供服務光談同情、憐憫，必猶如紙上談兵，緣木求魚。於是，志願服務如單靠志工朋友提供人力、智力，而缺乏財力、物力的配合，相信其所提供的人力、智力有時可能也是白費；而如僅恃熱心公益人士財力、物力的捐獻，純有善心，不講求服務方法，不思考服務內容，則勢必也將發生財力、物力的浪費，造成美意盡失的憾事。

(六)非要求絕對「專業」，惟仍期致力「鑽業」

參與志願服務固然不一定也不需要具有專業的背景。惟服務講方法，工作要技巧；憑著一股奉獻的熱忱，無爲無求，踴躍投入志願服務行列；如能透過教育訓練，促使志工朋友致力鑽研具

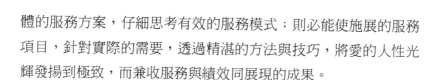

體的服務方案，仔細思考有效的服務模式；則必能使施展的服務項目，針對實際的需要，透過精湛的方法與技巧，將愛的人性光輝發揚到極致，而兼收服務與績效同展現的成果。

(七)非僅憑意念的轉化，更須行動的表現

志願服務固然是一種意念的轉化，旨在竭盡所能散播溫情傳播愛，以期締建祥和樂利的社會。但如僅憑意念，而不付之行動；空談理論，而不履行；則非但服務的理想不能達成，意念的轉化也難以實現。務必心有所念，意有所思，而展現實事求是，力行實踐的積極作為，才能使弘揚愛心、傳送溫情的具體績效見之於有形，也才能使需要愛與關懷的民眾同胞及時受惠。

三、志願服務的積極功能

志願服務的發揚光大，端賴明朗的政策、系統的規劃、正確的宣導、有效的推廣，這些準備工作做得越多、越好，其所能產生的成效必越大；具體言之，志願服務應具有下列的積極功能。

(一)輔助性功能──彌補業務不足

政府機關或民間機構及團體所負責的公共事務，經常錯綜複雜，疲於應付；諸如：心理輔導、諮商服務、關懷晤談、病人探訪、團康活動、環保宣導、社區巡守、消防救難或導覽解說等，如果能夠透過政策的指引，推展志願服務，結合熱心公益、樂善好施的志工朋友來響應，則必能彌補業務不足，而收輔助未及之功效。

(二)補充性功能——提昇工作品質

各公、私立機關、機構或團體由於業務繁雜、人力不足；加上有些工作大多是例行性、機械性、刻板性的一成不變，每易產生工作倦怠；對於各項業務能夠奉公守法、按章行事的消極承受，已是難能可貴；如再要求其積極開拓、付出溫情，雖未必是遙遙無期，但確實是相當不易。志願服務完全是有志之士導自真誠的奉獻心理，把幫助別人當做是一種樂趣，視服務大眾是一種光榮；一些並未牽涉公權力行使的例行性工作，如果運用志工協助支援，非但可使志工實踐理想與目標，尤可彰顯服務與溫情兼具的工作品質。

(三)實用性功能——擴大服務範疇

參與志願服務的志工伙伴，散布在社會各個階層，他們所展開的各項服務，或由耳之所聞，或經目之所見，或從心之所感；漸由救助、福利、輔導等服務，進而擴大至關心交通、環保、教育、文化、區政、戶政、藝文活動、衛生保健、緊急救護、水土保持等，不論其參與的服務項目為何，相信樣樣都是發自內心、推己及人的善行義舉。如果能夠激發更多對志願服務有所體認的民眾踴躍參與，則必更能顯現志願服務的實用效果。

(四)效益性功能——均衡社會供需

從供需的觀點來看，我們經常發現社會上有許多既具愛心又富熱忱的民眾同胞，時有服務有心而奉獻無處之苦；尤其亦常發現有些真正需要付出關懷幫助的受困民眾，每有急待救援，卻有呼援無門之嘆。志願服務就是希望透過各種不同的措施，讓有心服務者貢獻有處，急待救援者呼援有門。因此，志願服務的有效

發展，不但能使施與受相互呼應，尤可讓助人與被助者各得其所。

(五)學術性功能——融匯科際整合

志願服務是一種人性極致發揮的崇高志業，因為它的基本精神是人人可參與，響應者必形形色色，無所不包；而因每個人均有其不同的教育背景與專業素養，當在服務的過程中，發揮不同的專長，致力一種問題的解決，或一項服務的展開時，必各有其獨特的觀點、構想與方法，如果運用單位能將其不同意見妥予溝通，並凝聚共識；化分歧為一致，融己見為整體；則必是最成功的科際整合，也必使志願服務展現更高的意境。

四、參與志願服務應有的正確認知

志願服務工作只求奉獻，不計名利；其目的是希望透過既具愛心又肯付出的有志之士，志願參與服務工作，產生示範的影響作用，激起他人學習、效法，進而體認「助人最樂，服務最榮」的人生真諦。個人認為，參與志願服務的朋友不但是仁之使者，更是義之尖兵；相信經由志願服務工作者的善行義舉，必能讓人人見賢思齊，而誓以志工為榮。在此謹提供幾點參與志願服務應有的正確認知，願共勉之。

(1)品德要美：要具健全的人格，不可假服務之名，而達不應為之實。

(2)動機要純：要有純正的動機，不可以服務為手段，而達不當之目的。

(3)觀念要正：要兼具正確的服務觀念與方法，不隨風而起，無疾而終。

(4)態度要誠：要以誠待人，不因熱度沸騰，而過猶不及。

(5)心胸要寬：要有容乃大，不因遭遇挫折，而心灰意冷。

(6)語言要謙：要謙虛有禮，不可氣勢凌人。

(7)行為要端：要謹慎行事，不可惹是生非。

(8)活動要參：要以實際行動，積極參與，而收服務效果。

(9)見識要廣：要從服務過程學習成長，而增廣見聞，拓展服務空間。

(10)家庭要兼：要兼顧家庭責任，不本末倒置，因噎廢食。

五、推展志願服務應有的具體作法

政府力量有限，民間資源無窮；妥切運用志願服務組織的龐大力量，確實是彌補業務不足的最佳途徑；惟仍須政府建構完備的配套措施，才能使民間志願服務組織的力量發揮最大的效用。茲就個人從事志願服務的經驗所得，略敘推展志願服務應有的具體作法。

(一)釐訂運用計畫

計畫是達成目標的指導原則與工作指標；既然機構決定推展志願服務，運用志工協助業務之執行；在召募志工之前首應釐訂周詳可行的「志願服務計畫」，明確指出：①志工召募的目的、人數、方式、條件；②志工的服務項目、服務時間、工作性質；③志工的教育訓練；④志工的運用、管理；⑤志工的輔導、考核；⑥志工的獎勵表揚等，俾使有志之士從計畫當中，清楚了解參與志願服務究竟該有那些心理準備，進而決定是否投入志願服務行列，實現其矢志助人的強烈意願。

(二)審慎召募甄選

　　有些單位因爲業務急遽膨脹，加上人力短缺不堪負荷，急需志工的協助支援，於是乃大肆廣招志工，但從不考慮志工適任與否，來者不拒，結果經常造成「請神容易送神難」的窘境。志願服務是一種愛與關懷的人性工作，旨在協助他人解決困難問題，具有輔助、彌補、增強、發展的效能。因此，召募志工對於志工參與的動機、態度及觀念，應該特別審慎；運用志工必須深切體認：①「召募」是推展志願服務的前奏；②「甄選」是推展志願服務的過程；③「任用」是推展志願服務的實踐；唯有召募準備周全，甄選客觀公正，任用管理妥善，始能如願以償，眞正找到既適合參與者興趣，又能眞正協助推展工作的優秀志工。

(三)落實教育訓練

　　志願服務是什麼？志工人員該怎樣？而擔任志工的條件又如何？假設參與志願服務的人員，事前未能充分了解，事中又未能深切體認，則必造成志工與機構失調，或志工與機構南轅北轍，或越幫越忙、有不如無的不良後果；因此，志工人員參與服務之前與實際服務之中，均應落實實施不同層次的教育訓練。由於志工人員的教育程度、年齡、背景、信仰、興趣與參與服務的動機，異質性差距甚大，故其教育訓練應著重「心性的啓發」與「知能的增強」。前者旨在引導志工發揮潛力與群力，凝塑向心與信心，使之認同於機構，認同於服務，認同於助人，而使志工個個都「肯幹」；後者旨在培養志工的人際關係、說話藝術、助人方法與服務技巧；使之服務得勝任愉快，服務得績效彰顯，服務得著有成就，而使志工人人都「能幹」；唯有如此，志願服務體制的建立才能日益成長，並更茁壯。

(四)明示任務職掌

人生如無方向,就像船沒有舵一樣,隨風飄搖,不知何去何從:儘管志工的熱忱參與,對於機構具有輔助的功能,但假若督導人員沒有給予志工明確的任務提示,志工將無從幫忙,而致造成志工人力的浪費。所以,志工參與志願服務,督導人員應該明確告知志工:那些工作需要志工協助?那些工作志工可以參與?那些工作志工不宜過問?唯有這樣,才能讓志工有事做,而且有適當的事情可以做;俾免志工的參與懷才不遇,有志難伸;甚至牢騷滿腹,惹是生非;而使志工得以謹守分寸,兢兢業業地按照分配的任務全力以赴,奮力衝刺。

(五)培養服務倫理

所謂倫理係指哲學思想、價值觀念、道德標準及行為規範。志願服務雖然是一種只問耕耘、不計回饋的志業,但志工參與服務的歷程與結果所涉及的影響層面,不僅只限於服務對象與志工本身之間的互動關係,尤其更與社會整體的觀感息息相關。基此,志願服務為能發揮其預期效果,各級機關及運用單位當然務需致力於志工倫理的培養,期使志工深切體認「有所為」、「有所不為」的真諦,進而共同弘揚志願服務的具體成效。

(六)充實服務內容

成功的志願服務工作,必須針對實際的社會需要來決定服務的內容,以平實誠懇的態度來對待服務的對象,以研究發展的精神來開拓服務的計畫,三者互相融合,則必能使志願奉獻的人服務有處,需要幫助的人傾訴有門,讓「施」與「受」雙方充分體會到「服務最樂」與「溫情洋溢」的快慰與溫馨。志願服務工

作，海闊天空，本無固定的範圍，亦無既定的模式，內容應該求精求變，方法應該突破創新，不沽名釣譽，不好高騖遠，想得平實，做得踏實，只要能適應需要，解決問題，則必確實可行。

(七)講求推展方法

志願服務顧名思義出乎自發、本之自願而爲之，是毫無所求、不期回饋的服務工作；志願服務如能講求推展方法，號召廣泛的群眾參與，結合更眾多的民間捐輸，如爭取捐稅豁免、協調價償服務、舉辦義演義賣、辦理志工訓練或配合政府及其他團體推展服務計畫等，均爲開拓志願服務範圍，維繫志願服務動力的有效方法。因爲單靠投資而不開源，僅憑奉獻而不開拓，則不斷的投資必難望持續，無限的奉獻亦難望持久；爲使志願服務工作不致半途而廢，更日趨精進發展，如何精研推展方法，運用服務技巧乃不可或缺的要素。

(八)辦理績效評估

所謂評估就是檢討過去，策勵未來；檢討是手段，改進是目的；必須仔細檢討，發掘問題，才能研究改進，開創新猷。主管機關對於運用單位推展志願服務的績效，或運用單位對於志工個人或團隊參與的成果，均應定時舉辦評鑑或考核，以縝密、嚴謹的態度，公正、客觀的方法審慎予以評估。所謂評估是指應用科學的方法，對於一項工作，依照事前設定的期望基準，詳細評析完成的績效狀況，進而列舉其優劣的事實，並提出改進的建議。績效評估不但可以了解運用單位推展志願服務或志工參與志願服務的成效，以作爲獎懲的依據，尤可用來決定未來志願服務發展的方向。

(九)激勵工作士氣

志工朋友參與志願服務固然不是為了獲得獎勵,但有效的獎勵應是激勵工作士氣、促使志工持續參與的動力。為了維繫、擴大與弘揚志願服務的成效,適當的獎勵應是必要的;因為獎勵不但能鼓勵志工永續經營,尤能激勵社會大眾見賢思齊。惟獎勵應特別堅守的原則是,務必確實做到公正客觀,寧缺勿濫;嚴禁沽名釣譽,請託關說;如此,才能使獎勵真正做到實至名歸,受之無愧;而不致使志願服務失其純化與淨化。

(十)考量推動經費

有些單位的領導階層或財主人員常常以為,志工的參與既然只問耕耘,不求回報,何以推展志願服務還需要編列預算?一個單位如其長官或財主人員持有這種看法,實在是讓人啼笑皆非,欲振乏力。就志願服務的本質言,志工固然完全不以獲取報酬為目的;惟有關志工的意外保險、交通費、誤餐費,以及辦理志工教育訓練、獎勵表揚及觀摩聯誼……,在在需要經費的支持。況且志願服務法第二十三條亦明文規定,主管機關、目的事業主管機關及運用單位應編列預算或結合社會資源,辦理推動志願服務;由此可見,如果一個單位的領導階層或財主人員任意輕言,推展志願服務根本毋需經費,那實在是極其不負責任,且叫人感到扼腕、不服與無助的事情。

(十一)運用社會資源

社會資源涵蓋有形的資源與無形的資源,前者包括財力、物力、天然資源與活動空間等;後者包括人力、知識、技術與合作協調等;志願服務欲期順利展開工作,有效達成目標,有賴充分

發掘與運用社會資源。財力的捐獻、物力的提供，固然最為需要；而人力的支援、技術的運用，應該不容忽視；因此，如何號召熱心公益企業人士奉獻財力，慷慨捐輸；如何結合有志之士及青少年朋友貢獻餘知，充任志工；實為志願服務所應努力以赴的重要課題。只要志工的組織健全，參與者的目標一致，互相協調合作，共同研擬具體的服務方案，把握重點，循序漸進，則必能贏得社會的信賴，喚起同道的共鳴；如此，志願服務必能在財力、物力或人力、智力均不虞缺乏的情況之下日益發展。

(十二)實施目標管理

恰當的管理是充分發揮志工力量的有效方法；它不但有助於達成服務的目標，更可提高服務的效能。一般言之，志工的管理首須制定管理的目標，其目標的制定應該把握下列原則：①目標必須明確可行；②目標必須切合實際；③目標必須容易達成；④目標必須具有期限；⑤目標必須妥加評估。在此要特別提及的是，運用單位對於志工的管理，絕對不能像長官對部屬或上級對下級的隸屬關係，而是要與志工建立友善的伙伴關係；凡與志工的互動，不但應相處以情，輔導以理；更應懂得展現尊重、肯定的誠意。

(十三)塑造服務文化

文化是人類經年累月聚積而成解決問題的方案，它是一種行為的學習模式，也是一種社會區別的標誌，它更對民間團體的團結提供一個重要的基礎。志願服務是一種不求名利，助人榮己的行動；只問究竟能為社會奉獻些什麼，而從不企盼社會能夠回饋些什麼，故志願服務的積極推廣乃有必要，並且應該塑造高雅的服務文化。而所謂服務文化就是：**服務要有理念、有組織、有守**

則、有標誌、有證照、有歌曲、有倫理、有制度……，唯有這樣，才能將志願服務凝塑成獨具風格的神聖事業，而吸引更多誠心奉獻的民眾熱烈的嚮往，共同促使這種事業由點、而線、更連結為面，建構成溫馨綿綿的志願服務網。

(十四)加強宣導推廣

要讓別人志願來參加服務的工作，是觀念的轉化，更是意識的變更；而這轉化或變更應該是自發、自動的，絕非全靠拉伕或情面所能奏效。於是志願服務一方面需要透過大眾傳播中廣播、電視、報章雜誌、傳單小冊等加強宣導；一方面需要倚賴地方士紳、社會領袖的擴大影響；一方面更需要志願服務工作者在實際推展服務中，針對實際需要，發揮實際效果，讓所有參與者與受惠者有口皆碑的義務宣傳；唯有民眾與民眾的交互影響，民間與政府的共同推動，使人人了解社會彼此之間是休戚與共，互相關懷；是痛癢相關，互為影響；透過各種管道加強宣導，有效推廣，使志願服務蔚為良好風氣，則其服務的功能才不致為財力、人力所限；而其服務的範圍亦不致偏向於一隅。

(十五)強化督導效能

「督導」是志願服務推展成功與否的靈魂人物。由於志工依其個人志趣參與不同項目的志願服務，熱忱有餘，專業不足；督導務須給予正確導引，始能人盡其才，才盡其用。於是建立完善的督導體系，要求督導人員積極投入督導工作，乃志工運用單位刻不容緩的要務。具體而言，**督導工作的內涵應兼顧志工的參與動機、心理需求、價值觀念、工作能力、服務態度、工作技巧、專業知識、服務成效及自我成長**等各方面。志工督導應該運用各種專業技術及方法，透過與志工之間建立良好的互動關係，協助不

同環境背景的志工伙伴，達到增強工作信心，提昇服務品質的目標。

(十六)籲請主管重視

志願服務是否能夠順利而有效的推展，主管的重視與否具有決定性的影響作用。如果運用單位的主管對於該項業務能予重視與支持，其對承辦同仁而言，因為獲得長官的重視與支持，必能取得同仁的配合與協助，則其竭盡所能，為承辦的業務而努力以赴，必不至於孤掌難鳴，徒勞無功；又對志工朋友而言，更能因為主管的重視與支持，深受鼓舞，士氣大振；進而克盡職責，永不懈怠。說實在的，如果運用單位的主管僅要求人力不足應該妥善運用志工，但對於志願服務的推展卻不聞不問、不理不睬；如此，期待志願服務的推展能夠順利成功，那簡直是夢想。

六、結語——參與志願服務的好處

在這功利主義盛行、社會亂象叢生的大環境裡，假若一個人能夠盡己所能助人，總比百般無奈求人來得更為幸福；因為，助人最樂，求人最苦。志願服務的發揚光大，有賴在響應中擴大參與，在推展中觀摩改進，在力行中研究創新；至盼有心或有志之士，踴躍投入志願服務行列，共同為打造溫馨綿綿、和樂融融的美麗家園而貢獻心力。最後，擬就個人研究心得提出「參與志願服務的好處」，作為本篇的總結。

(1)可滿足樂趣。

(2)可藉以嘗試從未做過的事情。

(3)可發展出料想不到的知能。

(4)可從別的角度看事情。

(5)可增強自己的專業素養。

(6)可從服務當中感到驕傲。

(7)可建立永久的人脈。

(8)可擴展視野。

(9)可肯定自我並獲得肯定。

(10)可移風易俗蔚為善良風尚。

第三章

志願服務面面觀

一、引言

　　志願服務在我國有稱：志願工作、義務工作、志願服務工作、義務服務工作；對於從事志願服務的熱心人士，有稱：志願工作者、義務工作者、志工、義工等。雖然其名稱各異，然在今日民主社會中的志願服務，其基本的信念至少應根源於個人：①奉獻誠心；②利他情操；③助人豪情；④服務壯志的仁義胸懷；以及：⑤只問耕耘；⑥不求回收的自由抉擇。

　　依據上述的涵義，志願服務應該具有下列的主要特質：

　　(1)志願服務是一種自由意志的選擇，絕非外力介入的驅迫。

　　(2)志願服務是一種利他而非利己的志業。

　　(3)志願服務是一種以個人節餘，達助人不足的具體行動。

　　(4)志願服務是一種只問奉獻、不求回饋的神聖工作。

　　(5)志願服務是一種有計畫、有目標的經常性作為。

　　(6)志願服務是一種人人可參與、處處能展開的普遍性工作。

　　(7)志願服務是一種應用科際整合的助人方法。

　　(8)志願服務是一種施者與受者同蒙其惠的互動過程。

　　(9)志願服務是一種貴在有恆、持續不斷的長期投入。

　　(10)志願服務是一種以愛心為起點、用信心致效果的仁心義舉。

二、多數機構陸續運用志工的動機

　　(1)認為志工可彌補機構人力資源的不足。

　　(2)認為志工可協助機構拓展服務範疇。

　　(3)認為志工可協助機構提昇服務品質。

(4)認爲志工可向機構直接回應民眾的問題與需求。

(5)認爲志工可作爲機構與民眾之間的溝通橋樑。

(6)認爲志工可協助機構處理一些非屬公權力行使的例行性工作。

(7)認爲志工可協助機構與民眾提供較個人化的服務。

(8)認爲志工可協助機構爲民眾提供更多溫馨關懷的機會。

(9)認爲志工可作爲機構業務宣導的最佳媒介。

(10)認爲志工可對機構專職員工產生激勵作用。

三、部分機構排斥運用志工的原因

(1)認爲志工素質參差不齊，不能符合工作要求。

(2)認爲志工參與服務的動機與誠意相當值得懷疑。

(3)認爲志工的期望與要求無法予以滿足。

(4)認爲志工不求報酬，較難管理，更難解職。

(5)認爲志工的流動率與流失率大，會影響服務工作的推展。

(6)認爲志工缺乏專業認知，對機構的協助、效用不大。

(7)認爲志工的加入，會使機構員工感到不安或遭受威脅。

(8)認爲志工會對機構帶來麻煩，影響團隊士氣。

(9)認爲機構未有足夠的時間和精神訓練志工。

(10)認爲機構缺乏甄選及任用志工的專業知能。

(11)認爲機構缺乏同仁間的支持，任何人無法獨力承擔運用志工的成敗責任。

(12)認爲機構根本沒有長期運用志工的計畫。

四、正確認識志工的基本需求

志工參與志願服務應有下列的基本需求：

(一)「歸屬感」的需求

「歸屬感」的需求（the need for the feeling of belonging），此乃志工企盼隸屬志工團隊，凝塑團隊意識；進而塑造相互依賴、相互信任的工作氣氛；建立共同價值觀念與服務目標的需求。

(二)「參與感」的需求

「參與感」的需求（the need for the feeling of participation），此乃志工企盼在服務過程中吐露心聲，表達意見；進而提供看法與參與決定的需求。

(三)「方向感」的需求

「方向感」的需求（the need for the feeling of orientation），此乃志工企盼督導人員明確告知應有的任務，誠懇給予正確的導航；進而讓志工想做，而知道怎麼做；肯做，又能做得好的需求。

(四)「新鮮感」的需求

「新鮮感」的需求（the need for the feeling of freshness），此乃志工企盼突破傳統，跳脫窠臼；進而追求工作模式多樣化與工作性質有挑戰的需求。

(五)「使命感」的需求

「使命感」的需求（the need for the feeling of mission），此乃志工企盼全心投入，全力以赴；進而協助機構完成任務與實現目標的需求。

(六)「樂趣感」的需求

「樂趣感」的需求（the need for the feeling of fun），此乃志工企盼尋求工作刺激，接受工作考驗；進而體會享受犧牲與工作樂趣的需求。

(七)「自我感」的需求

「自我感」的需求（the need for the feeling of uniqueness），此乃志工企盼感受尊重，獲得肯定；進而能夠顯露自我特性與自我價值的需求。

(八)「激勵感」的需求

「激勵感」的需求（the need for the feeling of encourage-ment），此乃志工企盼普獲接納，廣受鼓舞；進而贏得掌聲，增強信心的需求。

(九)「成就感」的需求

「成就感」的需求（the need for the feeling of achievement），此乃志工企盼能夠真正發揮功能，展現成效；進而協助服務對象紓解急困，化戾氣為祥和的需求。

(十)「榮譽感」的需求

「榮譽感」的需求（the need for the feeling of honor），此乃志工企盼秉持「予與取皆有幸」、「施與受皆有福」的理念；進而感受到以給人希望爲榮與救人苦難爲樂的需求。

五、妥善運用志工應有的先決條件

(一)政策計畫要制定

凡事豫則立，不豫則廢；運用志工務須政策明朗，計畫周詳；俾使志願工作的推展，能在明確的指導方針下循序漸進。

(二)甄選任用要審愼

來者不拒是推展志願工作失敗的主因；爲免請神容易送神難，寧可先小人後君子；運用志工務須甄選細膩，任用謹嚴。

(三)任務分配要明確

凡事不要在想像中建立障礙；爲免志工猶如「無舵之船」，迷失航向；運用志工務須對志工應負的任務作清楚、明確的交待。

(四)服務過程要支持

重視與肯定是維繫志工的最佳動力；冀使志工的參與，確實發揮應有的功能；運用志工務須對志工的服務過程，予以適當的關注、輔導與支持。

(五)工作士氣要激勵

　　激勵是一種刺激，也是一種驅力；志工獻身服務，所求無他；旨在希望獲得機構的肯定與尊重。運用志工務須善加應用激勵方法，透過對志工的不時關懷與鼓勵，以激發志工的持續參與。

(六)教育訓練要落實

　　教育可變化個人氣質，訓練可充實工作知能；運用志工務須落實教育訓練，以期有計畫、有步驟、有效益地增強志工從事志願服務的方法與技巧。

(七)心理互動要暢通

　　志工的支持力量在機構，志工的需求滿足更決定在機構；運用志工欲期產生最佳利益，務須機構同仁與志工之間的意見交流與心理聯繫暢通無阻、互動無礙。

(八)督導體系要健全

　　志願服務工作的順利推動有賴健全的督導體系；運用志工務須對於志工朋友與機構員工的層級關係與管理層次，建立完整、清晰且有意義的督導體系。

(九)獎勵表揚要公正

　　志工參與志願服務，絕對不應該是以獲取獎勵表揚為目的；惟獎勵表揚對於志願服務的弘揚推廣，確有其肯定的激勵作用。運用志工務須秉持公正客觀的態度，對於志工的善行義舉適度地予以獎勵表揚，以達鼓舞士氣，並收見賢思齊之功效。

(十)制度規章要建立

制度是強制約束的規範紀律，規章是行為規範的制約準則。運用志工對於志工的甄選任用、教育訓練、福利聯誼、獎勵表揚及組織運作等各方面，務須建立周密完備、持久可行的制度規章，以求志願服務工作的永續經營。

六、結語──發揚「七度」空間、追求「雙贏」成果

志工要能不負眾望，弘揚效能；個人認為，務須志工伙伴攜手連心，有效發揚「七度」空間，致力追求「雙贏」成果；則志工散為萬殊、集為一體的光與熱，深信必能廣為輻射，照亮社會上需要愛與關懷的每一個角落。

(一)有效發揚「七度」空間

(1)宗教家的「熱度」──身隨心赴。
(2)運動家的「速度」──及時參與。
(3)哲學家的「廣度」──弘揚推廣。
(4)科學家的「深度」──找尋意境。
(5)數學家的「精度」──實事求是。
(6)藝術家的「巧度」──講求方法。
(7)企業家的「效度」──力創紅盤。

(二)致力追求「雙贏」成果

(1)「施」者──滿面春風送關愛。
(2)「受」者──笑顏逐開長緬懷。

第四章

志願服務哲理

一、引言

　　志願服務是人類一種愛與關懷的自然行為的表現；參與志願服務非但要有只有「施」沒有「受」，只有「予」沒有「取」，只有「給」沒有「得」的心理準備；尤應展現但求「奉獻」不求「回饋」，只想「支出」不想「收入」，僅問「耕耘」不問「收穫」的大愛精神。事實上，如果你曾參與志願服務，相信你必定能從服務經驗中體會到，參與志願服務不但可享受「犧牲」、獲取「喜悅」、得到「心安」；尤可深切地感受到，參與志願服務最大的「回饋」應是：「無形」勝於「有形」；最大的「收入」應是：「精神」重於「物質」；最大的「收穫」應是：「福報」優於「酬報」。

　　說實在的，值此功利主義盛行、社會亂象叢生之際，在人生的旅程中，如果能夠經常保持「手心向下」，而免「手心向上」；相信人活在社會裡，必定感覺到格外有意義，且更有價值；因為，「手心向下」是助人，「手心向上」是求人；助人最樂，而求人最苦；設若得以快樂助人，總比痛苦求人更好。我們可以肯定的說，只要有心，並實際付諸行動；每個人都能成為「甘願做、歡喜受」的快樂志工。

二、志工應有的人生觀
——退一步想、海闊天空

　　所謂「人生觀」（the philosophy of life）應指一個人對其生活的意義和價值的詮釋與評價的方法，也就是一個人對人生所秉持的態度。換言之，「人生觀」乃一個人透過社會化的過程，經由教育訓練、社會薰陶，由其性格、教養、學識、歷練、經驗等所

累積形成對人生的看法。茲以推廣志願服務多年的經驗，個人深切體認，參與志願服務的有志之士務須確實擁有「退一步想、海闊天空」的價值觀念，才能毫無牽掛、快快樂樂的默默行善。

(一)心中有愛的人生觀

只要人人「心中有愛」，社會必能「溫情常在」；志工既以助人、服務為宏願，就應抱持「心中有愛」的人生觀，隨時準備把愛送給需要愛的人，把關懷送給需要關懷的同胞。

在這到處充斥講求人情事故的社會裡，幾乎事事都需要找關係、託熟人，唯有志工，只要人們有需要，服務就到；所以，志工所表現的愛一定是「真愛」；因為，志工的服務絕對秉持大公無私、不偏不倚的作為；既無貴賤之分，也無親疏之別；一視同仁，義無反顧。因之，志工這種「心中有愛」的人生觀可以說正是中國傳統「俠骨柔情」的代表；因為「俠骨」，所以志工急公好義，由於「柔情」，所以志工悲天憫人。

(二)為善最樂的人生觀

快樂是成功、財富與幸福的前驅和後果。「金榜題名時」、「洞房花燭夜」固然是人生最大喜事；但如果當他人急切需要的時候，能夠盡一己之力去幫助他人，相信其在內心所得到的快樂應該更高；此乃所謂「為善最樂」的人生意境。一個人不論其知識、地位、財勢如何，當他必須求人的時候，內心的感觸必然是五味雜陳；而當他人有所求的時候，如果能有足夠的能力給予協助，則心裡必感到無限的滿足與快樂；這就是聖經上所說的「施比受更有福」的最佳註解。

吾人深知，內心真正的快樂應是一個人覺得自己不時從事一些有益社會的活動，參加一些積德揚善的公益事業所感到的喜

悅。志願服務的眞諦本來就是一種奉獻、利他的偉大志業；所以，志工務須持有「爲善最樂」的人生觀，才能竭盡所能爲理想而奮鬥。哲學家告訴我們，爲善最樂的「樂」應是從道德產生出來的快樂；凡是爲理想而奮鬥的人必能獲得這種快樂，因爲理想的本質就含有道德的價值。

(三)人溺己溺的人生觀

人活著不應該只限於一己之私，即便是退潮的海水，也在海灘上留下美麗的貝殼。人之異乎常人而特別讓人感到偉大或值得尊敬，絕對不是在於他僅限於只顧一己之生命，而是當他人面臨最需要幫忙的時候，他能勇於伸出援手助人一臂之力。志工之所以受到社會大眾所肯定與嘉許，主要就在於當他人急待協助的時候，他能毫不猶豫，傾力相助；面對徬徨失措的人，他能主動關懷，協處急困。

說實在的，如果志工心想連自己的家庭都缺乏時間照顧，如何還能奢言服務人群、嘉惠社會，如此他在生活中必定總是感覺缺乏一些東西，在工作時也必定經常感覺勉強與無奈；因之，志工務須抱持「人溺己溺」的人生觀，視他人之不幸遭遇猶如自己的處境；則相信志工必能從生活的體驗中逐漸發覺自己想要的人生目標。

(四)憂人之憂的人生觀

「皇帝不急、急死太監」這句大家朗朗上口的話，可以說就是「憂人之憂」的典型寫實。志願服務的弘揚推廣就是要有這種多管閒事的「雞婆」，使出「自掃個人門前雪、猶管他人瓦上霜」的傻勁，才能使志願服務的果實一天比一天成長、壯大。

古人常說，「日頭赤炎炎，隨人顧生命」（台語發音），只要

自己能夠三餐填飽，平安無事，他人怎樣或他人發生什麼事情，與我們有何相干。如果社會人人都存有這種想法，相信志願服務絕對沒有發展的空間；所以，志工務須破除這種迷思，抱持「憂人之憂」的人生觀；本著「先天下之憂而憂，後天下之樂而樂」的慈悲胸懷，把他人的苦難視同自己的苦難，把他人的不幸遭遇當做自己的感受；這樣才能真正發揮「我為人人、人人不必為我」的布施精神，而把志願服務做到盡善盡美的境地。

(五)無我至上的人生觀

佛家以為人之所以為非作歹或姦淫搶奪，完全是因為自私自利的「私」字所致。如果人不為私，便不會有許多不法的情事接二連三的發生。要想消除自私，必須先把「我」除去，每個人只要能夠把「我」去掉，則必能化戾氣為祥和，建構一個溫情洋溢的芬芳社會。

佛陀以為肉身的「我」並不是「真我」，因此，他主張發現真我，尋求真我；佛陀更指出，人們的痛苦，完全都是來自「自我」的幻想所引起的。所以，志工應該抱持「無我至上」的人生觀，拋棄「自我」，展現「置個人自我於度外」的無我精神；致力服務，散布溫情；如此才能真正遠離痛苦，免於怨尤。

(六)助人榮己的人生觀

志工為了完成扶危濟傾的神聖使命，在在務須展現「只求付出、不計代價」的仁心善舉，這種偉大的德操可以說正與佛教的慈悲為懷、基督教的博愛濟眾、道教的功德圓滿、天主教的福音廣被相互輝映；也正是國父所說的「助人為快樂之本」的最佳寫照。就事實而論，在這爭權奪利橫行、社會秩序紊亂的大環境中，志工還能秉持「志願服務、捨我其誰」的理念，在社會亂象

中致力服務，在你爭我鬥中散布溫情，這種無爲無求、無怨無悔的善行義舉，雖或未能喚醒暴力的、感化自私的、說服圖利的；但亦足以使胡作非爲的暴力者懺悔、一毛不拔的自私者汗顏、一夜致富的圖利者羞愧。所以，志工如能抱持「助人榮己」的人生觀，其行爲舉止將是冷卻名利狂熱的清涼劑，尤是開創生命尊嚴的新標竿。

三、志工應有的自我期許
——希望越高、失望越大

人無完人，千萬不要認爲自己無所不能；因爲，人不可能樣樣精通。聰明的人總是能正確認識自己；放縱自己，固然容易誤入歧途；但苛求自己，往往會活得太累。要想成爲快樂的志工務須要有恰適的自我期許（self-expectation）；絕對必須破除好高騖遠、一步登天的奢望，而力求實事求是、一步一趨；因爲，凡事「希望越高」，則必「失望越大」。

(一)只求做「螺絲釘」——無須做「大引擎」

凡是開過車的人多少一定都有經驗，一輛車子的故障，未必都是因爲大引擎出了毛病，而任何一顆螺絲釘的鬆動，都有可能造成車子的拋錨。由此可以看出，螺絲釘與大引擎對整部車子而言，都有它既定的功能存在，只不過功能的大小有別而已。至盼志工應以扮演「螺絲釘」的角色自我期許，因爲，任何一顆螺絲釘對於整部車子而言，其所產生的貢獻應該同樣受到肯定的。

(二)只求做「潤滑劑」——無須做「重機油」

吾人深知，一部機器如果長期閒置不用，突然間想要再啓動，有時未必能夠順利運轉，其主要原因或許因爲機器久置生

鏽；這時候，假若稍微點幾滴潤滑劑，可能機器就能夠立刻轉動，運作如常。固然一部大機器的轉動需要有充足的重機油才能促成；但同樣的，在開始啓動的時候，如果不先點幾滴潤滑劑，就算重機油加得滿滿的，恐怕也無法順利運轉。由此亦可說明「潤滑劑」與「重機油」對整部大機器而言，也同樣有其不同的功能存在；至盼志工凡事必須務實，誓以做「潤滑劑」爲奉獻指標，無須虛懷大志，因善小而不爲。

(三)只求做「調味品」──無須做「大補帖」

一碗秀色可餐的麵熱呼呼的，看起來應該很好吃，可是一入口似乎吃不出什麼味道來；但稍微加幾滴香油或其他佐料，就覺得湯頭好極了，吃起來津津有味，欲罷不能；足見小小的調味品所產生的作用仍然不可忽視。

志工既以助人爲己任，千萬不可存有「善小而不爲」的觀念，因爲志工是要做善事、做有意義的事，而不是要做大事、做豐功偉業。雖然調味品不像大補帖一樣能夠強壯人的身體，但它仍然應有其既存的作用；因之，至盼志工能以追求扮演「調味品」的角色爲先，無須強求一定要如「大補帖」那樣發揮不同凡響的特定功效。

(四)只求做「手電筒」──無須做「探照燈」

溫馨的社會裡，難免會有苦悶孤寂的朋友；炎陽的普照中，總會有些照射不到的陰霾之處。志工在社會上默默付出、貢獻心力，就如同黑暗中一盞盞明燈，其所散布的光與熱，不時在溫暖苦悶孤寂的人們，隨時在照亮每個陰暗無光的角落。縱使志工散布出來的光猶如手電筒的照明，其所照射的面積僅是局部的，但只要能夠發揮「愛及所需」的效能，它的貢獻應與探照燈同樣受

到嘉許。

志工參與志願服務最需加強心理建設的，是不要過分異想天開，不要以為只要自己加入志工行列，所有疑難雜症均能因你迎刃而解。至盼志工應以扮演「手電筒」的角色為榮，雖然手電筒的光不能像「探照燈」一樣強光四射，但是，黑暗的夜，只要有手電筒的光，相信必能指引暗中摸索的人順利到達他所要到的地方。

(五)只求做「小起子」——無須做「千斤頂」

社會越進步，分工越精細，行業不同，必各有所司；儘管各行業的所作所為互有差異，但就整個社會的需求面而言，每一部門應各有其不可磨滅的貢獻。所以，一個人固然不應該過分自我膨脹，但亦無須過於妄自菲薄；因為，社會的需求是廣泛的、多元的，缺一不可。

吾人深知，**「聰明才智越大者，當盡其能力以服千萬人之務，造千萬人之福；聰明才智略小者，當盡其能力以服十百人之務，造十百人之福。」** 志工既以服務為目的，則須腳踏實地，量力而為；無須奮求像「千斤頂」一樣要舉千萬斤之重，結果導致超載之窘境；固然小起子僅能起起小鐵釘，但缺少了它，社會仍有諸多不便之處；因此，至盼志工不時應以只求做「小起子」自我策勉。

(六)只求做「巡邏警」——無須做「大捕頭」

「預防重於治療」應是人人皆曉的不變真理。就以社會治安為例，治安的嚴重敗壞，固然有賴大捕頭針對影響治安的殺人、搶劫、勒索、綁票、走私、逃稅等重大案件，發揮專業權威儘速偵破；不過，諸如宵小偷竊、兒童受虐、性侵害犯罪、家庭暴力、

少年飆車、群眾互毆等事件，如果巡邏警能夠善盡職責，加強巡邏，相信對於犯罪事件的防範，亦必能產生一定的嚇阻作用。

　　志願服務貴在但求施予，不計回報；只要肯付出，相信對於社會必有一定的貢獻；因此，至盼志工應以只求做「巡邏警」而心存滿足，無須奢望做「大捕頭」，企求創建震撼社會的輝煌功績；因為，此種想法只有徒增無謂煩惱，對於服務工作絕無任何助益。

(七)只求做「瞄子手」──無須做「指揮官」

　　消防人是火神的剋星，災害的終結者。消防人之所以受民眾稱讚、社會推崇，主要是因為：火災時，人家都往外衝，消防人必須往裡跑；颱風天，人家都躲在屋內避難，消防人仍須走出戶外救災。儘管消防人的一切作為都是為了圓滿達成搶險救難的神聖使命，但其任務的達成可以說完全有賴團隊精神的發揮；如果沒有專業負責的瞄子手群策群力，勇往邁進，相信僅靠指揮官卓越的領導統御，仍然無濟於事。

　　志願服務本是一種救人苦難、給人希望的工作；當人家緊急待援時，你能伸出援手；有人徬徨落寞時，你能適時給予關懷與鼓勵；這就是志願服務的最高意境。所以，至盼志工隨時以充當基層的「瞄子手」自居，無須奢求充當「指揮官」擔負重責大任；因為，兩者對於拯危救難、維護安全都有其不平凡的貢獻。

四、志工應有的基本素養
──淬鍊自我、服務別人

　　志工既以助人為己任，服務為職志，除了應該體認志願服務的真諦，尤應持有「淬鍊自我、服務別人」的基本素養（basic-discipline），也就是應從修身做起，進而才能幫助別人，造福社

會。

(一)以「七心」為起點

(1)**愛心**：要慈愛廣被、樂善好施；不虛應故事、勉強應付。

(2)**誠心**：要行之以誠、樂在服務；不華而不實、真偽混跡。

(3)**耐心**：要溝通協調、廣納建言；不堅持己見、意氣用事。

(4)**信心**：要建立自信、勇於任事；不畏首畏尾、躊躇不前。

(5)**恆心**：要持之以恆、貫徹始終；不隨風而起、無疾而終。

(6)**同理心**：要感同身受、將心比心；不刻薄責難、冷漠無情。

(7)**責任心**：要崇本務實、克盡職責；不敷衍了事、光說不練。

(二)持「七力」作基石

(1)**定力**：要堅定立場、屹立不搖；不朝秦暮楚、任憑擺布。

(2)**活力**：要朝氣蓬勃、樂觀進取；不鬱鬱寡歡、膽怯木訥。

(3)**毅力**：要剛毅不屈、勇往直前；不逢挫則退、遇敗則餒。

(4)**巧力**：要充實知能、精研方法；不墨守成規、因循苟且。

(5)**群力**：要敬業樂群、廣結善緣；不自負傲慢、排除異己。

(6)**親和力**：要平易近人、和藹可親；不氣勢凌人、高不可攀。

(7)**應變力**：要因勢利導、當機立斷；不顧東慮西、憂柔寡斷。

五、結語──以服務充實人生，用關懷散布溫情

總之，志願服務是一種犧牲奉獻、助人利他的崇高志業；一

位稱職而受肯定的志工，必須要有：①純潔的動機；②正確的觀念；③真誠的態度；④熟練的方法；同時也要了解：①機構的政策；②組織的目標；③行政的程序；④社會的需求；尤其志工之間及志工與督導之間更應建立：①互惠；②互賴；③互信；④互補的友善關係；進而秉持「以服務充實人生，用關懷散布溫情」的信念；全心投入，全力以赴；甘願付出，歡喜承受；如此每一位志工將都成為勝任愉快、成就非凡的快樂志工。

第五章

志工的召募、任用與管理

一、引言

　　值此功利主義盛行，投機心態瀰漫之際，有些人常會質疑是否真會有人願意投入只問付出、不期回報的志願工作，去幫助一些所謂「非親非友，毫無關係」的人。當問到一些志工為何願意參與志願工作，他們的答案總是那麼簡單：「志願工作有意義」、「服務是一個學習的機會」、「志工可幫助需要幫助的人」……。或許這是一種無條件的奉獻，很多人僅憑一個單純的信念──「愛心」，不去計較任何的種種付出；致使志工朋友往往忽略了自己參與志願工作的真正動機。

　　概括言之，社會有志之士或學校青少年參與志願工作的主要動機不外：①認為志願工作甚有意義；②認為可善盡公民責任，回饋社會；③認為可把愛送給需要愛的人；④認為可把關懷送給需要關懷的同胞；⑤認為可發揮自己所長；⑥認為可使自己感覺更有存在價值；⑦認為可汲取新知識，學習新技能；⑧認為可豐富經驗，促進成長；⑨認為可取得他人認許及群體位置；⑩認為可尋求新鮮刺激及擴大生活體驗；⑪認為可結交更多志同道合的朋友；⑫認為可實現自己心想已久的宿願；⑬認為可為自己未來的工作善作準備。坦誠地說，如果志工朋友參與志願工作並非基於以上的任何一個動機，他的參與絕對不可能達到「助人最樂，服務最榮」的意境。

二、召募志工應有的準備

　　召募志工的方式很多，不論是透過個別接觸、其他志工朋友介紹、民間團體推薦，或經由大眾傳播媒體（包括報紙、廣播、

電視）報導，總希望有志參與的人士能夠踴躍投入志工行列，協助機構完成任務。雖如此，爲期能夠有效召募到理想的志工，在召募之前，機構應有周全的準備，俾能達到「凡事豫則立，不豫則廢」的目標。

(一)要釐訂可行的工作計畫

計畫是達成目標的指導原則與工作指標；既然機構決定需要志工協助，在召募志工之前首應釐訂周詳可行的工作計畫，明確指出：召募志工的目的、召募的人數、召募的方式、工作的性質、服務的時間以及如何參與等，俾使有志之士能夠貢獻有處、參與有門，實現其助人最樂的強烈意願。

(二)要辦理審慎的面談甄選

有些機構因爲業務膨脹不堪負荷，急需志工的協助支援，於是乃大肆廣招志工；但從不考慮其適任與否，來者不拒，結果經常造成「請神容易送神難」的窘境。志願服務是一種協助他人解決困難的工作，不但參與的動機要純、態度要誠、觀念要正；尤需做到語言要謙、行爲要端、品德要美。所以，召募志工絕對必須辦理審慎的面談甄選，以期選擇既適合參與者志趣，又能眞正協助推展工作的優秀志工。

(三)要準備完善的督導工作

督導工作的主要功能在於提供志工執行工作的方向及完成任務的方法；我們可以武斷地說，志工的運用如無專業人員的督導，其所能產生的效果必定相當值得懷疑；因此，機構召募志工首須準備完善的督導工作，指派行政經驗與專業知能均佳的專職人員負責擔任督導；千萬不可認爲把志工招來再說，要不要督

導、管理另當別論,任其隨性而為,愛怎麼做就怎麼做;如此,不僅於事無補,反而可能增添麻煩。

(四)要建構順暢的溝通管道

志工具有輔助、彌補、加強、發展的功能;志工所能發揮的效果,其影響所及絕不是僅限於督導人員或機構的某一些人,而應是機構的每一個人。於是,機構召募志工首須建構順暢的溝通管道,讓機構的所有人員均能深切了解:為什麼要召募志工?那些工作有賴志工協助?志工的權責範圍為何?專職人員應如何與志工產生良好的互動關係?當志工在服務過程中發生困難問題時,其所能請教的管道為何?任用志工究是善意的支援抑或別有用意?……均應讓機構的全體人員建立共同的認知,以免機構的人員對於志工的召募產生觀望或排斥的心理。

(五)要設計有效的評估方法

機構召募志工務須相信志工的任用絕對會有助於機構業務的推展及服務品質的提昇;否則,任用志工必毫無意義,志工的參與亦僅純係消遣玩意。因之,機構召募志工事先應設計一套有效的評估方法,清楚地告知應徵者機構對於運用志工的管理、考核制度,讓應徵者明白凡是在機構擔任志工,在服務過程中,如經發現確有不適任者,或有違背機構規則或政策者,甚或有嚴重損害機構聲譽者,機構當視情節輕重考量是否可予「寬容」,但絕不「縱容」;同時亦應讓應徵者充分了解,機構對於志工一定給予「信任」,但絕不「放任」;俾應徵者在參與志工行列前知所警惕,慎作抉擇。

(六)要研訂適當的獎勵原則

獎勵足以提振士氣，激發參與；我們完全可以肯定志工的參與，絕對不是為了獎勵；不過，機構應於決定召募志工的同時，研訂適當的獎勵原則提供應徵者參考，或委婉告知應徵者當前志工可能獲得的獎項有那些？俾有助於讓應徵者了解機構不但對志工的服務成效相當重視，且訂有適當、合理的激勵原則；期盼志工能在服務的歷程中，發揮所長，致力服務。但機構要特別注意的是，切勿存有以獎勵作為召募志工主要誘因的心態，以免引發應徵者對機構產生「不受尊重」的感覺，而導致志工的運用完全失去志願服務的基本精神。

三、志工甄選的面談技巧

面談是志工甄選的必經途徑，面談的主要目的是希望藉著面談者與應徵者的互動關係，將機構對於任用志工的目的與志工管理的作法先讓應徵者了解，並藉以了解應徵者參與志願服務的真正意願與動機，俾能甄選志趣吻合的優秀志工，並期先行約法三章，而免爾後實際參與志工行列時發生無謂的困擾。一般言之，志工甄選的面談技巧務須把握下列原則：

(一)要讓應徵者感到自然

志願服務是一種只問付出、不計酬勞的奉獻工作，其應與一般支薪的有酬工作有別；因此，面談者在面談的時候，應該儘量設法讓應徵者感覺舒適、自然、輕鬆，且毫無壓力。

(二)要讓應徵者有話可說

所謂「面談」應是面談者與應徵者彼此之間充分表達意見互動自如的過程。在面談過程中，面談者除了應將機構召募志工的目的及相關事項先予說明外，問話的用字遣詞尤應考慮到如何留給對方能有或願意表達意見的空間。

(三)要讓應徵者回應問題

成功的面談絕不是僅限於單方面的「請聽我說」，更重要的是設法激發對方勇於做出適切的回應，俾在面談的時候能夠真正了解應徵者對志願服務的看法，以及評斷其是否適合擔任志工，而確實達到面談的實質目的。

(四)要以友善的態度提出詢問

參與志願服務應是個人價值觀念的轉化，更是人生意境的提昇；甄選志工之所以要辦理面談，旨在藉此能讓應徵者更加認識志願服務的真諦，以使其下定參與的決心。因之，甄選志工的面談應與民眾求職的諮詢以及學生應考的口試有別，面談者在提出詢問時，態度、語氣務須力求友善而不脅迫，平和而不急進。

(五)要以技巧的方式突破靜默

人的人格特質各有不同，有的比較開朗，有的比較拘謹；有的比較活躍，有的比較沈默；在進行面談時，面談者可能會碰到自己講了半天卻得不到任何反應的情況；此時，面談者不要急於突破靜默，而應以更加沈穩的耐性面對，以期待對方的自然回響。

(六)要以互動的關係決定選擇

既是「面談」，只要相關的事情應該均可無所不談；應徵者既有餘力，且有宏願樂意參加志願工作的行列，在面談的過程中，他當然會想進一步了解志願服務的種種狀況，而面談者也很想從彼此的對話中更加了解對方想參與服務的真正動機，及其究竟是否適合充任志工……，說明白一點，就是機構要挑志工，志工也要挑機構，雙方是互相選擇的；在這種現實情況下，雙方務須在極其友善、坦誠與理智的互動關係中決定選擇，對於未來志願工作的推展才會產生助益。

四、任用志工應考慮的因素

「召募」應是志願服務推展的前奏，而「任用」則是志願服務推展的實踐；志願服務的實施，如果前奏能夠奠定良好的基礎，則實踐必定能有穩定的發展。唯為期達到穩定發展的目標，任用志工仍應考慮下列的重要因素：

(一)要考慮如何訂定明朗政策

政策是目標的指針，也是要求的準則；機構任用志工務須要有明朗的政策才能激發志工的熱烈響應，讓志工充分認識、了解提供服務究竟有何意義與價值，然後決定踴躍參與，致力服務。

(二)要考慮如何辦理職前訓練

訓練是引導方向與傳授方法的最佳途徑；志工興致勃勃、熱情洋溢，抱著只問耕耘、不求回收的誠心熱烈參與志願服務；雖其熱情十足，惟因欠缺方法，對於志願服務的推展定難產生具體

效果；所以，如何辦理職前訓練，以提供志工服務的方向，乃是任用志工務須考慮的重要因素。

(三)要考慮如何妥切分配工作

志工是否能夠持續參與，大都決定在其參與之後是否有事做，而且是否能有適性的事情做；所以，機構在任用志工的時候，務須慎重考慮到底有那些工作需要志工協助，以及如何能夠妥切分配給每位志工適性的工作，以達適才適所，充分滿足志工原始參與的動機。

(四)要考慮如何提供適切督導

適切的督導是有效推動志願服務的關鍵；機構務須深切了解，志工如無適切的督導，而僅認為只要業務繁忙，任用志工就能彌補不足，協助業務推展，那是絕對不可能的事情；因為，志工的素質參差不齊，而且志工對機構的業務也不了解，他根本不知道該如何協助，也不知道協助些什麼，在這種情況下任用志工，除了聊表意思，其他毫無意義。

(五)要考慮如何精進專業知能

志工在任用之前固須辦理職前訓練，任用之後更要持續辦理在職訓練或加強訓練，以精進志工的專業知能。說實在的，志工朋友大部分均未受過專業教育，對於專業知能的涉獵有限，唯賴專業訓練補其不足；雖志工所協助的工作非屬專業性的工作，但至少應有基本的專業認知，以有助於機構提昇及發展服務品質。

(六)要考慮如何建構管理系統

志願服務雖是一種助人利他的崇高工作，但不能只訴諸利他

的、慈善的動機，必須要有一套完整的管理系統；這個管理系統應該包括：機構內部、機構與機構之間、機構與政府之間及機構與市場之間；其間的關係除了權利義務的規範問題外，更重要的應是資源的共享與再生的議題；因之，機構任用志工對於管理系統的建構乃爲急切要務。

(七)要考慮如何實施評鑑獎勵

志工雖然「爲善不欲人知」，但機構給予志工適度的嘉許應有其必要性；因爲機構對志工的嘉許：①可讓志工感覺自己所參與的工作獲得認同；②可增添志工的信心；③可提高工作的效率，增進服務的效能；④可使志工感覺身分備受重視與讚賞。雖機構務須特別注意的是，對志工的嘉許、獎勵固然重要，但更重要的是，獎勵應該透過公正客觀、感情中立的評鑑據以實施，其獎勵的效果才不至於產生負面的影響。

五、志工管理的有效措施——目標管理

機構運用志工不能沒有目標，但目標不能過於呆板。一般言之，目標的釐訂應該基於實際狀況的考量和判斷；但狀況會有改變，判斷也會產生錯誤，考量有時更難臻周全；所以，既定的目標仍應透過檢討、評估，彈性應變；該堅持的，則不畏萬難；當調整的，亦須勇於變更。如何審愼制定目標，對於機構妥切運用志工固然重要，但如何善用既定的目標，而不致淪爲目標的奴隸，更是機構成功運用志工的必備條件。

(一)目標管理的概念

目標管理（management by objectives, MBO）係美國管理學大

師杜拉克（Peter F. Drucker）於一九五四年所提出的一個管理概念，它是一種管理方法，也是一種行政手段。所謂「目標管理」，係指要求組織內的每一個人、各級單位應全力配合組織目標，而對於分內工作再自行另定目標、決定方針、擬訂計畫、編訂進度，並力求如期達成；然後自行檢討、評核成果，以作為爾後再行設定目標的參考，周而復始，循環不息；這種管理方法或行政手段就稱為目標管理。而所謂「目標」乃組織企圖實現理想的情況。一個機構如能順利實施目標管理，當然可以強化機構的體質，尤可發揮機構的組織功能。

(二)目標管理的功能

(1)它可因應組織的需要制定適切的目標。

(2)它可有助達成組織的計畫目標。

(3)它可提高組織的工作效率及服務效能。

(4)它可加強組織在工作上的協調與控制。

(5)它可善用組織的人力資源。

(6)它可增加組織成員的責任心與成就感。

(三)志工管理的具體作法

1.制定目標

志工管理首須致力制定管理的目標，制定目標所應把握的原則為：①目標必須明確可行；②目標必須可以量化；③目標必須易於達成；④目標必須切合實際；⑤目標必須具有期限；⑥目標必須妥加評估。

2.建立資料

資料是管理的主要依據，沒有資料做依據則管理必無法推行。志工管理務須建立志工資料，其資料應包括：志工的基本背

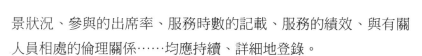

景狀況、參與的出席率、服務時數的記載、服務的績效、與有關人員相處的倫理關係……均應持續、詳細地登錄。

3.落實訓練

訓練是充實服務知能的最佳方法，爲提昇服務水平，加強志工訓練絕不可缺；而這種訓練必須有目標、有計畫、有步驟、有效益的落實執行；除了訓練的層次應該逐級辦理，訓練的內容也應該包括基本理念與專業需求。

4.傳授方法

肯幹未必能幹，想做也未必會做；志工雖然熱心有餘，衝勁十足，惟方法欠缺，技巧不夠；如無機構督導人員的妥切指導、傳授方法，則不但將使志工的服務成效大打折扣，也必導致志工的參與興趣大減。

5.明示方向

人生如無方向，就像船沒有舵一樣，隨風飄搖，不知何去何從。儘管志工的參與對於機構具有輔助的功能，但假若督導人員未能給予志工明確的方向指示，志工將無從幫忙，而必造成志工人力的浪費。所以，志工的管理，督導人員務須明確告知志工：那些工作需要志工協助？那些工作志工可以參與？……。

6.控制工作

實施志工管理對於每位志工執行工作的情況，及其與整體計畫的配合，應該要有清晰的期望標準，並須能有一套制度化的要求模式。在控制過程中，對工作上的理想要求，務須不斷比較分析，力求改善。

7.評估績效

管理的目的在於提高組織的績效；所謂績效係包括效率與效果兩個層次；而評估係指應用科學的方法，對於一項工作，依照事前設定的基準，評估其完成績效，進而列舉其優劣的事實，並

提出改進的建議。志工管理如能定期辦理績效評估，不但可以了解機構運用志工資源的成效，以作爲獎懲的依據；進而可用來決定未來志工資源的合理分配。

8.激勵士氣

　　激勵是一種導引、維繫與促進志工付出努力的驅使力，志工的態度會影響其工作績效，而激勵也會影響志工的態度。志工參與服務固然不是爲了獲得獎勵或表揚，但獎勵或表揚應是激勵志工士氣、促使志工付出努力的最佳途徑。因爲，志工受到激勵，他必會全心投入，全力以赴；假若志工付出努力的方向，一致朝向機構的目標，則必產生顯著的工作績效，而有助於機構服務品質的提昇及既定任務的完成；所以，志工管理務須重視激勵士氣。

六、結語

　　總之，由於社會結構的急遽轉型、民眾需求的日益殷切，今後對於志工的需求量與供給量勢必相對增加。因之，如何有效推展志願服務，讓有心奉獻者「貢獻有處」，亟待協助者「呼援有門」，乃是當前公、私部門不可忽視的重要議題。

　　運用志工的最高意境在於「志工維繫」，肯定地說，欲求維繫志工的持續參與、永續經營，在運用志工的政策、計畫、召募、面談、任用、訓練與管理的任何一個階段均應環環相扣，前後呼應。

(1)在政策階段，重點在於：爲何要運用志工？是否要運用志工？運用志工的政策爲何？在此階段均須明確形成。

(2)在計畫階段，重點在於：志工到機構要做些什麼？那些工作可由志工參與？志工與專職人員的權責範圍如何？在擬

訂計畫的時候均應詳細規定。

(3)在召募階段，重點在於：決定要找那一類志工？是否能夠找到預期的志工？

(4)在面談階段，重點在於：如何能在輕鬆、自然的氣氛下相互選擇，讓志工得以有志能伸，機構亦能需人得人。

(5)在訓練階段，重點在於：如何透過訓練讓志工習得足夠的知識與方法提供服務？讓志工從訓練時了解，如何在提供有品質的服務過程中，滿足自己的需求？

(6)在任用期間，重點在於：專職人員是否認同？督導人員是否積極參與？領導階層是否重視與支持（包括：政策、經費、配備等）。

(7)在管理方面，重點在於：如何利用目標管理，達到運用志工的預期效果？如何透過績效評估，讓志工勇於檢討過去，勤於策勵未來？如何經由獎勵表揚，激勵志工士氣，肯定志工佳績？

最後，致盼志工伙伴齊以「以服務充實人生，用關懷增添溫情」相互共勉；進而心手相連，致力服務，共同為建構美麗的家園開創更璀璨的願景。

第六章

如何辦理志工訓練

一、引言

　　志工是有志之士依其意願，從事無酬工作的一群人。志工參與服務工作雖然熱情十足，雄心萬丈；但每因缺乏專業知識，技巧不足，而常導致隨興而起，敗興而歸之現象；唯賴透過教育訓練，傳授方法，以求維繫志工參與，發揮志工潛能，始有助於志願服務的弘揚推廣。

　　訓練是一個持續不斷的傳意過程（communication process），藉此過程能夠提供可資接受的意念和發展技巧的機會，這些意念和機會是由一個人（傳授者）和其他人（參訓者）共同分享，有時候老師也可從學員中學習。質言之，辦理志工訓練可了解志工的動機、觀念、態度、抱負、技巧和潛能；志工訓練最重要的任務，就是希望經由訓練激發問題，進而帶領志工汲取經驗和告訴志工如何去做。

　　整體而言，訓練的機會是支持志工在一個機構參與服務不可分割的一部分，當一個志工變成更具經驗和信心時，他就越發需要更複雜的知識，也需發展更純熟的技巧；尤其志工對許多服務工作越感到壓力時，他便越需要得到持續的訓練，以期從訓練中習得克服壓力的方法；因此，有效的訓練應是「志工支持」的重要因素。

二、志工訓練的目標

　　推展志願服務，理念架構不可無，方法技巧不可缺；於是教育訓練不可免，研究發展不可少。訓練應是一種有目標的活動，辦理志工訓練首須確定訓練的目標，也就是在「訓練志工」之

前，務先釐清：①訓練要使志工了解些什麼？②志工應從訓練中知道些什麼？具體來說，志工訓練的重要目標，就是要讓志工深切體會他們所學的課程內容和他們所要做的服務工作息息相關；因此，志工訓練應該要達到下列的重要目標。

(一)增強認知

辦理志工訓練，在認知階段首先應讓志工體認：志願服務的意義與價值、參與志願服務應抱持的觀念與態度、志願服務的精神、志願服務的工作內容為何……，進而激發志工抒展志願服務的抱負，實踐志願服務的理想，誠心誠意、有守有為，矢志為志願服務奉獻心力。

(二)傳授知識

知識乃真實的訊息。志工參與服務工作雖然熱心有餘，但所需具備的相關理念與資訊大都相當缺乏；如無透過有效的訓練，傳授必要的知識，則志工的參與必僅限於聊具形式；非但對於機構業務的推展於事無補，同時也必促使志工參與的興趣遞減而提早掛冠求去。

(三)引導方法

助人講方法，服務要技巧；為使志願服務工作日益成長茁壯，蓬勃發展；如何應用教育訓練，培養及引導志工的助人方法與服務技巧，乃是弘揚志願服務功能不可或缺的要素。至於教育訓練除了理念認知的課程內容外，透過經驗分享、績效觀摩或書刊選讀讓志工效仿、學習，也是可行的良好途徑。

(四)協助選擇

參與志願服務不能僅是一窩蜂式或隨喜式的勉強應付,也非單靠具有利他、慈善的意念與愛心;最重要的是參與者要能真正體認志願服務的價值所在,而作明智的抉擇。經由教育訓練的啓發,應可協助志工審慎選擇是否真心參與志願服務。

(五)賦予任務

如果志工經過一連串的訓練課程之後,才發現無事可做,應是推展志願服務最為失敗的事情。根據一般經驗,志工雖然誠心參與,但如無事可做,或無適性的工作可做,甚至不知道該做些什麼,這是導致志工高流動率或高流失率的主因。志工訓練的重要目標之一,就是應該經由訓練課程,明確告知志工應有的角色及任務,進而要求志工務須克盡職責,圓滿完成機構賦予的任務。

(六)修正態度

態度是個人透過生活經驗,對一事物的理性認知、好惡情感及行動傾向。在機構中,志工的態度會影響志工的工作行為,而這個工作行為應包括志工的機構認同、工作投入與工作滿足。志工原本投入志願服務行列完全僅憑一顆赤誠的心,但參與之後,態度的轉變為何,則有賴教育訓練加以注意及修正,以期所有的志工均能秉持誠懇的態度,持續參與,誠心奉獻。

(七)增添自信

志願服務固然要以愛心為起點,但更重要的是應以信心致效果。志願服務是一種助人利他的工作,面對大部分均是急難待助

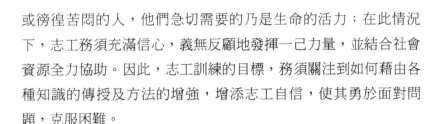

或徬徨苦悶的人，他們急切需要的乃是生命的活力；在此情況下，志工務須充滿信心，義無反顧地發揮一己力量，並結合社會資源全力協助。因此，志工訓練的目標，務須關注到如何藉由各種知識的傳授及方法的增強，增添志工自信，使其勇於面對問題，克服困難。

(八)加強溝通

溝通是人與人間意見交換、訊息傳達的過程，透過溝通可能達到每個人均有共同認知、欲望與態度。「**溝通是組織的生命**」，辦理志工訓練務須激發志工建立這個共同體認，俾使志工參與服務工作之後，能與機構的專職人員加強溝通，精進工作協調，共同朝向機構的目標，和衷共濟，致力服務，進而開拓服務範疇，提昇工作績效。

三、志工訓練的方法

教育訓練是一種有方法的專業活動，因之，「方法」對於志工訓練特別重要，因爲它是激發志工學習興趣的關鍵。辦理志工訓練首先應該考慮的是，志工的年齡、教育程度、工作經驗等參差不齊，訓練的方法務須針對參訓學員的背景妥爲因應，以求增強志工的學習效果；概括言之，志工訓練應可採用下列方法。

(一)專題演講

演講法或講述法是一般訓練最常採行的教學方法，其乃針對排定的課程，由講座預先準備講述綱要或課程內容，按預定時間將理念與訊息傳授給學員，至於學員是否能夠吸收，或能吸收多少，完全要看學員的用心程度及基本潛能。這種訓練方法就參訓

人數及所需設備而言，均較經濟、方便；不過，應用這種方法要想激發學員的學習興趣，務須：①敦聘學有專精，且富實務經驗的講座擔綱；②商請講座準備授課綱要或講義，以免上課時海闊天空，不著邊際；③授課內容務必力求實際，不宜專談理論，更不宜應用太多專業術語，以免學員聽之乏味。

(二)分組討論

分組討論旨在讓參與學員能有更多陳述己見及產生互動的機會；專題演講是講座單方面的將自己的看法與觀點傳達給學員，而分組討論則是參與者大家都有公平表達看法與觀點的時機；如此必更能達到腦力激盪、集思廣益、融納建言的效果。一般言之，分組討論的人數不宜太多，通常以不超過三十人為一組最為恰當，分組討論的時間也以二至三個小時為宜，且在進行分組討論之前務須預先擬訂討論議題，以便參與者就題論題，各顯身手，避免發言天馬行空，漫天喊話。不過，採用這種方式的先決條件為：①主辦單位應先讓參訓學員知道討論議題；②參訓學員應該對討論議題妥為準備發言資料；③參訓學員應該培養表達能力，勇於發言，而且要能言之有物；④應洽請具有社會工作經驗的專業人員擔任引言人，由其在參訓學員發言前，先針對討論議題提出十至十五分鐘的引言報告，俾引導參訓學員發言的方向。

(三)經驗分享

經驗分享是洽請資深績優的志工，將其服務歷程中可歌可頌、可圈可點，甚至可嘆可恨、可悲可泣的酸、甜、苦、辣，毫不保留地現身說法，且不加修飾地據實報告給參訓學員分享；讓參訓學員更加深切體會擔任志工可能會有自我成就的感受，也可能會有心灰意冷的鬱悶；可能會有助人榮己的溫馨，也可能會有

好人難爲的感嘆；藉此可使志工對於參與志願服務預作心理準備，甚至進一步地考慮其對參與志願服務的態度是否擬作調整；或意志堅定，絕不遷移；或敬而遠之，早日脫離。

(四)實地參觀

　　他山之石，可以攻錯；了解別人，足以修正自己。實地參觀乃事先洽定可資參觀的機關、機構或團體，請其準備推展志願服務可供觀摩、仿效的相關資料，包括：工作介紹、制度規章、教育訓練、獎勵表揚、活動成果、宣導刊物及作品、服務特色等，並指派專人現場解說及答詢，讓參觀學員學習、借鏡，進而見賢思齊。不過，這種方法似乎較少採行，因爲採用這種方法，有關參觀人數、參觀時間、所需經費、交通工具及安全、接受參觀單位的規模……，都須愼重考慮。

(五)聯繫會報

　　聯繫會報可分地區性及全國性分別召開，地區性每三個月或半年召開一次，全國性可半年或一年召開一次。召開聯繫會報邀請參加的對象應爲已有運用志工的機關、機構或團體等相關單位的志工代表及志工督導，相關主管機關亦可邀請派員列席指導，參加會報的人數以一五〇至二〇〇人爲宜。每次會報在進行討論之前，應先邀請學者專家就預定的議題作一個小時的專題演講，然後再針對預擬的討論議題籲請與會人員踴躍自由發言，廣泛交換意見，最後再由主持人針對與會人員發表的意見提出綜合說明，並作結論。這種作法同樣可達到志工訓練的目的，惟如應用這種方法，務必：①邀請擔任專題演講的人，必須是時下屈指可數的頂尖人選；②綜合討論的主持人更須是學驗俱豐的一級強棒；③專題演講的主題應配合實際的需求訂定；④討論議題應事

先寄發給邀請與會的人員預作發言準備。

(六)展示觀摩

展示觀摩亦可分地區性及全國性不定期的舉辦。這種方式可遴選較具規模或富有績效的單位主辦,或由數個單位共同主辦;其作法是將機構推展志願服務的作法、成果及特色,選定適當時間及地點公開展示,發函或印製海報邀請相關單位轉知志工及志工督導與相關人員踴躍前往參觀指導、觀摩比較;也可採用競賽方式,指定單位參加或自由報名參加,所有參展單位應盡其所能,將其推展志願服務的作法、成果及特色毫不保留的傾力展現,讓參觀人員共同分享,進而擷取精髓,學習跟進;應用這種作法也是志工訓練可以兼採的方法之一。一般來講,舉辦展示觀摩可能以競賽方式較有意義,而且參與單位亦可能較為熱烈;不過,這種方式成功與否,完全決定在參展單位是否能夠真正展現實力,不但要能寫真,而且必須務實;如果為了爭取成績而委請廣告公司加以粉飾、包裝,則展示觀摩不但必遭致勞民傷財的批評,就實質而言,亦必一無可取,毫無意義。

(七)專題研討

專題研討乃針對志工參與服務工作歷程中所感受到的需要,選擇一個主題,先邀請學者專家做一個小時的專題演講作為引言,然後再有二個小時的研討時間讓參與人員針對演講的主題充分發表意見,交換工作經驗,甚至提出個人看法;經過一段時間研討之後,再由主講人提出回應,如此反覆分段進行。這種訓練方法,邀請參加的對象應以曾參加過通識課程領導訓練的資深志工為主,志工督導也可邀請參加,參加人數以三十人至五十人為宜。在專題研討之後,主辦單位如能將專題演講及交換意見的內

容整理付印，分送需要的志工或督導，將是志工訓練的最好教材，也是推展志願服務的最佳參考資料。

四、志工訓練的實施

(一)規劃階段

1.需求評估

　　需求評估是政策決定的指標；辦理志工訓練首先應該詳細評估志工對於訓練的實際需求，包括：有多少志工需要接受訓練、需要接受那一類訓練、有無其他單位辦理類似訓練、有無必要辦理訓練……，均應妥為分析評估，據以作為政策決定的參考及規劃訓練應有的準備事項，以期訓練能夠真正達到預期的效果。

2.擬訂計畫

　　經過審慎的需求評估之後，如果決定辦理訓練，就應立即著手擬訂計畫，舉凡與訓練有關的訓練類別、課程設計、講座聘請、訓練時數、訓練時間、訓練地點、訓練人數、報名資格、報名方式、訓練經費等，均應在計畫中詳細載明，以便作為志工報名參加的依據。

3.籌措經費

　　金錢乃萬事之根本，沒有錢什麼事都行不通；訓練固然需要，經費從那裡來更應慎重考慮。一般言之，訓練經費的來源不外訓練單位自行編列預算、申請政府機關補助、民間團體或熱心人士贊助、其他單位合辦分攤、接受委辦由委辦單位支應……，不管怎麼籌措，經費如無著落，訓練必定免談；因此，辦理志工訓練，經費籌措最為重要。藉此要特別一提的是，當前雖然盛行「使用者付費」的原則，但個人認為志工訓練仍不宜向參訓志工收

費;即使象徵性收費,該項費用也應該要由任用志工的單位負擔。

4.設計課程

志工訓練的課程設計應分基礎訓練課程與特殊(專業)訓練課程,而且訓練應該由淺而深、由近而遠有步驟地循序漸進,俾使學員感覺到每次參訓都有不同的收穫,進而激發志工參訓的興趣。志工訓練的課程設計應該實務重於理論,而且應該分階段逐步實施。內政部推展「祥和計畫」所訂的課程,區分為基礎訓練、特殊訓練、成長訓練及領導訓練四個層次,其中的各項課程設計均極實用可行。至於特殊(專業)訓練課程,則應視各類志工的需要,由目的事業主管機關或運用單位妥為設計,如從事老人服務的志工與生命線的志工,其所需的專業知識絕不一樣;而在國家公園擔任導覽解說的志工與環保志工所需的專業知識也不相同。

5.洽聘講座

辦理志工訓練不是很難,但如何能夠洽聘到理想的講座,的確是件相當不容易的事情;因為學有專精、經驗豐富的知名講座,經常四處演講,行程滿滿;而經驗不足、功力不夠的講座,則根本不受志工歡迎,無法引發志工興趣;如此,講座的供需難以配合,經常會影響訓練的計畫。因此,辦理志工訓練應該儘早擬訂計畫、決定時間及地點,在經費籌措不成問題的情況下,最重要的就是應該設法洽聘知名的講座授課,以吸引志工熱烈報名參訓,進而提昇訓練品質,增強訓練效果。

(二)準備階段

1.招收學員

學員是訓練的主體,招收學員可依既定的訓練計畫發函各任

用志工的單位，轉知所屬志工自由報名參加，或由機構指派志工參加；在報名時，應藉報名表順便了解參訓學員是否住宿或吃素，以便妥做安排。爲求訓練能夠達到預期效果，招收學員應有資格限制，因爲資格加以限制，參訓學員的素質才會整齊，同時也可藉此促使學員感受到能夠參加訓練是一份難得的榮譽；如果任何人均可參加，來者不拒，則參訓學員必定不會珍惜參訓的機會。另外，學員報名時應酌收保證金，否則不予報名，但此保證金俟其報到參加結訓後應如數退還；如未報到參加，則一律概不發還，並將此保證金充作訓練經費；如此一方面可提高學員的參與率及責任感，另一方面可避免膳宿均已洽定，而學員並未報到參加，可是費用仍然照付，造成訓練經費的浪費。

2.洽借場地

　　志工訓練的場地應包括：上課教室、分組討論教室、團康活動教室、住宿房間、用膳餐廳、工作人員聯絡室及講座休息室（此可與工作人員聯絡室共用）等。其中上課教室及膳宿場所經常直接影響學員的學習情緒；辦理志工訓練固然應該樽節開支，但上課教室仍需大小適中，膳宿場所務求乾淨整潔。不過，參訓志工亦應深識大體，絕對不可將訓練場地拿來與家裡比較，以致嫌東嫌西、牢騷滿腹；如此不但對不起主辦單位，就個人而言，也不配擔任志工；因爲，參加訓練主要在於汲取新知，學習經驗；並非藉此度假休閒、逍遙享受。事實上，主辦單位在毫無收費的情況下，樂於承辦訓練工作，這種志願奉獻的精神，參訓學員均應給予掌聲與喝采才對。

3.通知參訓

　　當參訓學員決定後，主辦單位至少應在開訓前一個星期以正式公函通知學員報到參訓；通知公函應附送報到須知、訓練地點簡圖及分組討論題綱，並藉以告知學員：需帶盥洗用具及簡單物

品、如何搭乘交通工具準時赴訓練地點報到,另提醒其應就分組討論題綱預作發言準備。為求愼重起見,可順便告知於收到公函後,如還有進一步需要了解的有關事宜,可主動用電話向主辦單位聯繫洽詢;假若眞正非不得已臨時有其他重要事情不克參加,更應事先主動向主辦單位聯絡說明。

4.編印手冊

訓練手冊是學員作息時間管制的藍本,也是學員相互認識的指南,辦理志工訓練絕對不可缺少訓練手冊。一般來講,較夠水準的訓練手冊,其內容應該包括:①實施計畫;②課程表;③座次表;④授課講座名錄;⑤課程綱要;⑥分組討論題綱;⑦執行人員及工作幹部名單;⑧分組討論引言人名單暨分組教室;⑨學員須知;⑩學員名冊(包括:編號、姓名、性別、出生年月日、學歷、現職、所屬志願服務團隊名稱及擔任職務、通訊處及聯絡電話、住宿房間號碼、分組討論組別,並於備註欄註明是否吃素);最好將「志願服務——志工守則」及「志願服務歌」也一併印上,以期達到另一種教育訓練的目的。

5.準備器材

工欲善其事,必先利其器;教育訓練所應準備的器材,也應格外留意,以免影響講座與學員之間的互動效果。概括言之,志工訓練所準備的器材應包含:麥克風、投影機、幻燈機、錄音機、粉筆、白板筆……;至於需要準備到什麼程度,主辦單位最好先請教授課講座的意見為宜。不過,應該特別注意的是,所有準備的器材須先予檢查是否堪用,以防臨時出狀況,措手不及;尤其是麥克風,除了教室已有的裝置外,最好另行準備一套手提無線電的備用;否則萬一上課時麥克風突然不響或有雜音,所有課程的進行必定障礙重重,對於訓練的效果也必大打折扣。

(三)執行階段

1.辦理報到

　　辦理訓練務必要求學員準時報到，學員更應絕對配合，以免既定行程稍有延誤，影響整體作息時間的進行。學員報到時必須辦理的事項為：①領取發給資料，並檢查是否齊備；②領取學員識別證，並予佩戴；③了解排定座位，以便按座次表入座；④認識環境（由主辦單位派員說明：上課及分組教室、宿舍、餐廳、盥洗室……）；⑤其他洽詢事項。辦理報到後，學員應可立即發揮志工精神，主動向主辦單位表示願意協助處理有關庶務工作，並及時付諸行動；如此，一方面可減輕主辦單位的負擔，另一方面也可說是熱烈參與志願服務的最佳表現。

2.舉行開訓

　　好的開始是成功的一半，開訓儀式或許會有一點形式化，但對整個訓練過程而言，仍然非常重要。開訓儀式一般均由主辦單位的負責人主持，也可邀請主管機關派員列席指導；在儀式中，應先由主持人致歡迎詞，接著則由主管機關代表致詞（如主管機關無派員參加，則免），然後再由主辦單位向參訓學員報告整個訓練過程的細節，並略為說明安排的課程及聘任的講座；特別是在參訓過程中應該注意的事項及遵守的規則均應一一交待清楚，且需嚴格要求；參訓學員趁此機會亦應好好展現平日參與志願服務的良好風範。

3.講座接待

　　講座接待應包括：講座聯繫、講座接送及上課之前的講座介紹等。說實在的，訓練成果及學員反應的好壞，講座具有決定性的影響作用；為了達到訓練的預期效果，固然在敦聘講座時已經精挑細選，但講座是否能夠準時前來上課及講座到達訓練現場第

一眼所見的感受，均直接影響講座授課的態度及學員學習的精神。一般辦理教育訓練，在講座蒞臨課堂上課之前，先向學員簡單介紹講座的學經歷背景，對講座而言是一種禮貌與尊重。在此順便要提醒訓練單位注意的是，致送講座鐘點費應在講座到達休息室尚未上課之前，或是第一節下課休息的時候；千萬不要等到課都講完了，講座趕著要走，才請講座簽據具領，匆匆忙忙耽誤時間，實在不是好的作業方法。

4.作息管制

志工訓練雖然不是新兵操練，但學員既然志願報名參加，就應勤勉學習，儘量有所收穫。對於有關上課、用餐、就寢或必要的集合等作息時間均應嚴加管制，尤其學員是否到堂上課，每節課均應確實點名註記；因為目前內政部推展之「祥和計畫」及中華民國志願服務協會之「志工學苑」，對於通識課程的志工訓練均規定：①認知訓練及進階訓練，凡學員缺席達二個小時者（包括請假），一律不予發給結業證明書；②成長訓練及領導訓練，學員務須全勤並經考評及格者，才發給結業證明書；足見每節課的點名註記相當重要。這種制度看起來好像稍嫌嚴格，但如進一步想，其要求絕對有其必要，因為，志工的本質就是要幫助別人的，如果本身懶懶散散，毫不自我約束，己不能立，怎麼還能立人？

5.成果驗收

成果驗收除了在上課時由講座酌留時間與學員進行教學互動外，最主要的就是課程全部上完後的心得測驗。目前中華民國志願服務協會的「志工學苑」，在成長訓練及領導訓練均規定，凡成長訓練及領導訓練全部授課完畢後務須進行心得測驗，尤其在領導訓練的課程還穿插即席演講（三分鐘）及即席問答（抽題即答），這些作法在在希望應用各種方法，協助學員在辛勞參訓後眞

正能有實質獲益。關於心得測驗部分，應請任課講座親自命題，題目務須力求難易適中，且以具有標準答案的題目爲主（如是非題、選擇題或填充題等，而問答題因難有一致的標準答案較不適宜）。據了解，凡經參訓的學員，對於主辦單位安排心得測驗似乎均有意見，但難能可貴的，是雖然緊張歸緊張，但準備應試的精神卻絲毫也不馬虎；因爲，考評不及格不發給結業證明書，對每位學員而言，總是一種善意的壓力。事實上，測驗的目的旨在希望學員對於比較重要的理念認知能夠牢牢記住，以有助於服務品質的提昇，絕不是主辦單位抱持「整人爲快樂之本」的心態，故意折磨志工，相信所有參訓學員應該均能體諒主辦單位之用心良苦，而勇於且樂於配合支持。

(四)綜評階段

1.綜合討論

綜合討論首先應由分組討論的報告人就分組討論的共同結論提出三至五分鐘的報告之後，接著由參訓學員針對整個訓練過程的感受、或擔任志工歷程中所碰到的困難問題、或想進一步了解有關志願服務的常識……，充分自由發言，然後再由主持人提出綜合說明，並做結論。就整個訓練課程的安排，綜合討論應是一個非常重要的良好結束；因爲在訓練結束之前，如果參訓學員能將個人所見、所聞或所感，知無不言、言無不盡地溝通意見，凝聚共識，相信不論對任何一方面來講，絕對都具有良性的正面意義。不過，在綜合討論進行當中，大家務須建立一個共同的認知，即：在此時刻每個人所提出的問題應該都是與推展志願服務有關的共通性問題，而非任何一個單位的個別性問題；尤其更不是任何一個單位，志工與志工、或志工與督導之間，溝通不良、相處不悅的牢騷問題。

2.問卷調查

檢討是改進的手段，改進是檢討的目的。問卷調查係由主辦單位設計周全的問卷表，在綜合討論進行之前，責成參訓學員務必人人填寫（不具名）；這個問卷旨在了解參訓學員對整個訓練的具體反應，此一反應將是主辦單位爾後繼續辦理訓練據以檢討改進的最佳參考；對於辦理志工訓練而言，能有這種考量，應是一種心胸相當開闊，且極其負責的進步作法。一份較為周全而成熟的問卷應該兼含封閉式的問項與開放式的問項；其中封閉式的問項至少必須包括：①課程設計；②課程編排；③授課講座；④研習環境；⑤研習期間（二天一夜或三天二夜）等的滿意程度；更可進一步了解講授課程：①對推展志願服務有無幫助；②授課內容的滿意程度；③講座表達能力的滿意程度；及分組討論：①擬訂的討論題綱是否切合實際；②引言人所扮演角色的滿意程度；③引言內容的滿意程度。至於開放式的問項一般可包括：①希望分組討論應增列那些討論題綱；②對完成參訓後有何感想、建議與期盼；③對主辦單位有何建議與期盼。除了以上必要問項外，在基本資料方面則應包括性別、年齡及教育程度。

3.評計分析

評計係指對測驗試卷的評閱計分，而分析則指對問卷調查的統計分析。參訓學員雖然不是為了成績而參加，但據了解，一般對成績都非常關心；主要除了為著面子問題，尤其對於結業證明書更是相當在意。事實上，志工訓練的心得測驗應是趣味性重於考核性；只要學員在參訓過程遵守規則，用心學習，相信主辦單位絕對不會故意刁難。至於問卷調查的分析結果，對於整個訓練的檢討改進確是極其重要的參考指標；對此分析結果，主辦單位務須確實予以重視，凡是應檢討的務須及時檢討，該改進的更須力求改進；如此才能精益求精，日新又新，精進訓練效果，開拓

服務新機。

4.核發證明

　　志工訓練於學員結訓後一定要發給結業證明書，一方面讓參訓學員感覺是一種榮譽，另一方面也表示對參訓學員的一種肯定。中華民國志願服務協會之「志工學苑」：基礎訓練及特殊訓練必須於參訓期間全勤從未缺席，始得發給結業證明書；而成長訓練必須測驗成績達六十分以上，領導訓練測驗成績達七十分以上，始得發給；以上規定對於提昇志工訓練品質、增強志工工作方法應有實質效益，頗值仿效採行，落實實施。至於結業證明書的格式應大小適中；正面（左）應印「志願服務教育訓練結業證明書」字樣，正面（右）應將授課的課目、時數及講座印上；反正除了標題應載明「結業證明書」及核發字號外，內容應包含：參訓學員姓名及出生年月日、主辦單位、訓練期別及類別、訓練期間、核發日期，黏貼參訓學員照片，並蓋主辦單位鋼印，另加蓋主辦單位印信及負責人簽名章。

5.符號授階

　　符號代表一種象徵，也是一種榮譽。為加強激發志工參加教育訓練、充實工作方法的興趣，辦理志工訓練除核發結業證明書外，應可另加實施「授階制度」；這種制度是：在學員參加每一階段訓練期滿後，由主辦單位頒授代表訓練類別，且可佩帶的象徵符號，其符號可以是領繩、制服或徽章……。例如：中華民國志願服務協會所實施的制度為：在志工參加每一階段訓練期滿後，除依規定核發結業證明書外，並頒授「領繩」配套志願服務標誌徽章，其作法是：認知訓練授給綠色領繩，進階訓練藍色，成長訓練紅色，領導訓練黃色；每一位參加過訓練榮獲授階的志工，在比較正式的場合均可佩帶，藉資識別，並示尊重；根據反應，這種制度的實施，對於增添志工榮譽確有不可計量的鼓舞作

用。今後各運用志工的有關單位，應可再進一步研究實施頒授其他具有代表性的「制服」或「徽章」……，藉以加強推廣志願服務，開創志願服務新猷。

五、結語

總之，在推展志願服務的過程中，辦理志工訓練應是重要的任務之一。一般來說，辦理志工訓練應可讓參訓人員達到：①理念認知的增強；②思維能力的增進；③社會見識的擴大；④生活能力的提昇；⑤人際關係的改良；⑥思想觀念的凝聚等目標。而訓練步驟則應包括：①探析訓練需求；②訂定訓練目標；③設計訓練內容；④選擇訓練方法；⑤實施訓練工作；⑥評估訓練成果等重要程序。對於一位稱職而受肯定的志工，參加各項訓練絕對不可免，尤其更不可拒絕；藉此擬以「**以訓練提昇服務品質，用方法驗證訓練成果**」與志工朋友共勉；願大家在服務中不斷學習，在學習中促進成長，在成長中穩健茁壯；讓自己充分感受到因為參與志願服務而日益幸福美滿、平安健康。

第七章

志願服務的原則與方法

一、引言

　　志願服務或稱志願工作可說是一項愛與關懷的善行義舉，它可把志工、服務對象、服務機構與社會串連起來，透過服務的途徑為社會作出不求名利的貢獻。其貢獻包括：①對志工：增進個人成長；②對服務對象：提供適切協助；③對服務機構：提高服務品質；④對社會：愛與關懷得以充分表達。

　　志願服務的精神乃建基於個人對社會的價值取向，其最終目標係為有效運用社會資源，協助解決社會問題，強化社會關係，促進社會祥和；它絕不應被視為一項透過服務經驗，培養志工個人成長的手段。所以，志願服務的正確觀念，應該是先有服務需要，然後再召募適當人選貢獻時間妥為輔助支援，而非先廣招志工人力，再以志願服務為手段，透過教育訓練，達致增進志工個人的成長。因此，推展志願服務須先將目標與手段釐清，以免本末倒置，主從不分；非但造成志工人力的浪費，尤其有失志願服務的實質意義。

　　具體言之，志願服務乃個人出自奉獻的誠心、服務的意願，自動自發、毫無外力強迫，只問付出、不求回饋，利他不利己、施人不圖報，致力追求社會公共利益的一種崇高志業。志願服務的有效推展，除了機構務必建立正確的觀念，妥為規劃，永續經營；尤賴志工朋友以愛心為起點，信心致效果，恆心求發展；持續參與，致力服務。

二、志願服務的原則

(一)就服務機會言——人人可參與

任何有志之士，不分年齡、性別、學歷、職業、種族、宗教及政黨，只要肯志願利用自己節餘的時間，不為酬勞，去為社會改造致力奉獻的工作，均可參加志願服務的行列。

(二)就服務處所言——處處能展開

因應社會需求，不論政府機關、福利機構、社教單位、公園名勝、學校、廠場、民間團體、醫療院所，或不論城鄉、都市、山地、漁村、前線、後方……，只要肯奉獻，到處均可展現服務的效能。

(三)就服務項目言——事事可支援

隨著民眾期許之日益殷切，志願服務的範圍也日趨廣闊，舉凡：文書工作、電話接聽、福利服務、環保宣導、社教活動、諮商晤談、心理輔導、勞工諮詢、義消、義交……，樣樣均需志工的人力支援。

(四)就服務時效言——時時生效用

社會問題的發生錯綜複雜，經緯萬端；因此，不論急困待助時、徬徨失措時、迷失方向時、心情煩悶時、孤單寂寞時、病痛纏身時、家庭失和時；或不論白天、晚上、黎明、黃昏……，只要有問題發生的時候，必有志願服務積極參與的急切需求。

(五)就服務資源言──物物可捐獻

「有錢出錢、有力出力」乃志願服務的最佳寫照;志願服務的推廣,人力、智慧固然重要,財力、物力更不可忽視;如何以人力、智慧來吸引、創造財力與物力,以開拓志願服務充沛的資源,乃推展志願服務所應努力的方向。

(六)就服務態度言──對象要一體

志願服務是一種添溫馨、增溫情的服務工作,當急困待援、徬徨失措的民眾同胞亟需志工協助的時候,志願服務絕不可因男女、老幼、籍貫、膚色、貧富、宗教、政黨而有差別待遇。

(七)就服務成果言──機構要肯定

機構給予志工適當的支持、鼓勵與嘉許,不但可使志工感覺備受重視與肯定,尤可讓志工了解工作的重要性,獲得工作的滿足感;進而增添志工信心,促使志工認同服務的意義、維繫服務的參與、促進工作成果的彰顯。

(八)就服務風氣言──社會應認同

傳統的觀念強調為善不欲人知,但其美中不足在於志工的優良事蹟與服務成果無法讓社會大眾仿效學習,而達見賢思齊之功效。因此,志工的善行義舉,社會應給予普遍的認同與嘉勉,並給予適度的獎勵與表揚;如此,透過媒體的報導,輿論的傳播,必能導引更多有志之士熱烈參與,而使志願服務蔚為善良的風氣。

三、志願服務的方法

　　助人靠技巧，服務講要領；志願服務如能講求推展方法，號召更廣泛的民眾參與，結合更眾多的民間捐輸；則必能開拓志願服務範圍，恢宏志願服務動力。為使志願服務有效發展，如何精研推展方法應係不可或缺的要素。

(一)就機構方面來說

1.要有明朗的政策

　　因為明朗的政策才能激發志工的響應，讓志工認識、了解提供服務的目的及意義。機構在擬訂任何一項服務計畫時，一方面務求具體、可行，另一方面應有完善的推行方案、完整的工作架構，更應明訂政策的目標、期望與標準；期使有意參與服務的志工，在認清機構的政策之下，貢獻所長，努力以赴。

2.要有周詳的規劃

　　機構如有需要且有準備任用志工，對於：①如何甄選志工；②如何辦理志工教育訓練（包括：職前訓練、在職訓練與加強訓練等）；③如何安排志工適當的工作；④志工應如何排班執行任務；⑤需要志工協助那些業務；⑥志工與專職人員業務應如何劃分清楚；⑦志工在機構應遵守那些規則；⑧志工有何獎懲規定；⑨志工的權益如何……，事前均應做完整而周詳的規劃，以免任用志工之後，因為志工無事或無適性的事可做，或志工與督導未能產生良性互動，造成志工頻繁流動或機構無謂困擾。

3.要有健全的組織

　　個別的力量有限，團隊的力量無窮；因為單槍匹馬、孤軍奮鬥，總不如百川匯集，力不可檔；但這並非意謂著個人不可參與

志願服務，而是因為單一而無組織的奉獻，對志工而言，未能產生自治、自制的功能，對機構也難以顯現輔助的作用；所以，機構在任用志工的時候，務必力求讓參與的志工組成團隊（二十人即可組成一個團隊），並輔導志工團隊透過民主的運作，健全組織，強化功能，凝聚團隊意識，形成共同信念；以期激發團隊生氣，產生堅強的活力，提高工作效率，開拓服務的創意。

4.要有精實的訓練

訓練是一個過程，藉此過程可分享理念、激發問題、修正態度及發展技巧。參與服務的志工朋友如果對於：①志願服務是什麼；②志工應扮演什麼角色及承擔什麼任務；③志工應如何面對服務對象；④志工應如何與督導人員產生良性的互動關係；⑤志工應如何輔助機構發揮服務功能……，事前未能充分了解，僅為一窩蜂式的牽強附會；事中也未能深切體認，只是蜻蜓點水式的作秀粉飾；則志願服務的推展必定於事無補，雖有似無。因此，志工在參與之前及參與之中，機構務必落實辦理不同層次的教育訓練，導引志工啓發服務的價值觀念，增強助人的工作技巧。

5.要有專人的指導

恰適的指導才能明示服務的方針及增進工作的成效。有了訓練有素的熱忱志工及功能堅強的健全團隊，除其能秉持誠懇的服務態度依章行事外，更需要有專人的指導；雖然專業的督導人員未必無所不能，但卻是學有專長的諮詢者與協調者；他具有凝聚、啓發、矯正、創造的功能，這種功能可以協助志工建立堅定的信心，激發旺盛的鬥志。由於志願服務須配合社會需求做適切的締造運轉，除了機構應該具備整體、長遠的考量外，更須學有專長的督導人員給予恰適指導，如此，志願服務工作的推展，方能有成。

6.要有具體的獎勵

有效的獎勵是激發持續參與的動力。我們應該承認，志工參與服務絕不是為了獲得獎勵，如果真有志工為了獲得獎勵而參與服務，誠摯地奉勸其最好儘速脫離志願服務的領域，以免因其動機不純混跡其間，破壞志工清純的聲譽。人多勢大方能眾志成城，志工提供服務，因係出自志願，故不宜輕易責備或懲罰；但為了維繫、加速與擴大服務的成效，適當的獎勵應是必要的。不問是橫的平行的鼓勵，或是縱的隸屬的表揚，均有助於工作的推展與群眾的重視，進而造成潮流，蔚為風尚。惟獎勵的前提務必嚴禁沽名釣譽，力求客觀公正，如此才不致使志願服務失其純化與淨化。

(二)就志工方面而言

1.要建立正確的服務觀念

志願服務是一種只問付出、不求回報的崇高志業，這是在推展志願服務的過程中，任何志工所應堅持不變的理念；除此而外，志工應該要把參與服務當做是一種學習、休閒、聯誼、運動，甚至是生活內涵的充實或人生意境的提昇；千萬不要把服務視為是一種負擔、壓力，甚或是令人煩惱的苦差事；因為，唯有志工人人擁有「助人最樂、服務最榮」的正確體認，志願服務的推展才能事半功倍。

2.要展現誠懇的服務態度

人之相處貴乎「誠」，至誠足以感人，尤可化敵意為友誼。志工面對遭遇不幸、急待紓困的民眾同胞，首須展現在服務對象面前的應是和藹、親切、友善、尊重的誠懇態度。因為，姑且不論志工伸出援手是否能夠達到互助共濟、紓解問題的效果，但站在協助的立場，最起碼總要讓服務對象感到既有尊嚴，又有安全，

如此才有助於彼此建立共同解決問題的良好關係。

3.要力求充實服務的工作技巧

技巧是一種方法，更是一種藝術。同樣是志工，可是其所提供的服務，對於服務對象，有的感到既受尊重，又有溫情；有的覺得越幫越忙，敬而遠之；推究其因，就在匡扶談技巧，慰藉講方法。的確，很多服務工作常因有人員而欠方法，有熱情而無技巧，致使觀念正確的措施，每因方法欠缺而變質；態度誠懇的服務，亦因技巧不夠而落空。是以，志願服務的有效推展，志工亟需從服務歷程中，發現問題，學習經驗，力求充實服務的工作技巧。

4.要嚴謹而負責地承擔工作崗位的責任

承諾就是一種責任，志工既然承諾提供服務，就應嚴謹而負責地擔負起工作崗位的責任。所謂責任，就是志工在提供服務時：①要有主動積極的衝動，積極參與，努力以赴；②要有溝通協調的耐力，克服障礙，征服困難；③要有善用思考的求知欲，學習成長，充實自我；④要有實事求是的使命感，崇法務實，克盡職責；唯如此，志願服務才能想得平實，做得踏實。

5.要善加運用社會資源

社會資源涵蓋有形的物質資源與無形的非物質資源，前者包括財力、物力、天然資源與活動空間等；後者包括人力、智力、技術與合作協調等。透過志願服務的管道，協助困難問題的解決，有時絕非單靠志工一己的力量，或服務機構一個單位的資源所能應付；而須仰賴其他力量的支持，或相關機構的配合，始能克服；故志願服務的順利推動，志工應該懂得善用社會資源，尤其對於社會資源的維護更須重視。

6.要尊重服務對象的個別差異

每個人由於出生家庭背景、經歷的生活環境及接觸的人際關

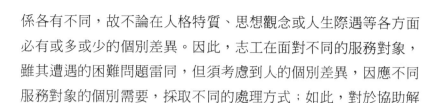

係各有不同，故不論在人格特質、思想觀念或人生際遇等各方面必有或多或少的個別差異。因此，志工在面對不同的服務對象，雖其遭遇的困難問題雷同，但須考慮到人的個別差異，因應不同服務對象的個別需要，採取不同的處理方式；如此，對於協助解決困難問題所付出的心力才不致徒勞而無功。

7.要維護服務對象的隱私

任何人都有不必他人知道的隱私；服務對象固然暫時或因遭遇不幸、或因頓失方向、或因稍有挫折而亟需尋求適當協助；惟志工在幫助過程當中，為求達成任務，或許有必要深入了解觸及個人較為敏感的事情；此時，若服務對象不願或礙難告知，則應完全尊重；即若坦然以告，更應對其隱私絕對予以維護，以免隱私外洩，節外生枝，造成服務對象無謂困擾或二度傷害。

8.要以同理心為服務對象著想

所謂「同理心」就是設身處地、感同身受及將心比心。志工面對服務對象緊急求助時，如果能夠假設自己就是對方目前所處的境遇，又感覺到對方所遭遇的困難如同本身受到挫折一樣，而將對方的心理感受比做自己的心理感受；以這樣的角度去思考協助的模式，志工所採取的工作方法及表現的服務態度應將更為積極而進取；在此情況下，相信志願服務所產生的力量必定不只是相加，而且是倍增。

9.要建立服務對象參與自決的信心

志工在協助處理服務對象的困難問題時，首先應該把握的原則是要細心傾聽服務對象表達的意見，而後根據他的陳述，審慎研析解決之道；尤更重要的是，在處理問題的過程中，亟須設法導引服務對象建立參與解決問題的勇氣與信心。因為，站在服務的立場，志工對於服務對象所要採取的態度應是：①尊重而非同情；②關懷而非憐憫；③接納而非施捨；④協助而非主導。務必

讓服務對象共同投入解決問題的行列，親身體驗問題的癥結所在，且使其體認自助人助的真諦。

10.要與服務對象建立有意義的友善關係

所謂「有意義」的關係係指在安全、舒適、信任的良好情緒與關係下，志工與服務對象，有話直說，不拐彎抹角，而能增進彼此成長的關係。因為志工協助服務對象的時候，其實就在教育、修正、改變服務對象的觀念、態度與行為。要使志工與服務對象能夠深入、穩定，雙方之間務必凝聚某種程度的互信與互賴；必須二者之關係越深入、親密，雙方越能溝通、協商；這樣，在志工與服務對象雙方建立有意義的友善關係下，志工協助服務對象解決困難問題的可能性才會越高。

11.要遵守服務機構的規則而勿反客為主

志工在信誓旦旦的承諾下，擔任機構的志願服務工作，固然出自內心意願的啟發，但最重要的就是要謹守本分，遵守機構的規則，配合機構業務的推動，真正達到輔助、促進、發展的功能。尤其要特別注意的是，志工絕對不可違背機構的規則，自作主張，反客為主。因為，志工既然在機構擔任服務工作，就應自認是機構的一份子，一切作為務須站在機構的立場行事；否則，主從不分，任做不負責任的承諾，非但可能失信於民，且更可能影響志願服務的信度與效度。

12.要尊重督導人員的專業指導而勿自行其是

督導人員是機構組織中最基層的領導者，對上級而言，他須不折不扣地完成機構賦予的任務；對志工而言，他須帶領一群人有效地達到機構既定的目標。因此，督導人員在督導志工的過程勢必面臨：①行政權威的維繫；②服務人力的充實；③專業品質的提昇；及④互動關係的維持等各種挑戰。為使督導人員在服務人力的極切需求下，仍能樹立行政的權威；在專業服務品質的提

昇下，仍能維持互動的情感關係；其唯一的最佳前提就是，志工朋友務須遵守督導人員的專業指導，絕對不可認為反正是志願參與的工作，而毫不接受約束，自行其是。

四、結語

　　成功的志願服務，必須：①**以適應需要來決定服務內容**；②**以良好態度來爭取服務對象**；③**以力求改進來開拓服務願景**；三者融合的結果，就是要力行、要落實、要創新。易言之，也就是要有新項目、新精神與新方法。只要做得多、做得好、做得有意義；必定能使更多的志工朋友體悟到「**予多於取**」、「**人重於己**」的價值觀念；進而使志願服務的推廣在社會改造中消弭亂象，在社會重建中樹立風範。

第八章

志願服務的方案設計

一、引言

　　「方案設計」在本質上應是任何一項開創業務的前置作業。所謂「方案」實際就是「計畫」，而「設計」應該就是「擬訂」；所以，「方案設計」應係「計畫擬訂」的另一種用語，只是「方案設計」較屬學術性的專用名詞，而「計畫擬訂」則係一般較為常用的通俗名稱。

　　具體而言，所謂「方案設計」應指：計畫擬訂者針對某一現象，經過問題探析與需求評估之後，認為為了解決問題及因應需求，極有必要在未來某一段時間裡，針對某些特定對象，研擬一套可行的計畫，訂定具體的作法，運用各種資源相互配合，以完成機構所應執行的任務，及達成計畫擬訂者所預期的目標，而所擬訂的一種行動計畫。

　　「方案設計」在推展志願服務中之應用，應該不必像公務機關或企業機構所擬訂的中、長程計畫要求那麼嚴謹，內容那麼豐富；個人認為推展志願服務的「方案設計」務須力求切合實際、簡易可行，並不宜太過繁雜；尤其在辦理志工訓練講授此項課程時，更不宜應用太多艱深理論，或講得過於玄奧；否則，不但對志工參與服務工作毫無助益，反而將會增添志工不少煩惱。至於就運用志工的機構而言，雖然其業務相關人員在推展志願服務的過程中，亦需應用「方案設計」，唯因其計畫推行的實施對象均係志願服務團體或志工人員，如其擬訂的計畫過分繁雜或不易了解，相關團體及志工必定難以配合遵行，如此，其所擬訂的計畫勢將變成徒勞無功。因之，「方案設計」固然本身應有其高深的理論，但為牽就事實，「志願服務」的方案設計還是應以具體可行、講求實效為主。質言之，懂得善用「方案設計」，對於志願服

務的推展應可產生下列的實質效益：

(1)懂得善用方案設計，可掌握志願服務方向。

(2)懂得善用方案設計，可變化志願服務態樣。

(3)懂得善用方案設計，可充實志願服務內涵。

(4)懂得善用方案設計，可力爭志願服務資源。

(5)懂得善用方案設計，可擴大志願服務範疇。

(6)懂得善用方案設計，可提昇志願服務品質。

(7)懂得善用方案設計，可彰顯志願服務績效。

(8)懂得善用方案設計，可開創志願服務新猷。

二、方案設計的步驟

(一)探析問題

　　問題是一種情境，這種情境社會大眾一致認為必須採取集體措施予以解決，以免造成社會的損害；而「方案」應是解決問題所精心設計的行動計畫。因之，方案設計的首要步驟就是「探析問題」的癥結所在，然後才能針對問題的核心，研擬具體可行的行動策略妥為因應，以求達到方案設計的預期效果。

(二)評估需求

　　需求是凸顯問題的指標；民眾的需求由於經濟的快速發展、社會的急遽變遷，勢必隨著時間的轉移而日新月異；例如：過去某種程度的供給可能讓民眾一致感到雀躍歡呼；可是時至今日，同樣程度的供給，卻讓民眾不時怨聲載道。因之，公共行政的推動，如果冀能滿足民之所好，則有賴對於實際的需求先做精細的評估；而後針對實際需求，規劃因應對策，研訂具體方案，付諸

實施；因之，方案設計的第二個步驟應是「評估需求」。

(三)設定目標

目標乃組織企圖實現理想的情況。任何方案的推行必定有其極具開創性與前瞻性的預期目標與理想有待實現。因此，方案設計的第三個步驟在於如何「設定目標」，方案設計的目標越具體化及結構化，行動計畫的各項實施內涵越能配合預期的目標順利達成。事實上，任何一個方案的實施，如無企圖實現的理想及期盼達成的目標，則其方案的擬訂必毫無意義、浪費資源。

(四)決定任務

任務是工作努力的方向。當方案設計經過問題探析、需求評估及目標設定之後，接著第四個步驟就是「決定任務」。決定任務時必須在計畫擬訂中明確指出：計畫的執行與完成究竟應由那個單位主導？那些人或那些單位應相互配合？計畫的實施預定達到什麼程度的效果，預定完成什麼重要的任務……；如此，始可透過責任分工的運作，形成堅強的工作團隊；大家朝著工作努力的方向，全心投入，全力以赴，共同致力於計畫的落實推行。

(五)發展方案

方案設計的第五個步驟是「發展方案」；前述探析問題、評估需求、設定目標及決定任務等，可說都是方案設計的準備階段；而「發展方案」則是方案設計的形成階段。一般來說，方案設計在發展方案的階段應該考慮「6W＋1H＋1I」等重要因素；這些重要因素應包括：①Why（目的）：方案實施的目的；②Who（分工）：方案由誰執行；③Whom（對象）：方案參加的對象；④What（性質）：方案實施的重點；⑤When（時間）：

方案在什麼時候實施；⑥Where（地點）：方案在什麼地方實施；⑦How（程序）：方案如何實施；⑧If（如果）：方案實施可能遭遇的困難問題。

(六)執行計畫

計畫貴在落實執行，一個計畫如未能貫徹實施，則其計畫必毫無價值；故方案設計的第六個步驟是「執行計畫」。事實上，擬訂計畫並不很難，而如何能將計畫有效施行，且順利完成，並達到預期的效益，確是一件極其不容易的事情。吾人深知，促使計畫有效執行的因素很多，諸如人力、經費、配備、意識形態、溝通協調，甚至天氣、交通……；只要稍不留意，任何一項因素都足以造成計畫執行的障礙。除此而外，更重要的，是計畫負責人的觀念、毅力、衝勁、魄力、重視程度及執著狀況等，更是影響計畫是否能夠有效執行的關鍵所在。

(七)評量成效

任何一個計畫的執行，沒有經過成效評量，計畫不算終結；故方案設計的最後一個步驟是「評量成效」。大家務須建立共識的是，評量不足互相指責、批評，或是故意找出別人的錯處互相撻伐、攻擊；評量的目的旨在把計畫執行過程中所遭遇的困難問題，開誠布公地拿出來檢討，以尋求解決方法，作為未來的借鏡。至於評量的內容，大致應該涵蓋：①目標是否達成；②反應是否良好；③參加對象是否受益；④工作方法是否正確；⑤工作協調是否周密；⑥有何優點及缺點；⑦有何需要改進之處……。

三、方案設計的內涵

此處所指「方案設計的內涵」主要在於闡述方案設計「計畫」所應包含的要項，或指方案設計「計畫書」撰寫的格式。概括言之，一個完整的方案設計「計畫書」應包含下列必備的重點內容：

(一)方案名稱

方案設計首先應該決定方案的「名稱」；一般來講，方案的名稱務求「簡潔有力、引人入勝」，尤應兼具「知性、感性、靈性」的效果；特別應該注意的是，方案的名稱千萬不可過於八股，而且字數也不宜太多。當前較夠水準且受矚目的方案名稱，最好先訂定「主題」，作為整個方案的精神標竿，然後再以副標題顯示方案設計的實質目的。例如：「心中有愛、溫情常在——響應一九九七年國際志願服務日系列活動實施計畫」；其中「心中有愛、溫情常在」就是主題，而「響應一九九七年……」就是真正的方案名稱。

(二)緣起

這部分旨在明確指出為何要設計或舉辦此一方案，此為方案推行的動力所在。在此要項應該將與整個方案有關的背景需求、現存問題及應行策略提出詳細說明，讓參與者先入為主、一目了然領悟方案設計的真正動機。不過，在描述這些資料時應先透過各種管道搜集具體有力的數據，作為推動此一方案的具體說明，以贏得社會大眾的回應與支持。

(三)依據

任何方案之推動一般均應有其政策、法令、規章、計畫或會議決議為其依據，因此，方案設計務須陳述其所據以實施之依據，以爭取經費預算及領導階層之支持。例如：其依據可能是「社會福利政策綱領」、「民生主義現階段社會政策」、「老人福利法」、「身心障礙者保護法」、「祥和計畫──廣結志工拓展社會福利工作」、「推動社會福利社區化實施要點」；也可能是依據某令、某函或某次會員（代表）大會、理監事會議之決議。惟如確屬創新方案，而無任何依據可循，則此項當然可予省略。

(四)目的或宗旨

此項主要在於說明實施方案之意義、價值及功能為何，並明白指出為什麼要實施此一方案、實施此一方案能夠達到什麼預期的目標。在這項敘述中經常採用一些行動取向的用詞，例如：加強、強化、增強、增進、促進、提倡、倡導、發展、預防、防範、防止、避免、免除、減少、降低……。總之，目的（或宗旨）應簡明易懂、鏗鏘有力，以極為中肯的用詞，一語道出整個方案的精髓所在。

(五)辦理單位

此項包括主辦單位、協辦單位及承辦單位（或執行單位），其完全依事實需要而定，未必三項都有，一般或許只有主辦單位而已；不過大家應該了解的，是不論主辦、協辦或承辦單位，不一定只有一個，有時候可能也有二、三個。

(六)指導單位及贊助單位

這兩個單位也是視方案執行的實際需要而定。其中贊助單位一般係指提供經費支援的單位，旨在給予資源提供者的榮譽，以期爾後能夠繼續獲得支持。至於指導單位常係洽請上級機關或主管機關擔任，以求增強方案執行的公權力與公信力。

(七)實施時間或期間

方案如屬活動性質的，其實施時間大都是一天或兩天，但系列活動的實施期間可能會是一週、一個月或一季，其完全要視方案的性質而定。不過，一個方案的實施，固然在執行的時候務須力求達到「只許成功，不許失敗」的目標；但是，欲求此一目標的有效達成，最為重要的應是籌備期間一定要精心策劃、謹慎思考，尤其加強溝通協調、檢查修正更是要務；所謂「凡事豫則立、不豫則廢」，可見籌備工作對於方案實施成敗與否的重要影響。

(八)實施地點

一個方案的實施如果只有一天，其實施地點應該只有一個，如係系列活動，則其實施地點不一定只有一個。無論怎樣，方案的實施地點務必注意：大小適宜、地點適中、交通便利、環境舒適等原則；俾使參與者在參與過程中深深感受到，參與其間海闊天空、氣定神閒，如沐春風、心曠神怡。

(九)參加對象

此乃依方案設計的性質而邀請，但邀請參加的人數必須與辦理地點與實施內容相互配合，以免造成冷冷清清或擠沙丁魚的兩

極現象，或準備的東西供不應求的狀況發生。尤其邀請參加對象的健康狀況更應予以慎重考量，因為任何一個活動方案的實施，熱烈固然重要，安全更應絕對要求。

(十)實施要項

此項也可稱實施方式或實施內容，端視方案設計者配合方案的需求而斟酌使用。事實上，這一部分應是方案的精華所在，因為一個方案究要如何執行、具體的作法為何、包含那些重要項目，應該在此部分生動、活潑地展現出來，俾讓接受邀請參加的對象，一看到方案的內容，就躍躍欲試、熱烈參與。

(十一)預期效益

一個方案的實施必然有其預期實現的理想與達成的目標，故在方案設計的時候，務須以客觀的態度，預測該方案實施之後，對參加對象能有什麼助益、對社會大眾能有什麼影響、對主辦單位能達到什麼目的等期待獲致的效益慎加評估，並以耀眼奪目的文句在方案中予以陳述；如此，必能促使各方面深切感受到方案執行的實質意義，而樂於熱烈響應，全力支持。

(十二)經費

這是依實施要項之內容、配備及地點等需求經費，一一列出編列預算；在編列預算時務求崇尚節約，樽節開支。至於經費來源，可能是年度編列之預算，也可能是要爭取補助，或結合社會資源支援；不論其來源如何，均應詳細說明。

(十三)附則

此乃整個方案的限制條件。例如：本方案陳奉核定後實施、

或本方案提經某某會議決議後實施、或本方案經主協辦單位共同協商決定後實施……，修正時亦同。這主要在於說明方案發生效力或修正補充的程序。

四、應用方案設計的功能

任何一種社會現象，必定先有「問題」的產生，而後再針對問題的核心思考因應的策略，研訂具體可行的「政策」，以作為解決問題的指導原則或基本方針；而為了落實政策的執行，則需透過「立法」的程序制定法案，作為落實政策執行的有力依據；惟法案務須付諸施行，才能展現預期的效果，所以必須運用「行政」的措施，設計「方案」，形成「行動計畫」，有效推行；始能完成政策任務，實現政策目標，解決社會問題，增進社會福祉。從以上這個環環相扣的邏輯關係，吾人深知，「方案設計」乃是為了解決問題或滿足需求所擬訂的「行動計畫」；這個行動計畫經由擬訂者的精心策劃，務須朝著某一個目標方向進行，使方案在社會資源的有效運用下，克服預測可能發生的困難與障礙，順利推動，產生效果，而符合參加對象的興趣與需要。由此可見，應用「方案設計」應可獲致下列的重要功能：

　(1)可針對問題，掌握需求，完成政策任務。

　(2)可面對未來，決定目標，推動行政工作。

　(3)可選定議題，加強宣導，蔚為社會風尚。

　(4)可激發認知，凝聚共識，滿足民眾需求。

　(5)可整合資源，運用網路，分享服務動力。

　(6)可精練方法，增進知能，儲備專業人才。

　(7)可跳脫窠臼，開拓創新，提振組織活力。

五、結語

　　總之，任何一個方案儘管其內涵各有不同，但所有的方案應該都是為著社區或社會帶來衝擊或影響而用心設計的；方案設計的時候，不但要順應社會的變遷，因應世界的潮流；尤需配合機構的行政取向。質言之，一個良好而成功的方案，應可顯現下列的特點：

(1)有清楚、明確的政策目標。

(2)有承先啓後的工作方向。

(3)有充足的社會資源可資運用配合。

(4)能針對社會大眾的興趣和需求設計。

(5)方案的提出恰是時候。

(6)方案設計者擁有規劃和執行的能力。

(7)方案的設計可預測在執行時可能遭遇的困難，並將其阻力減至最低程度。

(8)方案的內容切合實際，具體可行，且富有挑戰性與前瞻性。

(9)方案的推動能獲得機構內部組織和外界環境的全力支持。

(10)方案的執行能激發參加對象的踴躍參與，並引起熱烈的回應。

第九章

志工的角色及任務

一、引言——現代志願服務的理念

傳統的觀念常常認為：①只要抱著慈悲為懷、樂善好施的心理就可做志願服務，且把志願服務完全當做是一種單方面的施捨；②志願服務只是為了減輕受薪人員或專業人士的工作負擔，且服務單位常把志工當做是「愛管閒事的雞婆」或「免費廉價的勞工」；③只有家庭富有、不愁衣食，且有足夠空閒的人才能參加志願服務；說實在的，這些觀念都是陳舊、落伍的看法。

但就現代、前瞻的理念而論：①志願服務應是人類一種「愛」與「關懷」的自然行為，它可拉近人與人間的距離，對於減低社會存在的「疏離感」及強化人際關係的「歸屬感」應有一定的幫助；②志願服務的推廣可有效運用社會充沛的人力資源，用以彌補、加強及發展各項服務之不足，以促進社會之健全發展；③志願服務的發揚光大應是「公民意識」的培養與凝塑；而所謂「公民意識」係指人們秉持「命運共同體」的認知，其日常生活、社會行動的態度與模式，除了要為自身利益考慮外，也應站在「公共」的角度，為社會做出積極性、建設性的考量與實踐。

綜上觀之，志願服務應指任何人只要志願貢獻時間及精神，在只問耕耘、不求回饋的情況下，致力於改造或促進所提供的服務；它可增強群己關係之融洽，更可增進人類社會之福祉。

至於「志工」或「義工」究以如何稱呼為宜？到目前為止仍有參與志願服務的朋友經常提出疑問，而且似乎對此問題困擾不已；其實那都是多餘的憂慮，不論「志工」或「義工」，只要你喜歡，怎樣稱呼並無不可；例如：福利志工、文化義工、環保義工、勞動志工、鳳凰志工……各種稱呼在在皆是。不過，如要嚴格區分，「志工」顧名思義乃「志願工作」，而「義工」則為「義

務工作」，故二者之不同爲：

1.志願工作是所「願爲」，義務工作是所「當爲」

願爲是屬於道德之範疇，無任何拘束力，只要不在法令許可範圍之外，凡是心之所願，性之所趨，愛怎麼做就怎麼做。而所當爲是屬於法的體系，縱使做得相當無奈，也必然非做不可，如有違背，應受懲處。

2.志願工作是「服務」，毫無界線；義務工作是「責任」，應有限定

志願工作是個人本「助人最樂，服務最榮」的意念，爲所願爲，其本質是積極，予取之關係不必對等，應無權利、義務之爭執。義務工作是法令規定人民應負的責任，非爲不可，其本質是消極的，予取之關係乃交換之行爲，既是義務，則亦應享有權利。

總之，「志工」與「義工」幾乎已成爲當今社會服務活動中大家所耳熟能詳、朗朗上口的通用名詞，一般人對此二者並無嚴格之區分，完全任憑個人之習慣認知而稱之。雖然如此，個人認爲仍以採行「志工」一詞爲宜，因爲「志願服務」乃個人本犧牲奉獻、助人榮己之精神，出自內心所願爲的一種志業或事業，它絕對不是一種負有責任而所當爲的義務工作；尤其「志工」更蘊涵著「志定於前，功成於後」之深遠意義，況且志願服務法第三條亦明文規定，志願服務者簡稱爲志工。不過在此特別要提及的是，志願服務一直強調貢獻有餘，助人不足；其所謂「有餘」，應係指「節餘」而非「剩餘」，是指「贍餘」而非「結餘」。倘若「志工」朋友人人均能秉持正確的理念、執著的定力，學習技巧、運用方法，妥切扮演螺絲釘、及時雨、潤滑劑、調味品、小起子、錨子手或救世軍的角色，發揚燃燒自己、照亮別人的精神，同心協力將個體行爲連結成整體力量，則必能充分展現轉化社會、造福人群之功能。

二、影響志工致力服務的因素

推廣志願服務絕非單方面的期望與努力，務須：①任用志工的單位；②參與服務的志工；③接受服務的對象三者之間良性互動及緊密配合，志願服務工作的推動始能達到預期的效果；否則，即使任用志工，不但對業務單位未必有所助益，而且對服務對象亦必無濟於事；一般言之，影響志工致力服務的因素不外：

(一)政策未明

(1)機構對於推廣志願服務缺乏明確的政策目標與完善的推行方案。

(2)機構沒有完整的工作架構配合運用志工的需求，致使志工未能在明朗的政策期望下，提供更多、更有意義的服務。

(3)機構的領導者對於運用志工的效能抱持質疑的態度，雖未反對，亦不表支持，完全採取可有可無的放任政策。

(二)指令不清

(1)機構內部的督導架構繁複重疊，對志工未能提出一致的要求。

(2)機構的督導體系多頭馬車，且又缺乏清楚的指示，志工不知如何是好。

(3)機構未能建立完整的督導體制，下達的指令出自多門，志工究應向誰負責，毫無所悉。

(三)任務模糊

(1)志工不清楚機構的期望、要求及標準。

(2)志工未了解其在機構服務的職責範圍及工作權限。

(3)志工由於任務模糊不清，常會超越專職人員的職權，而造成誤會，影響志工與員工之間的互信。

(四)互動欠佳

(1)機構員工懷疑志工參與服務的熱忱度與穩定性。

(2)機構員工質疑志工的能力是否足以因應工作要求。

(3)機構員工常因志工容易取悅服務對象，而造成其工作表現的壓力。

(五)溝通不良

(1)機構員工對志工的表現，未能有效反映其認許之評價或改進之建議。

(2)志工對機構員工的態度，也同樣不便反映其溝通之不良或期待之不滿。

(3)機構缺乏溝通管道讓決策者與督導人員雙方仔細商討，提出加強運用志工的可行計畫。

(六)督導不足

(1)志工督導由於專業知能不足，未能細心規劃，妥適安排志工的服務項目。

(2)志工督導傾向安排志工做一些較不重要或簡單的瑣碎工作，或更甚者，常將自己應該承擔的工作推給志工去執行。

(3)志工督導對於分配志工所擔任的服務工作，未能給予適當的指引及充分的協調。

(七)訓練不夠

(1)機構未能提供志工參加教育訓練、充實服務知能的機會。

(2)機構未能透過個案討論、工作座談或定期研習的方式，讓志工獲得增強學習、矯正錯誤的管道。

(3)機構未能設法給予志工學習新技能或增加責任感的歷練時機。

(八)激勵無方

(1)志工督導很少利用業務上的互動機會支持志工的工作或給予志工適度的讚賞。

(2)機構對志工表現之優劣，缺乏客觀、公正的獎懲標準，常使志工在是非不分的情況下，影響工作士氣。

(3)機構或志工督導未能適時向有關單位爭取志工獎勵表揚的機會，即使爭取，亦常循私偏袒感情較好的志工，致使激勵不公，造成負面作用。

三、志工應有的角色

任何有志之士，不分年齡、性別、學歷、職業、種族、宗教或政治背景，只要肯誠心利用自己的時間去承擔社會的責任，拿出勇氣面對可能產生的困難和挫折，不為任何酬勞，努力為改造社會或促進祥和而奉獻服務，均可成為可敬的志工。惟大家要彼此共勉的是，固然志工是志願付出，不求回報，但只要充當，就應妥為扮演應有的角色；切忌為趕時潮，敷衍應付，破壞志工形象，遭受社會非議。在此僅就個人體驗，對於志工應有的角色略述管見，至盼敬愛的志工朋友相互勉勵。

(一)對服務對象而言，其應扮演的角色

1.關懷者

擔任志工的朋友，基本的前提是要以愛心爲起點，而以關懷爲基石；也就是要盡其所能讓遭遇急困的同胞，在接受眞誠的關懷中，感到有信心，覺得有溫情；而能努力奮進，衝破難關。

2.支持者

志願服務是一種助人的行爲，志工的精神總期能使亟待協助的不幸者，及時解決問題，化險爲夷；惟作爲一個支持者，應該設法支持服務對象增強自我照顧的能力，讓其在受助之餘感受到既溫馨，又有尊嚴。

3.建言者

志工面對求助者的困難問題，應該抱持誠懇的態度爲其提供解決困難問題的建議，而非代其主導一切紓困的作爲；故其建言務須中肯而實際，絕不可反客爲主，強迫接受。

4.行動者

志願服務不能僅憑意念，而不付諸行動；或空談理論，而不履行。志工既然出自內心的啓發而想奉獻，則須想做、肯做、而眞做；尤其更應持之以恆，全力以赴；凡是隨風而起的作秀式服務，不但自欺欺人，也毫無意義。

(二)對服務機構而言，其應扮演的角色

1.輔助者

志願服務的主要功能之一，就是它能彌補機構業務之不足，而收輔助未及之功效。志工不論其所參與的服務項目爲何，其所作所爲均應配合機構的服務計畫及有關規定，務求輔助服務機構確能加強各類服務的發展。

2.媒合者

　　志願服務是一種人性極致發揮的藝術工作；志工由於服務工作的積極參與，不但可作為機構、社區與服務對象的橋樑，尤可扮演媒合者的角色，拉近彼此之間的關係；化分歧為一致，融己見為整體。

3.轉介者

　　志工朋友絕非萬事通，不可能對任何求助者所發生的問題，均能提供完全的協助，迎刃而解；因為，每一個機構均有不同的性質與功能。志工人員如果碰到服務機構或本身能力所未及的問題，應該迅即協助尋求適當的機構，立刻妥予轉介。

4.開拓者

　　志願服務由於社會需求日益殷切，志工朋友所展開的服務項目，經由耳之所聞、目之所見或心之所感，不應僅限於過去的人飢送飯、天寒施衣的慈善服務；志工經由精實的教育訓練，在機構督導的指導下，應該嘗試開拓一些更為新穎且富有意義的服務範疇。

(三)對整體社會而言，其應扮演的角色

1.社會建設的參與者

　　志工本著要取先予、要收先種，甚至進而能秉持「施者不圖報」的理念，致力服務，為社會不斷地提供愛與關懷；這種志工積極參與各類社會服務的過程，事實已正扮演著社會建設參與者的角色。

2.社會改革的催化者

　　志願服務的弘揚推廣，洶湧澎湃；奔流所及，激盪推行，不但可美化自己，更可造化社會；志工朋友的個人所為，看來只不過是點滴枝節，微不足道；但如匯集而成，則必猶如百川奔流，

沛不可擋；其相互推動的力量，不但可形成溫和的心靈改造運動，尤可爲社會改革帶來一股無形壯大的催化力量。

3.社會教育的示範者

所謂「社會教育」應該是一種繼續教育、全民教育、終身教育及全面教育；它不僅可將教育活動推廣到整個社會，尤可將教育內涵擴及到人類生活的每一個層面。志工朋友推己及人、致力服務的善行義舉，對個人而言，雖是自我心性的陶冶與人生意境的提昇；對社會而言，應是社會大眾學習仿效的良好示範與見賢思齊的最佳楷模。

4.社會和諧的促進者

隨著社會結構的轉變，功利主義的盛行，人與人之間的關係逐漸疏離，促進人際關係的脈絡及管道亦受到重重障礙；但我們深信，人性本善，人間有愛；透過志願服務的弘揚，志工善行義舉的展現，不但可濃化人際關係的溫情，更可抗衡社會變遷導致的冷漠與疏離；因此，志工的積極參與，應是強化社會關係、促進社會和諧的動力。

四、志工應有的任務

志願工作者雖是發自內心志願奉獻，但一旦參與，就應如同領薪的專職人員一樣，努力以赴，克盡職責，堅守志工倫理，肩負所賦予的任務。

(一)對志工本身而言

1.自我了解

志工應深切了解服務的性質與目標，是否符合自己的志趣與能力。

2.負責盡職

志工應具有責任心與使命感，對承諾的服務工作，務須排除萬難，盡力完成。

3.永續經營

志工應持之以恆，無論對短期性或定期性的服務，均需持續參與，履行任務；如有變動，亦應事先告知。

4.接受訓練

志工應樂於參加教育訓練，力求充實工作知能；對工作上所發生的困難或疑問，應主動提出，虛心求教。

(二)對服務對象而言

1.誠懇以待

志工對於服務對象應秉持關懷與協助的理念，以友善、熱忱的態度提供服務；絕對不可存有施捨、憐憫的心態。

2.了解需要

志工應設法認識及了解服務對象的實際需要，設身處地、感同身受地去探析服務對象的困難及處境，並作誠意的認同與回應。

3.協處問題

志工應絕對尊重服務對象的想法及決定，不可將個人的價值觀念強求服務對象接納。

4.保持和諧

志工應與服務對象維持適當及良好的友誼關係，但應避免造成服務對象對志工的過分依賴；尤需尊重服務對象的隱私權。

(三)對服務機構而言

1.恪遵機構規則

志工應認識機構的服務宗旨及工作範圍，恪遵機構規則及督導人員提示，不可擅作主張或越俎代庖。

2.維護機構形象

志工對機構不了解的事情不可任意妄加批評，如有期待機構改善的意見，應適時、委婉地提出。

3.建立互動關係

志工應與機構的督導人員保持密切的互動關係，按照規定報告工作情況與進度，並虛心接納督導的意見，如有疑難應主動與督導溝通，共商解決之道。

4.檢討服務績效

志工應積極參與機構所舉辦或推介參加之教育訓練及研討活動，對於服務的效果應審慎檢討，並應客觀而負責任地向機構提出改善或發展服務的建議。

五、激發志工積極參與的前提

(一)尊重意願

志願服務的推展應尊重志工自己的意願，在沒有工作壓力和精神負擔的情況下，讓志工貢獻自己節餘的時間和精力。

(二)迎合志趣

機構對於服務項目的指派，應力求符合志工本身的興趣、需求與期望，以激發志工強烈的參與感。

志願服務理念與實務

(三)善用專長

對於志工服務工作的安排,除應強調服務的價值和意義,尤應關注到善用志工專長,讓志工充分發揮自我潛能。

(四)賦予使命

志願工作雖是一項不計酬勞的服務工作,但仍應讓志工深切了解其工作的重要性,嚴謹負責地完成其使命。

(五)增進成長

服務也是一種學習,如能從服務經驗中讓志工運用智慧,面對工作挑戰,增進成長機會,則必能增強志工熱烈參與的動力。

(六)加強訓練

訓練是汲取新知、充實技能的途徑,志願服務的推展應能提供志工適當的教育訓練,藉以增強志工參與服務的信心。

(七)激勵士氣

鼓勵可提高工作效率,一些來自機構、督導、同工及服務對象等對志工的認同與嘉勉,相信應是維繫志工永續參與的有效誘因。

(八)訂立規範

規範是行動的方針,機構運用志工到底要其協助處理那些事務,及志工究應遵守那些機構規則,均應明確規範,否則,志工無所適從或漫無頭緒,勢必影響其積極參與的恆心。

六、結語

　　因應政策趨向與社會需求，志願服務的推動應可從慈善性、福利性的範疇，推展到預防性、發展性的層面；而服務對象也不一定局限於弱勢族群。就事實而言，社會上龐大的志工資源如能善加整合運用，合力推行一些創新性、開拓性的服務方案，鼓勵民眾同胞互助互愛、尊重關懷，對提高生活品質，促進社會福利定有積極的作用。盼望志工朋友群策群力，相互策勉，致力塑造良好的形象，共同開拓璀燦的未來。

第十章

志工幹部的領導藝術

一、引言——領導者的重要權責

所謂「**領導**」係指領導者利用組織賦予的職位和權力去引導和影響個人或團體實現目標的行動過程。而「**領導者**」則是行為的主體，他是在組織中擔任領導的角色，由領導賦予他權力並運用權力的人。吾人深知，領導者務須負責而有效地履行他應有的權責，始能發揮其領導的影響力；否則，領導者將猶如傀儡的象徵，徒有其名，但無實權。

概括言之，**領導者的重要權責應為**：①要「**科學地**」制定和力行決策方案；②要「**藝術地**」運用指揮、協調和控制的能力；③要「**公平地**」將被領導者的職務做適才適所的安排；④要「**親切地**」做好觀念溝通的工作；⑤要「**敏銳地**」察覺、防止和克服被領導者的心理障礙；⑥要「**誠懇地**」激發被領導者積極進取的衝勁。

二、何謂領導藝術

「**領導藝術**」顧名思義應指領導的才能和技巧；具體言之，領導藝術務須展現下列特徵：

(一)領導藝術務須匯集領導者的智慧、經驗和才華

因為領導效能的提昇及領導才能的展露，在於解決問題不僅需要科學的理論和方法，尤須運用非「常模式」及非「規範化」的智慧和技巧。

(二)領導藝術務須巧妙調和組織行為的節奏

　　領導者好比是交響樂團的指揮，發揮他的想像力與創造力，能把分散的、孤獨的力量融合為整體的力量；就如同將各個單一的樂器調和為一幕優美而精彩的音樂演奏。

(三)領導藝術務須擅於塑造組織的氣氛

　　一個團隊就像一群舞蹈高手在同一個舞池裡表演，每一個人都想表現出他的高招；而領導者塑造的氣氛就像是旋律，在同樣的節拍中，使每位舞者跳出最美妙的舞步；領導者改變旋律，大家也跟著改變步調。

(四)領導藝術務須善於應變

　　所謂「應變」就是應付變化，因勢利導。在這方面領導者應該：①要適應迅捷；②要反應靈敏；③要見機行動；④要快速準確。領導是一個動態過程，領導者的有效行為，隨著被領導者的特質和環境的變化而有所不同，領導者必須妥為因應而採取隨機應變的行為。

(五)領導藝術務須專於控制

　　所謂「控制」係指領導者採取一定措施使被領導者改變行為方式，從而達到領導者既定目標的過程。在這方面領導者應該：①要確定標準；②要把握重點；③要修正偏誤；④要富有彈性；⑤要評估成效。任何一個組織均猶如有機的「動態系統」，內外關係極為複雜，領導者務須適時、客觀、靈活、合理的採取有效的控制手段，才能使組織結構正常運轉。

(六)領導藝術務須精於協調

所謂「**協調**」是指將組織的各項管理工作相互調和配當，以便有效地完成組織目標。在這方面領導者應該：①要圍繞目標進行；②要樹立整體觀念；③要利用外部競爭、加強內部合作；④要克服心理障礙、展現尊重包容；⑤要溝通信息、及時反饋；⑥要迎向未來、開拓新境。協調是領導的根本，領導者務須妥切運用協調功能才能發揮領導作用，有效完成任務。

三、志工幹部應有的素養

決定團隊目標，釐訂團隊計畫，振奮團隊精神及健全團隊發展，都是領導幹部所應努力以赴的；基於此，領導幹部如未能具備領導人應有的素養，勢必無法完成肩負的任務。分析言之，志工領導幹部應有的素養為：

(一)要有卓越的「組織力」——統合凝聚

所謂「**組織力**」是指思想上的分析綜合與系統化及實行上的有條不紊與統整化的能力；亦即整理思想與處理事務的才能。領導幹部縱然對被領導者有充分的了解，且也能擬訂適當的工作計畫；可是，如果團隊的組織不健全，成員的意見不一致，則計畫的實施終必失敗。因此，領導幹部在經營和管理團隊方面，要能具備適當調適的處理能力，凡事不分鉅細均能苦心剖析；大小條理均應做到先要擘得開，後要拉得攏的最佳境地。

(二)要有超群的「統御力」——知人善任

所謂「**統御力**」是指統率與指揮各種人才的能力；它包括選

擇、錄用、訓練與任使各方面,而尤以任使最為重要。領導幹部是團隊成員的認同對象,也是團結和維持團隊生命的主腦人物;所以,他必須富有超群的統御力才能激發、指導和掌控團隊的活動,也才能聯繫團隊成員間的心理溝通;藉此團隊才能趨於穩定,並心悅誠服地服從領導幹部的領導。

(三)要有敏銳的「洞察力」──明察慎辨

所謂「洞察力」是指看透對方真心誠意或虛情假意的直覺能力。只要肯仔細、用心,這種直覺能力會越歷練越準確;領導幹部如果直覺能力遲鈍,不僅不能抓住對方的真正想法,也會招致判斷錯誤,導致影響領導權的行使。概括言之,培養敏銳的洞察力務須:要與對方密切接觸交談、要隨時注意觀察對方的言行舉止、要站在對方的立場考慮及要嚴格自我反省。

(四)要有明快的「決斷力」──果決立斷

所謂「決斷力」是指遇事既能審慎體察實際情勢,復能臨機應變即予判斷、立作決定的能力。一個團隊難免會碰到意想不到的狀況,有時候也很可能會碰到成員的突然反對或紛擾;領導幹部平時就應意料團隊可能發生的不測情況,萬一發生,更須具有迅速而適切地解決不測問題的能力。

(五)要有冷靜的「思維力」──慎謀遠慮

所謂「思維力」是指透過腦力活動去認識事物,掌握事物的發展規律性,進而用以進行決策、解決問題的能力。冷靜的思維力應具有:廣闊性、深刻性、靈活性、批判性及獨特性等特徵;領導幹部務須具有這些優良的思維力,才能保證有效地完成複雜而艱鉅的領導任務。

(六)要有革新的「創造力」──開拓創新

所謂「**創造力**」是指對已累積的知識和經驗進行科學加工和改造，產生新思想、新知識，並把它轉化為新作為的能力。領導幹部善於使用創造力，可使問題在社會現實中得以普遍的解決；如果沒有創造力，領導幹部就不能擔負起複雜又艱鉅的工作，更不能成為有效的領導者。

(七)要有誘導的「激發力」──鼓舞激勵

所謂「**激發力**」是指激勵被領導者主動而積極投入工作的能力。不斷地把團隊的目標讓成員了解、隨時把團隊目前的經營狀況及工作成果告知團隊成員、強調團隊所面臨的共同威脅及可能蒙受的利害與共的問題、儘量讓團隊成員都能發揮所長擔任一定角色的任務、儘量採用民主的方式促使團隊成員參與重要活動的決定、誘發團隊成員的衝勁、尊重團隊成員的自決與自制等都是激勵和維持團隊士氣最有力的方法；領導幹部如能針對團隊需要，善加應用其激發力，則必能使領導幹部的個別欲望與團隊需求相互調和，而有助於領導功能的充分發揮。

(八)要有寬宏的「包容力」──有容乃大

所謂「**包容力**」是指凡事看得開、想得遠，勇於接受他人錯誤，原諒他人犯過的能力。領導幹部務須要有寬宏的包容力，才能關懷、愛護、體諒、信任他的被領導者，並急他人之急、想他人之想，處理好人際關係；促使被領導者感到溫暖、窩心，從而獲得心理上的安全感及積極奮進的工作動力。

四、志工幹部應扮演的角色

志工團隊為求對內產生凝聚作用，對外發生輻射功能，其急切要務是領導幹部應該妥切扮演應有的角色，以期作為志工伙伴的學習榜樣；如此，他即可具體指出志工伙伴的行為方向，要求志工伙伴依照團隊的規則行事。一般言之，志工團隊領導幹部應扮演的角色為：

(一)團隊的代表者

團隊要能日漸成長茁壯，固然有賴成員的努力，但良好公共關係的建立、爭取機構與外界的支持與認同，常為團隊是否能夠日趨發展的關鍵。一個團隊不可能每位成員均與相關單位接觸有關團隊整體的事務，因之，領導幹部為團隊對外之代表者，乃為理所當然；舉凡團隊對外發言或建立公共關係，都應該由他擔當；所以，團隊的健全發展與否，領導幹部的影響至鉅。

(二)決策的主宰者

領導幹部本身並非計畫的執行者，但必定是計畫決策的主宰者；有的領導幹部凡事一把抓，不願授權給團隊成員分工合作共同負責，而本身又無暇兼顧團隊的事務，放手不問，結果造成怨聲載道，問題重重；不但影響成員的士氣，尤更阻礙團隊的發展；領導幹部務須將決策與執行適作明顯的區隔。

(三)目標的釐訂者

任何團隊不論其成員多少，亦不管成立時間之長短，都必有其既定的目標。擔任團隊領導幹部的重要功能之一，就是要能確

定團隊的目標及擬訂達成目標的方法與步驟；積極領導團隊成員互助合作，協調配合，為達到共同的目標而努力奮進。

(四)關係的控制者

控制是調節團隊內部關係的重要手段，領導幹部通常有權支配團隊的結構，所以他能控制團隊內部的關係。不論領導幹部控制的方式是採取指令性、誘導性、威脅性或監督性的手段，其最終目的乃為促進成員的協調配合，保證團隊的正常運轉，強化團隊效能，實現團隊目標。惟領導幹部特別應該自我警覺的是，「控制」絕非「壓制」，控制的寬嚴程度務須根據團隊實際狀況而定，該嚴則嚴，該寬則寬。

(五)爭議的仲裁者

人與人之間不論其關係如何密切，難免會有摩擦的事件發生；志工團隊的伙伴雖然是志同道合，目標一致，有時候也難免會有意見相左的現象。團隊成員之間如果發生問題或不悅，或有派系之爭，領導幹部應該是審判官或中間人；而碰到這種狀況，領導幹部應該扮演仲裁者的角色，本著公正無私、守正不阿的態度，以富於極有權威性的角色，慎謀能斷地減輕或消除團隊內部的紛爭事件。

(六)成敗的守護者

團隊成員素質參差不齊，有的成員獨立性很強，有的成員依賴性很大；因此，在一團隊中常有許多依賴性較大的成員不願對自己的決定和行為認真負責，當其遭遇困難之際，即將其決定權交給領導幹部，忠貞不二的全權委託其領導幹部代之解決；如此，領導幹部務必對團隊的成敗肩負完全的責任。

(七)意識的製造者

所謂「**團隊意識**」係指團隊中大多數成員所共有的信仰、價值與規範。它是在團隊的互動過程中形成的，有時其形成是為了控制成員的行為。在一個團隊之中，有時候，領導幹部應供給團隊意識，即是說，他是每個團隊成員信仰、價值及規範的來源。無論在何種情況之下，領導幹部的觀念與作為或多或少可以影響團隊成員，而且也能有效地製造團隊的共同意識。

(八)士氣的激勵者

團隊成員心中經常懷有被他人獎賞或認可的渴望，由此會產生勇往直前的衝勁。領導幹部適時、正確的激勵足以引發團隊成員的動機，因為，領導幹部是團隊士氣的激勵者。惟激勵應把握：優化、強化與適度三大原則；所謂「**優化**」原則係指激勵方式要多重多樣，對不同的人，要採用不同的激勵方式，並且要採用最優的激勵方式；又「**強化**」原則是指對好的行為不斷給予獎勵，以達增強效果；對壞的行為也要不斷給予斥責，俾收削弱作用；另「**適度**」原則則指激勵要符合公平正義，以免產生負面回應。

五、志工幹部應展現的領導藝術

領導藝術的特徵為：經驗性、靈活性、創造性、非規範性和非程序性等；它是領導科學理論實際運用的昇華和領導者智慧的綜合，必須經過長期的實踐磨練，才能掌握。一般言之，志工幹部要能充分發揮領導者的功能務須展現下列各項的領導藝術：

(一)要「聆聽」團隊成員的心聲

　　領導幹部不能只聽成員所說的話，還要努力聽出對方的眞意。如果不能掌握對方的眞意，則對團隊成員必難施展眞正的領導權。因此，對領導幹部而言，聆聽團隊成員的眞意更勝於一切；爲了要聆聽團隊成員的眞意，務須要有聚精會神聆聽團隊成員說話的心理準備。

(二)要「信任」團隊成員的決定

　　所謂對團隊成員的信任應指：(1)信任團隊成員的人格；(2)信任團隊成員所負責的工作。領導幹部務須深切了解，信任團隊成員是與團隊成員之間建立信賴關係的起點；如要信任團隊成員所承擔的工作，必須給予適切的指導與管理；惟信任與放任是兩碼子事。

(三)要「掌握」團隊成員的互動關係

　　領導幹部只要能敏銳地掌握團隊成員心理微妙的變化，適時地說出吻合當時狀態的話，必能與團隊成員產生良好的互動關係。要抓住團隊成員的心，可說機會無時不可，一切取決於領導幹部的用心與細心；領導幹部應該更加有意識地磨練掌握團隊成員心理動向的技巧。

(四)要「融入」團隊成員的立場思考

　　所謂融入團隊成員的立場，並非迎合團隊成員，而是先站在團隊成員的立場來考慮事情。有意識地致力培養團隊成員本位的想法，是領導幹部應該努力的首要之務；領導幹部如能展現這種行動，必能贏得團隊成員的信賴。以團隊成員爲本位的想法，不

只對領導權的提昇有所助益，更是成功領導的必要條件。

(五)要「解除」團隊成員的煩惱與怨尤

解除團隊成員的煩惱與怨尤是領導幹部的重要工作之一；如團隊成員顯有煩惱與怨尤的傾向，務須及早發現，及早解決；且最好誘導其自己找出解決的對策。處理團隊成員的煩惱與怨尤應儘量避免批判與說教；尤其務須注意，千萬不要為解決某位團隊成員的煩惱與怨尤，導致引發其他團隊成員的煩惱與怨尤。

(六)要「分嚐」團隊成員的甘苦

領導幹部應與團隊成員建立「同吃一鍋飯」的伙伴關係，力求與團隊成員坦誠相見，充分呈現原本的自我。更進一步的是，領導幹部應與團隊成員一起行動，有福同享，有禍同當；確實做到肝膽相照，甘苦分嚐；如此必能加強彼此心靈的結合，而有助於團隊力量的發揚。

(七)要「鼓勵」團隊成員勇於展露自己的才能

任何人如感受自己的存在被認可，他必能積極地有所作為；領導幹部必須想盡方法，找出使團隊成員充滿「自己的存在被認可的心情」，也就是為團隊成員準備適合他的快樂舞台。領導幹部如能儘量使每位團隊成員體認到自己所負工作的重要性，必有助於兩者之間的互信與互賴。

(八)要「慷慨」給予團隊成員掌聲

任何人都有功名慾與榮譽感，而這些都是促使人們勇往直前的泉源。領導幹部要能充分發揮領導效能，有時須有勇於扮演陪襯角色的覺悟；尤其更不能以團隊成員為踏板，作為自己追求功

名的手段。因為，成功的領導者，應使自己做個舞台的幕後功臣，而儘量讓被領導者當主角，鼓勵他盡情發揮，並慷慨給予適時的掌聲。

(九)要「實踐」對團隊成員的承諾

要持續贏得他人信賴的方法，除了經常累積足以令人信賴的實績外，別無他途；這是人人應該正確體認的嚴肅事實。領導幹部要能持續贏得團隊成員的信賴，最主要的就是本身要嚴守紀律，以身作則，穩健地實行理所當然的事。

(十)要「挺身」代替團隊成員對外講出他心中的話

領導幹部如果被團隊成員評價為「在家勇、在外怯」的人，則他必無法再有效地行使其真正的領導權。領導幹部務須提出勇氣，堅持自己的主張，以幽默、溫文的表達力，挺身代替團隊成員對外講出他心中想說的話；如此必能有效增強團隊成員的向心力，從而激發其強化為團隊效命的行動力。

六、結語

總之，領導是一種藝術，也是一種技巧；一位明智的領導幹部，應該致力激勵團隊成員的士氣，整合團隊成員的力量，以期達到開拓團隊的目標，完成團隊的任務。領導幹部務須經常向團隊成員澄清目標的核心，發展實現目標的程序藍圖；注意保持團隊成員的愉快關係，顧及少數孤離份子的心理；尤應力圖抓住團隊成員的心理，以發揮領導藝術的最高意境。

第十一章

志工督導應有的專業體認

一、引言

　　「志工督導」狹義的專指實際、直接負責監督、指導志工從事志願工作的「督導」（此處所稱的「督導」係指督導者，而非督導的作為）；以目前我國推展志願服務的狀況，直接負責監督、指導志工的督導，大部分都是機構的專職人員，但亦有少數是由機構的資深績優志工擔任；而廣義的是指機構內與推展志願服務有關的所有督導人員，當然也包括「督導」在內。在此所謂「志工督導」係採廣義的界定，期盼所有負責推動志願服務的督導人員均能深化志工督導的專業體認，以有助於志願服務工作的順利推動，進而蓬勃發展。

　　推廣志願服務是弘揚社會工作不可或缺的要素；從學理上言，社會工作中的督導工作應兼含行政性、支持性與教育性三項功能。其實督導工作並非在社會工作領域中才有，在教育行政中有「督學」，在警政系統中也有「督察」，其所扮演的角色應該都是督導工作，只是督導的重點各有不同。就實務經驗來說，志願服務督導工作的內涵應該兼顧志工朋友的參與動機、心理需求、價值觀念、工作能力、服務態度、工作技巧、專業知識、服務成效及自我成長等各方面；督導工作的本質就是一種經由行政性程序來達成支持性及教育性目標的過程。

　　專業應該包括：理論知識、工作哲理、行政經驗、行為規範、公正態度、感情中立、社區認同與居民承諾……。督導工作是社會工作重要的一環，社會工作是一門助人專業，督導工作當然也應該具有專業；因此，志工督導務須應用各種專業技術和方法，透過與志工雙方建立友善的互動關係，協助各種不同環境背景和不同心理需求的志工朋友，達到充實專業知識、強化助人技

巧、增強工作信心、提昇服務品質的目標。

二、志工督導應有的正確認知

督導工作的實施，旨在達成：①對機構服務目標的完成；②對志工專業訓練的加強；及③對社會專業投資的貢獻。志工督導在實施督導工作的過程中，首先應該塑造的正確認知爲：

(一)不可把志工當做是無所事事的悠閒者

志工自動自發參與服務工作，只問奉獻，不求回報；不論其心理動機爲何，應是一種價值觀念的轉化，更是一種人生意境的提昇；這種助人利他的行爲表現，應該值得社會大眾肯定、讚美與嘉許。不可否認的，有些志工是屬於退休長者或家庭主婦，但仍有爲數不少的志工是屬於上班族群；志工雖然不計酬勞，但沒有功勞總有辛勞；對於珍貴的志工資源應該善加「運用」，切勿任意「濫用」。

(二)不可把志工視爲減輕專職人員工作負擔的助手

機構運用志工固然是因爲業務急遽膨脹，專職人員工作量超載，不堪負荷所致；但運用志工的主要目的，旨在希望志工能夠協助一些例行性、支援性、溫馨性且非行使公權力的服務工作，而使專職人員得以更加專注於專業性工作的處理，以提高工作水平。運用志工的焦點，不應擺在純爲減輕專職人員的工作負擔，而主要的是希望有效調配機構的人力資源，發展服務工作，增進服務效能。

(三)不應把志工作爲專職人員的替代者

在某些情況下，志工經過嚴密的專業訓練，是可替代專職人員處理一些半專業性的工作；但原則上，志工絕對不可作爲替代專職人員的工作者。志工的參與旨在輔助、彌補、加強、提昇、發展現有的服務狀況，以期獲得更好的服務評價。專職人員絕對不可因爲志工的積極參與，而將本身應該承擔的工作，毫不負責任地推給志工去執行，讓自己兩袖清風，坐享其成；不但有損服務品質，尤更影響工作士氣。

(四)不可把志工當做專職人員的跟隨者

志工透過專業知識的充實與工作技能的增強，不但可協助專職人員處理一些非專業性的工作，應該也有能力在專職人員的妥切督導下，協助處理一些較爲單純、不須深奧專業哲理的半專業性或專業性工作。因之，志工應該是專職人員相輔相成的「合作伙伴」，絕對不是任憑差遣的「跟班隨從」；志工的積極參與，對專職人員而言，應該是如虎添翼，得心應手；千萬不可把志工視爲如蛾赴火，礙手礙腳。

(五)不應因志工不計酬勞而質疑其參與感與責任心

或許有人認爲志工只有付出，毫無報酬，是否會影響其「參與感」，越做越少人參與；又是否會影響其「責任心」，服務的品質可能打折扣；其實這些質疑應該都是多餘的。我們可以肯定的說，志工既然有心參與志願服務，他絕不在乎有無報酬，而且絕大部分的志工都應該會抱著嚴謹的態度，竭盡所能，全力以赴。假若眞有越做越少人參與志願工作的現象發生，其主因應該是：①社會教育不足，一般人對志願服務認識不深，存在觀望態度或

不知如何參與；②有些服務機會未必符合有志之士的興趣與能力。再說，志願工作也是工作的一種，凡是負責任的志工相信對於承擔的工作必定忠實可靠；反之，不負責任的有酬工作者，混水摸魚者仍然大有人在；所以，有無實質的酬勞，對志工的責任心應該不至於會有影響。

(六)不應把志工不求回饋認為是造成志工高流動率或高流失率的主因

志願工作強調自動自發的工作動機，給予志工自由選擇參與與否的空間較大，這或許是導致志工高流動率或高流失率的因素之一，但真正重要的因素應是：①志工參與服務的價值意義；②志工在機構內受重視的程度；③志工能否獲得適性的服務機會；④志工在參與服務的過程中，能否獲得清晰的工作方向與指引；⑤志工是否能夠獲得足夠的教育訓練及專業指導；⑥志工是否能夠獲得適當的支持與鼓勵……。說實在的，志工的高流動率或高流失率與有無報酬絕對無關，最主要的在於志工是否能夠受到「尊重」與「重視」，以及志工滿懷服務的熱忱，是否能夠真正有事做，而且有「適性」的事情做。

(七)不可對志工過分放任與苛求

社會工作與志願工作都是助人的工作，社會工作者務須具備：①助人榮己的觀念；②伸縮性的性格；③易與他人建立良好關係的能力；④隨機應變的技巧；⑤誠懇親切的服務態度等特質；志願工作者當然也要等同，只不過因為志工的素質參差不齊，又其所擔任的工作大都是半專業性或非專業性的工作，因此，對於志工人員的要求當然不可像社工人員的要求那樣嚴格而苛刻；可是，志工既然承諾參與服務，對其所擔任的工作仍然應

與社工一樣，要以嚴謹、認真、負責任的態度，向服務對象、督導人員、機構及社會負責；假若，志工真有嚴重且不可諒解的過失發生，對其行爲同樣也應該予以勸導、指正或作必要的懲處；絕對不可因志工係屬非領薪人員而給予寬待放任；不過有罰必有賞，爲提振志工的服務士氣應該是非分明，賞罰公正；對於志工雖不「苛求」，但仍須「要求」；雖不「放任」，但務必「信任」。

三、志工督導常須面臨的工作挑戰

志願工作是一種助人利他的崇高志業，參與服務的志工朋友只求誠心奉獻，不求任何回報；所以，志工督導需要應用各種專業方法來塑造志工有利的工作條件，以推動及維繫志工在沒有接受酬勞的情況下，仍能熱情不減地踴躍投入服務工作；相信這種任務比督導領薪的專職人員，需要面臨更多、更難的工作挑戰；一般言之，志工督導常須面臨的工作挑戰約有下列情況：

(1)志工督導務須面對督導工作可能發生的種種困難與挫折；可是，督導在地位上既無絕對的權威，在薪酬上亦無合理的回報；因此，極易導致督導的工作倦怠與職務更動。

(2)志工督導爲吸引更多的志工投入服務行列，或面對志工團隊間相互競爭的壓力，經常需要絞盡腦汁或用盡心思，想辦法設計一些新穎而奇特的活動方案，來吸引志工的工作興趣及持續參與。

(3)志工的期望與社會的需求，常會隨著時代的變遷不斷地轉變；志工督導必須敏銳地察覺這種轉變，有效地帶動機構尋求應變的方法，以維持機構的服務水準及志願服務的永續經營。

(4)志工督導不但在縱的層面需要負責各類志工的督導工作，

同時在橫的層面亦須與機構內不同階層的員工緊密地溝通協調，以有效地維持工作的進展；尤其當員工與志工在工作的接觸上，因為觀念未能趨於一致而發生摩擦時，更應站在中立的立場，適當地扮演潤滑的角色。

(5)志願工作的服務時間及活動多半安排在辦公時間以外的時段，志工督導為了因應實際工作的需要，亦常需要承擔超時或加班的工作壓力；這種壓力如果長期持續，有時難免會影響生活的情趣及家庭的和諧。

(6)志工督導不時需要向機構同仁推介志願工作對機構提高服務品質的重要性，以及設法爭取機構領導階層對志願工作的重視與支持；面對這種較高難度的課題，志工督導務須應用更高智慧的溝通技巧。

(7)志工督導經常須在志工訓練不足、機構資源缺乏及工作同仁未能充分認同與支持的情況下，孤單地承擔艱鉅的督導工作；面對這種壓力與挑戰，如果沒有足夠而堅強的傻勁與毅力；相信任何人都可能因之而心灰意冷，欲振無力。

四、志工督導必備的基本素養

志願服務的督導工作對於機構組織功能的發揮、服務成效的增強，以及政策目標的實現，具有極大的影響作用；因此，機構必須設置和培植督導人才，實施督導制度以有助於志願服務工作的順利推動。一般來說，一個優秀的志工督導必須具備的基本素養應該要有較為嚴格的要求，因為他務須扮演：行政者、指導者、管理者、教育者、諮詢者、激勵者、協調者及開拓者的多重角色。

(一)要有專業的教育訓練

督導工作是社會工作的一環，因之，志工督導應在一般教育訓練的基礎上接受社會工作的專業教育訓練；以期充實社會工作的專業知識，培養社會工作的專業技術，而有助於督導工作的有效實施。

(二)要有豐富的社會常識

督導工作所需接觸或處理的問題頗為複雜而多樣，在工作中所遭遇的每為各種錯綜繁雜的人生問題或社會問題；志工督導如無豐富的社會常識，常難了解問題的癥結，更無法解決問題。

(三)要有行政工作的經驗

社會工作的行政程序是指機構的政策與措施透過工作者對受助者的各種接觸，給受助者提供適切服務的過程。社會工作的行攻程序包括：計畫研訂、分層負責、溝通協調、研究考核、預算會計等。督導工作固然必須應用社會工作的專業方法，如果志工督導缺乏行政工作的經驗，縱使學有專精，滿腹經綸，對督導工作的實施恐怕也僅限於高談闊論、天馬行空。

(四)要有知人善任的智慧

督導工作的對象是人，志工督導必須富有知人、用人、信人、容人的智慧，才能深入了解不同志工的心理需求，根據志工的興趣妥適安排工作，並與之融洽相處；凡是孤僻、冷漠、固執、刻薄的人，或對他人不感興趣、漠不關心的人均難以勝任。

(五)要有公平正義的原則

「公平」是指公正的對待，「正義」是指合理的要求。志工督導對於志工朋友務須堅持的基本原則就是公平正義；凡是對人，保持感情中立，一視同仁；至於對事，應該合理要求，絕不袒護；唯如此，才能在是非分明、善惡有別的情況下，提振士氣，推動工作。

(六)要有溝通協調的能力

「溝通」為實現機構目標、達成機構任務的必要手段；「協調」則在使機構的工作人員之間能以整齊的步調，完成共同的使命。溝通在求思想上的共同了解，協調在謀行動上的調和一致，二者互為表裡，關係至為密切。志工督導務須要有溝通協調的能力，才能整合志工的共同觀念，調和志工的齊一作法，同心協力實踐機構賦予的職責。

(七)要有運用社會資源的技巧

社會資源包括：①財力、物力、天然資源與活動空間等物質資源；②人力、智力、技術、法令規章與社會意識等非物質資源。志願服務的推展及督導工作的實施，有時非僅憑機構本身的資源與人力所能有效達成；在此情況下，志工督導則須應用社會工作的專業方法；透過公共關係的建立，妥善運用社會資源，以期內在機能與外在力量密切配合，促使督導工作的順利展開。

(八)要有組織應變的能力

督導工作旨在啟發志工潛力與強化志工團隊功能；因此，志工督導必須具有組織的能力，可將不同特質的志工與不同性質的

團隊,依其個別志趣與組織宗旨,分別輔導,有效整合,以期發揮整體力量。另督導也要對於志工與團隊發展的變異性,具有機智的應變力及說服的技巧,因應變化,發掘問題;變阻力為助力,化無用為效用,由失望中覓取希望,從矛盾中轉為後盾。

(九)要有擁護機構政策的忠誠

機構政策是完成機構任務、達成機構目標的最高準則,也是工作人員據以推動業務的指導方針。督導工作的有效實施,務須結合不同背景的志工力量,發揮科際整合的功能,以期督導與志工建立合作的伙伴關係,共同致力貫徹機構的政策。所以,志工督導要對機構政策絕對忠誠擁護;即使志工朋友對於機構政策不甚了解或稍有誤解,甚或如有強烈的排斥,尤應應用專業方法,竭盡所能,化誤解為諒解,轉排斥為支持;齊心協力為提昇服務水準、開創服務新境而積極打拚。

(十)要有評價的技巧

志工督導務須具有評價的技巧,俾能利用志工的工作表現,分析志願工作發展的狀況;並協助志工檢視過去的經驗,評估工作推展的價值,以便檢討得失,策勵未來;尤其對於志工團隊擬訂工作計畫的可行性,更應依據法令,配合機構政策,以專業工作者立場,提供評價的建議,俾利團隊推動工作,展現服務成果。對表現欠佳或參與感低的志工,應加強督導其提振士氣,熱烈參與;對表現優良或績效顯著的志工,尤應適時建議予以獎勵表揚,用資激勵。

(十一)要有研究發展的精神

研究是手段,發展是目的;求發展而不研究,則發展缺乏依

據；有研究而不發展，則研究勢必落空；二者必須密切配合，才能發揮研究發展的積極功能，而有推陳出新的工作方法。督導工作旨在尊重志工志趣，配合機構目標，因應社會需求，加強服務效果；因此，志工督導不可墨守成規，敷衍應付；而須致力研究發展，開拓創新；不論是法令規章、業務計畫或督導方法，均應潛心研析，力求跳脫窠臼，以因應社會變遷，展現革新氣象。

五、志工督導應採的專業方法

志願工作者大部分均未受過專業教育。對志工實施督導工作，內容務須具體簡要，要求應該合理適中，並以導正服務觀念、避免服務偏差為目標。尤其在督導過程中，更應考慮志工的志趣與能力，儘量設法減輕志工內心的焦慮與壓力。有關志工督導應採的專業方法，試從督導原則、督導程序與督導評估三方面提出個人淺見，至盼志工督導相互策勉。

(一)先由督導原則來說

(1)要能有效提高志工人員的參與感和向心力。

(2)要能確實協助志工人員處理困難和解決問題。

(3)要深入了解和積極發展服務內容和進度。

(4)要向機構政策和團隊目標絕對負責。

(5)要評估志工人員的服務效果和發現應予改進的方向。

(6)要從督導工作中發現並培養領導人才。

(二)次就督導程序言之

(1)要鼓勵志工人員儘量自動提出問題。

(2)要激發志工人員勇於提出個人看法以供交換意見。

(3)要與志工人員集思廣益共同提出處理問題的方法。

(4)要於討論過程或結束時,善於歸納提出具體討論與建議。

(5)要適時撰寫督導摘要紀錄向領導階層提出工作報告。

(6)要敏感察覺領導階層和志工人員的反應,並即時研析因應。

(三)另從督導評估而論

(1)要確實了解志工人員是否按時參與督導會報,及是否參與熱烈討論。

(2)要對志工人員所提各項問題是否能獲具體答案,提出明確回應。

(3)要了解對於志工人員所提問題未能適切予以解答或處理,志工人員是否能諒解督導人員之立場。

(4)要洞察志工人員的工作情緒是否保持平和,對於參與的情趣是否有日漸增進。

(5)要自我檢討本身對於督導工作是否真正持續擁有高度興趣。

(6)要全盤分析整個志願服務方案是否能夠順利推展、是否有須力求改進之處,如須改進應儘速提出可行的改進方案。

六、結語

總之,我們可以肯定地說,志願工作的推展,如無專業人員的有效督導,絕對難以達到預期的效果。近年來,社會需求日益殷切,志願工作亦隨之日趨發展;惟雖參與志願工作的有志之士日見增加,但仍經常發現有些志工朋友開始時熱情十足,雄心萬丈,參與之後卻頓時感到心灰意冷,失望沮喪。推其原因,固然

志工本身對志願工作認識不夠、方法不足應是影響因素；但督導人員未能給予志工朋友適切督導，致其參照無從、乏規可循更是重要主因。至盼志願工作的督導人員持續充實專業知能，增強專業技巧；深切明瞭機構的政策目標與行政程序；以親切、和藹的工作態度，與志工人員建立互賴、互信的友好關係；有效促使志願工作的推廣能在督導與志工的共同努力下，與時俱進，弘揚光大。

第十二章

志工應有的禁忌

一、引言

　　志願工作或義務工作？志工或義工？該怎麼稱呼，或願意怎麼稱呼，就實質而言，一點也不重要；重要的在於志願服務的推展是否能夠落實執行，有效實施，真正達到輔助、彌補、發展的功用，進而彰顯服務效果，促進社會祥和。

　　至於「志工」或「義工」？顧名思義一目了然，「志工」乃「志願工作」，而「義工」則為「義務工作」；二者之區別為：①**志願工作是所「願為」，義務工作是所「應為」；②志願工作是「服務」，毫無境界；義務工作是「責任」，應有限定。**雖然如此，一般人對此二者並無嚴格區分，完全任憑個人習慣認知而稱之；不過，就個人認為，仍以採行「志工」一詞為宜，因為「志願服務」乃有志之士本犧牲奉獻、助人榮己之精神，出自內心所願為的一種志業或事業，它絕對不是一種負有責任而所應為的義務工作。

二、志工應有的禁忌

　　志願工作，看起來點點滴滴，但功效似小實大；弱勢族群受惠，好似範圍有限，但影響似弱實強。人要是能為自己鄉里、為自己社區服務，就會愛他的鄉里，愛他的社區；多數人能如是，結果必是愛人如己、扶危濟傾及急公好義。近年來，有志之士參與志願工作日趨增加，志願工作亦廣受公私部門一致重視；唯參與人員或因認識不夠、或因觀念紛歧、或因內容空泛、或因方法欠缺……，以致屢有缺失，常遭批評；歸納言之，志工應有的禁忌約有下列現象。

(一)作秀

在表面上隨風而起、熱衷服務，但實際上沽名釣譽、另有所思；到處高喊「助人最樂、服務最榮」，「給人快樂是天使、救人苦難是菩薩」，儼如急功好義、樂善好施之社會名流；但事實表裡不一，只是虛應故事，作秀而已。

(二)掛羊頭賣狗肉

看起來對志願服務好似熱烈參與，其實在熱情中暗藏玄機，別有居心；或藉服務之名拉保險；或藉助人之便搞老鼠會……。不過，在此要特別公道地聲明，並非從事保險工作的人不可參與志願服務，而是不可假借服務之名，藉機牟利，為不該為之實。

(三)蜻蜓點水

因受人影響，為了面子問題，象徵性的勉強應付；一年到頭難得露臉幾次，但如打聽到有好處可取，一定會準時報到參與。

(四)虎頭蛇尾

剛開始參與的時候，熱情沸騰，雄心萬丈；經過一陣子後，卻不知不覺，毫無理由地無疾而終；這種五分鐘熱度的參與，經常給人不良印象。

(五)來去自如

對參加志願服務的觀念仍然模糊不清，以為反正是志願參加的工作，愛來就來，不高興就走，自由自在，不但來去毫無交待，更不懂得自我約束。

(六)尸位素餐

若說他不熱心參與，名冊上卻芳名永在；如果要把他除名，可能要爭論一番，這種空占位置不做事情的現象，實在令人不敢領教。

(七)請神容易送神難

公私部門為了彌補業務不足，常飢不擇食，大肆廣招志工，來者不拒；結果明知招來者無濟於事，有不如無；可是想要下逐客令，卻比送神還難。

(八)湊熱鬧

每次參與服務工作好像熱情十足，雞婆有加；實際上猶如持香陪拜，只是湊數而已；不僅礙手礙腳，而且極惹人怨；成事不足，敗事有餘。

(九)耍特權

以為參與志願服務充當志工，就可高人一等，狐假虎威；自認闖紅燈可以不算違規、亂丟垃圾可以不必受罰……，因為少數害群之馬存有這種謬誤觀念，致使志工形象可能遭致破壞無遺。

(十)傲慢

當了志工之後，言行舉止威風凜凜，神氣十足；不但態度惡劣，說話更是氣勢凌人；致使服務對象未能先蒙其利，反而先受其害。

(十一)爭功諉過

有功爭相挺身而出，逢過退縮不見人影；對於服務過程中所造成的錯誤，如可隱瞞，幾乎沒人願意自動勇於承認；可是，對於值得讚美的事蹟，一有機會，就到處炫耀不已。

(十二)光說不練

開口閉口志願服務，說的時候海闊天空、洋洋灑灑；但是真要力行實踐之時，卻又逃之夭夭，不見蹤跡；這種僅能坐而言、不能起而行的嘴皮子，當然不受歡迎。

(十三)貪小便宜

明知道志願工作的本質不求任何回報，但每逢小利卻貪求無厭。事實證明的確仍有不少志工朋友，他是否踴躍參與服務工作，完全決定於參加之後，有無贈送小紀念品或有無其他小小好處。

(十四)斤斤計較

從不計較服務時間的長短或服務次數的多少，亦不計較服務績效的優劣或服務風評的好壞；而卻把計較的焦點集中在：誰比較受寵或誰比較不受重視、誰獲得的較多或誰獲得的較少等不該計較的無聊瑣事。

(十五)公器私用

公器不得私用應是人人皆知的簡單道理；但卻有志工藉著參與服務之便，或占著辦公電話做非服務之用、或利用公器處理私人之事的不良現象發生；致使服務最樂空有假象，令人對志工的

功能產生懷疑。

(十六)挑撥離間

或許因為閒著無聊沒事做、或許因為方法欠缺不會做……，由於時間過多，無所事事，只好東家長、西家短，說這個不好、講那個不對；無中生有，惹是生非；既破壞感情和諧，又影響工作士氣。

(十七)搞小圈圈

這種現象在志工團隊中屢見不鮮，或更甚者，連只有三、四個人都可能發生這種現象；致使志工之間山頭林立，各顯身手；對於服務工作未必能有貢獻，製造無謂困擾倒是麻煩重重。

(十八)勾心鬥角

因為小圈圈作崇，勾心鬥角當然不可避免；伴隨而來的爭權奪利，競求表現，以致釀成彼此之間貌合神離、暗中較勁亦必在所難免；如此，可能造成服務成效的負面影響，相信難以評估。

(十九)自命不凡

志願工作固然具有彌補機構業務的輔助功能，但志願工作絕非萬靈丹。絕對不要以為原來機構長年不能解決的疑難雜症，透過志工的協助，就可化解為無形；這種自命不凡的理想，最後必定變成夢想或妄想。

(二十)好高騖遠

志工千萬不要以為「善小而不為」，有些志工確實企圖心很強，一當了志工就想有朝一日能夠移山倒海，扭轉乾坤，對於較

為繁瑣的庶務性工作幾乎不感興趣；這種好大喜功、不切實際的想法，難免引起機構的反感。

(二十一)不知分寸

志工最要把握的原則就是要遵守機構的規則，配合機構的政策目標；嚴守分寸，謹言慎行；凡是應該做的，赴湯蹈火，在所不惜；至於不該做的，就算長官施加壓力，也要勇敢說不。可是，有些志工對於機構的行政措施，遇有不盡滿意之處，常會嫌東嫌西甚至亂加批評，表現不合作的態度；這種不知天高地厚的作為，有時令人不解。

(二十二)喧賓奪主

志工除了應該謹守分寸外，尤其不可喧賓奪主。志願工作的有效推展，權責一定要分清楚；主管、督導與志工之間地位與角色須扮演得當，如果地位與角色發生衝突，必定引發問題。事實常有耳聞，有些志工比督導還「猛」，權力比督導還大；這種主從不分、越俎代庖的現象若是真正存在，的確是志願工作的一大隱憂。

(二十三)走火入魔

志願服務的前提是利用己之有餘，幫助他人之不足；所以，志工應該把參與服務工作當做是一種休閒或消遣，絕對不可變成負擔或壓力。有些志工每天行程排得滿滿，晚上有時還加班，比一般正式上班領薪者更加忙碌；這種糟蹋自己、虐待自己的反常作法，實在確有過猶不及之憾。

(二十四)欺負菜鳥

志工有的參與時間較長，有的才剛投入行列；有的曾經受過多種訓練，有的一次訓練也未參加；因此必有面對工作產生熟悉與生疏之別。按照常理，資深的志工應該帶領資淺的志工，老幹應該指導新枝；可是，事實不然，確實有些資深而有經驗的志工不但沒有好好教導新的志工，反而表現一副神聖不可親、耀武揚威的架子，排斥、指責，甚至歧視新的志工。

(二十五)口是心非

口口聲聲「志願服務，不求名利」，但是，心中所想的又是另一種期待。嘴裡嚷著「為善不欲人知」，心裡想著卻是「積善何無回報」；逢人必說服務絕不為了獲得獎勵，可是看人受獎卻臉像水餃一般彎彎曲曲；更嚴重的是，不但「愛獎」，而且想盡辦法「爭獎」；這種言不由衷、自欺欺人的虛假君子，實乃社會不敢恭維的另類人物。

三、避免禁忌發生的作法

說實在的，志願工作不論從理論或從實務而言，絕對是個人出自內心誠意、自動自發而參與的一種崇高志業；它絕不應該強迫任何人參加，而任何人也不應該被強迫參加；基於這種理念，志願工作既然是自己心甘意願、毫無所求所熱衷的一種神聖工作；既然參加，就應言行合一，全力以赴；不然，則應儘速遠離，以免害人而又害己。客觀言之，每位志工朋友應該都是受人肯定與尊敬的可愛天使，為免禁忌的缺失發生，影響志工清譽，志工朋友應該相互勉勵朝著下列目標努力邁進。

(一)要行之以誠

「至誠足以感人」，志工既然參與，就應誠心誠意，樂在服務；絕對不可虛情假意、作秀、沽名釣譽、搶出風頭、掛羊頭賣狗肉、口是心非、表裡不一……，俾免引發社會的詬病。

(二)要實事求是

志願服務是一種推己及人的工作，其重點應在力行實踐；因此，志工應以親切、平實的態度對待服務對象，以嚴謹、負責的毅力完成機構所賦予的任務；絕對不可光說不練、尸位素餐、湊熱鬧、走火入魔……，而招致華而不實、有不如無的批評。

(三)要建立自信

「只要信、不要怕」，這是參與志願服務的人應該堅守的座右銘；志願服務既是一種幫助別人解決問題的工作，志工本身當然首須建立充分的自信；絕對不可畏首畏尾、猶豫不決、憂柔寡斷、緊張兮兮……，而導致成事未必、敗事難免的指責。

(四)要持之以恆

「有恆為成功之本」相信人人耳熟能詳，志願服務固然必須講求方法、技巧，但貴在是否能夠永續經營；所以，志工的參與務須持之以恆；絕對不可蜻蜓點水、來去自如、虎頭蛇尾、無疾而終……，以免遭受聞聲起舞、時晴時雨的譏諷。

(五)要自我約束

志願服務應以「公民意識」的教育與培養為基礎，其最重要的原則就是要堅持「有所為」、「有所不為」的執著；絕對不可不

知分寸、耍特權、傲慢、貪小便宜、公器私用、喧賓奪主、口是心非……，以免招來越俎代庖、貪圖名利的責難。

(六)要小處著眼

志願服務不可存有「善小而不爲」的心態，志工應該以扮演螺絲釘、調味品、潤滑劑、錨子手……的角色爲榮；絕對不可自命不凡、好高騖遠、野心勃勃、氣勢萬千……，而惹來希望越高、失望越大的落寞。

(七)要有容乃大

「能饒人者且饒人」、「退一步想海闊天空」這都是參與志願服務應該信守的嘉言；志願服務的本質既是助人利他，志工尤應嚴以律己、寬以待人；絕對不可斤斤計較、爭功諉過、勾心鬥角、挑撥離間、搞小圈圈、欺負菜鳥……，以免有失仁之使者、義之尖兵的風格。

四、結語

總之，無論從任何一個角度來說，值此功利主義盛行、社會亂象叢生之際，志工朋友的善行義舉，不但可純化自己、美化人生；尤可淨化社會、強化國家；志願服務的積極推展不僅是心靈改造的和平運動，尤更是化戾氣爲祥和的改革功夫。吾人深信，人之初，性本善，志工參與服務的基本動機絕對都是純潔無邪、毋庸置疑的；每一位志工應該也都是品德優美、態度誠懇與觀念正確的優秀志工；但不幸的是確實仍有少數不自愛、也不自省者摻雜其間，弄得志願服務的美好清譽，有時候難免會遭到批評，稍打折扣。

最後謹以「只要樹頭站得在（「在」是穩的意思），不驚樹尾做風颱」（台語發音），與所有敬愛的志工伙伴共勉，至盼大家實實在在的「展現志工情、弘揚天使心」，同心同德，勇往直前，共同將人性的光與熱散布在世間的每一個角落，讓人間更增溫情，社會更添溫馨。

第十三章

自我了解及自我肯定

一、引言

　　人生有如一付令人撲朔迷離的拼圖玩具；它不如想像的那麼
美麗，亦不如想像的那麼醜惡。當人生之舟處於風平浪靜之中，
要隨時準備抵禦風暴的襲擊；而當人生之舟處於驚濤駭浪之中，
更要沈著把好船舵。切莫抱怨人生的變異無常，如何抓住機遇才
是真理；人生本來就是在於創造，務須要有變異才有契機。吾人
務須準確把握自己的喜好和追求，才能有恰到好處的人生定位。

　　大家應該知道，人生的悲劇乃源於失去自我；失去了自我就
意味著失去一切。「自我」需要不斷地培養與塑造；形成自我不
容易，但毀滅自我卻在一瞬之間。人的一生要懂得自我策劃，人
的一生更要好好地自我培養。我們必須能夠相信自我，而又不囿
於自我，才是真正的自我；因之，自我了解及自我肯定應是人生
邁向成功之道的必經途徑。

二、自我了解──夢想成真

　　一個人最大的敵人是自己，最好的朋友也是自己；那就是
說，沒有人比自己更了解自己。有夢最美，希望相隨；人必須先
有夢想，然後才會有偉大成就；因為，夢想是潛能的有力反映。
基此，人應自我了解如何編織一些夢想，讓自己覺得生氣蓬勃，
活力盎然；工作的時候也因此有了正確的目標；進而珍惜自己的
夢想，腳踏實地努力去實踐。個人認為，自我了解務須把握下列
原則。

(一)知己之長，發揚光大

一個人不應該自我膨脹，但也不必妄自菲薄。天生我才必有用，人人都有其長處與優點；當我們知道自己擁有的長處與優點，應該站在對的位置上，設法努力去發揮，專心讓自己的長處與優點，弘揚光大，以期對自己、家庭、社會產生最大的貢獻，並有助於個人的發展、家庭的幸福與社會的進步。

(二)知己之短，力求改進

人難免會有短處與缺點，只要能勇於力求改進，必能善莫大焉。人對自己要適當的鼓勵；鼓勵是促使自己繼續的動力，而繼續則是成功的最大因素。人對自己的短處與缺點不必害怕，怕的是不敢面對事實，進而徬徨失措；讓自己的短處與缺點永遠不能抹去，阻礙了個人的成長、壯大。

(三)知變不易，設法接納

江山易改本性難移，人人知之甚詳。一個人能敢於承認自己的無能，並不可恥；因為對於不知道的東西，能直接承認自己確實不知道，反而更能使問題迎刃而解；一味的逞強，有時可能會使事情變得無法收拾。既成的事實，設若改變不易，應該設法接納，千萬別讓自己因它而難受；為難以改變的事實躊躇、猶豫、焦急，而令自己難受，非但一點也不值得，尤更糟蹋自己。

(四)知學不足，致力增強

知識就是力量；虛心學習，知識自然會有所增長。所謂力量，不應與「到處發號施令」混為一談，力量應是影響別人和主宰自己命運的能力、精力和體力；最重要的是，它能掌握自己的

行爲。人必須靠不斷的學習而成長茁壯；當一個人自覺學習不足時，即須致力增強，不應逃避；因爲，人應該爲自己具備達成設定目標的能力而感到驕傲；而這種能力的培養，端賴利用個人力量去不斷學習，汲取新知，並追求卓越。

(五)知其可爲，勇往邁進

生命該有目標；人生沒有目標，就像沒有目的地的船，永遠遇不上順風。人應該設定目標，渴望在某一方面有所成就；而想在某一方面有所成就，就必須具有強烈的進取心，勇往邁進，不畏艱難。進取心有如水蒸汽，它能發動引擎；如果人生能利用進取心來追求目標，它必能成爲你達成任何願望的驅動力。不過，有心進取，仍需有所作爲；在人生歷程中，凡是知其可爲者，除了展現強烈的進取心渴望追求，更重要的就是要付諸行動；因爲，進取心加上行動才是達成目標的最佳之道。

(六)知其不可，明智引退

明知不可爲而爲，即使是成功，也未必是件好事。凡事務須堅持自己的原則，唯有自己的原則確立，才能令他人尊重。原則是靶心，只有自己的靶心確立、堅持，射出去的箭才不會是空射，才不會方向亂跑。人有順境，也有逆境；在人生的歷程中，明知其不可，則應明智引退；毫無原則地橫衝直撞，就算成功，其成功也必然是短暫的。任何一個人的成功，都是由無數挫折累積得來，透過挫折，才知道成功需要的是什麼。

(七)知所惕勵，凡事必成

自我惕勵是毅力的具體表現。自我惕勵需要勇氣，這不是與生俱來的能力，而有賴訓練。不能自我惕勵的人得不到任何有價

值的東西；人能不能達成目標，就看他自我惕勵的程度如何。眞正成功的人必能不時自我惕勵，並熱切盼望，期待成功；縱使命運坎坷也不稍改其志。在人生的牌戲中，拿到一手好牌不算成功，能把一副壞牌打好才算成功。人生猶如一條充滿玫瑰與荊棘的道路，究竟你走的道路是玫瑰多於荊棘或荊棘多於玫瑰，就看你如何自我惕勵，相信只要你能善加自我惕勵，你的人生旅程必充滿玫瑰，到處散布著濃郁的芳香。

三、自我肯定——前途似錦

　　路是人開的，樹是人栽的；一分耕耘，一分收穫；天下絕對沒有白吃的午餐。萬丈高樓平地起，凡事不可能一蹴即成。羨慕成功而不懂得付出是可悲的，害怕辛苦而盲求機遇是幼稚的；吾人務須體認，鮮花和掌聲的背後，包藏著多少艱辛的汗水和苦澀的淚花。人只要能夠自我肯定，朝著設定的目標，奮力衝刺，相信必能前途似錦。個人認爲，自我肯定應從下列方向努力。

(一)塑造自我形象

　　一個人最值得重視的人就是自己，自己是最有價值的人。沒有人能完全取代自己的位置，也沒有人能完全像自己一樣。健全的自我形象是了解並欣賞自己的價值，把自己看成獨一無二的人，擁有獨特的才華與能力。換句話說，一個人要懂得尊重自己；因爲，自尊是成功的基石，適當而正確的自尊，往往比其他任何東西更能使人獲益。一個人要懂得塑造自我形象，才有可能重視他人的自我形象；認爲個人的自我形象絕無僅有，才能體會出別人自我形象的可貴所在。總之，塑造自我形象是自我肯定的基本要件。

(二)確立價值觀

　　價值觀是一種信念，它帶有判斷的色彩，指出了一個人對於什麼是好、什麼是對，及什麼會令人喜愛的意見。舉凡：成就感、獨立性、安全感、挑戰、權力、收入、財富、自我成長、美滿婚姻、幸福家庭、關懷他人、人際關係等均屬價值觀的本質。價值觀能幫助我們判斷那些行為是應該做的，那些行為是應該避免的，它會影響個人的態度和行為；亦即價值觀會對個人的目標追求、生活風格、工作動機、行為表現及滿意反應產生決定性的影響。有的人對於價值觀著重於未來，有的人著重於現在；雖其著重的取向互異，事實上，美好的現在應是為璀璨的未來預做準備。於是，確立價值觀，並設法將價值觀由口頭肯定轉化為實際行為，應是自我肯定的另一要件。因為，價值觀的確立有助於我們找到自己的動力，讓生命的活水源源不絕。

(三)培養自我創意

　　創意是高度智慧，它絕非標新立異，而是要確立事物的新觀念，以尋求解決問題的理想方法。要能培養自我創意，首須避開自我思維的陷阱，就學理而言，影響自我思維的陷阱不外：先入為主的觀念、自以為是的傲氣、過於迷信專家、過分依賴經驗、權位作崇、視野狹隘、意識執著、自視過高、自卑情結、習慣性拖延、不能放輕鬆、怕人家批評、恐懼失敗、挫折忍受力低等，這些可以說都是影響自我肯定的致命傷。因之，自我肯定的另一要件應是培養自我創意；唯有培養自我創意，始能袪除自我思維的陷阱，有效建立自信，塑造冒險精神；進而堅持保持現狀就是落伍的信念，肯定自我力圖開創新機。

(四)減少自我防衛機轉

自我防衛機轉主要是想藉心理防衛方法來協調其內在慾望和外在環境的壓力，期使自我功能得以順利進行並充分發揮。自我防衛機轉由於使用的範圍和程度不同，而有健康與病態之別；舉凡：昇華作用、壓抑作用、退縮作用、合理化作用、投射作用、反向作用、認同作用、酸葡萄作用等均為自我防衛機轉的一環。自我肯定的另一要件就是要設法減少自我防衛機轉；因為，一個人不應該為失敗找藉口，而務須為成功找理由；若其能適當運用或減少運用自我防衛機轉，其心理和行為將會比較自然、正常、健康，進而能夠亦步亦趨朝著目標取向努力邁進。

(五)致力增長智慧

智慧是一種隨年歲增長的特質，智慧不能遺傳，但是可以學習、磨練和培養。所謂智慧，事實就是融合舊經驗，接受新知識所交織貫通的結晶。具體言之，以個人成熟的人格，根據經驗，並綜合事實，作出明快、合理的判斷，這種實際的能力就是智慧。有智慧的人才能透視全局，養成高瞻遠矚的人生態度，透視自己和自己的努力在長遠全局中所擁有的地位。也唯有有智慧的人才能在遭遇逆境困阨時知福惜福，認清自己的豐足有餘，益加朝氣蓬勃，奮勇直前。致力增長智慧亦是自我肯定不可或缺的要件；唯有致力增長智慧，才能使自己建立信心，設法結合過去的經驗和目前的狀況，而創造出美好的未來。

(六)有效激發熱忱

熱忱是樂觀進取、奮力向前的驅動力。沒有熱忱不可能圓滿完成任何工作；沒有熱忱不可能贏得任何一場戰爭。要想成功地

完成任何工作，熱忱是絕對必要的因素；肯定自我、勝利成功的人無不滿腔熱忱。或許有些人會認為，每天東忙西忙，筋疲力竭，還要激發熱忱，簡直是強人所難；事實上，持有這種想法完全是心理作用。吾人深知，厭煩、暴躁、緊張、匆促、怨恨、挫折感及憂柔寡斷……均是熱忱的殺手，這些會讓你感到心靈枯竭、欲振乏力。熱忱是人生保有定向而專一的內燃力；人唯有用智慧有效激發熱忱，而後才能肯定自我，在工作上始終維持不墜；因為，人的偉大成就必須由熱忱的傳揚始能獲得。

(七)懂得以己為榮

謙卑是美德，過分謙卑是虛偽。謙卑的真義應是無論做什麼事，都要認清尚有改進的空間。謙卑的意義更是要你明白山外有山，人外有人；當你以成就為榮時，你會自然而然地更謙卑起來。人固然要謙卑，但人更要在謙卑中懂得以己為榮。自我肯定的要件之一就是懂得以己為榮；所謂以己為榮非自豪或自大，而是自重或自信；亦非逞強或傲慢，而是不自貶、不自疑。我們要了解，人雖非生而平等，但卻生而具有同等的權利去肯定自我；人人都有絕對的權利相信自己值得領受生命中最美好的一切。大家更應體認，大多數事業有成的人，即使在僅剩一份夢想其他毫無所有的時候，仍然相信自己絕非池中之物。因為，適當的以己為榮應是通往成功與幸福的光明大道，任何人均應懂得好好珍惜。

(八)學習幽默感

幽默是人際交往中的潤滑劑，缺乏幽默感的人讓人敬而遠之。幽默是打破尷尬局面的良方，有幽默感的人很容易拆除人際的高牆。幽默需要學習、需要知識、需要技巧，更需要藝術。幽

默要發自內心、順其自然，讓人在不知不覺中，將原來緊繃的氣氛飛揚起來；刻意的幽默猶如肉麻當有趣，不但無聊，而且低級。自我肯定絕非要使自己擺出一副神聖不可侵的架子；而是要使自己讓人一見就覺得非常和藹可親，而願意接近；進而相輔相成，共同為未來的前程努力打拚。任何人在自我肯定之際，絕不可忽視幽默的重要性；因為，幽默感能改變我們整個文化生活的本質與特性；唯有儘量學習幽默感才能將人性中美好的部分發光；進而增加生活情趣，讓人生覺得輕鬆愉快，活力盎然。

(九)擺脫命運論

許多人每於窮途潦倒或所謀受阻時，常會委諸天命，認為冥冥之中決定自己的命運；因而，意志消沈，不再力謀掙扎。更有些人要找算命術士，求教畢生榮辱，何時顯達。其實這些作法都是不合理的，怎麼自己的前途不由自己決定，而去請教別人，那實在是有點說不通，甚至是一種荒唐。命運絕非決定個人是否成功的要件，務求自己努力才是正途。因為，命運不過是弱者心中的一個藉口，強者絕不承諾天命；命運是強者的朋友，更是弱者的敵人。我們應該體悟，在命運的顛沛中，最容易看出一個人的氣節；當智慧和命運交戰時，若有智慧膽識敢作敢為，命運應沒有機會動搖它。命運給我們自由發展的機會，只當我們自己冥頑不靈時，我們的計畫才會遭遇挫敗。基於上述理念，擺脫命運論應是自我肯定的另一要件，由於命運並非機遇，而是一種選擇，任何人不該期待命運的安排，必須自己創造命運。

(十)和諧人際環境

「事業有成」不但是個人一生中最光榮的、最值得驕傲的指標；尤其更能贏得至親好友及社會大眾的讚賞與敬佩，亦更能使

一個人獲得最高需求層次——「自我實現」的滿足。吾人深知，一個人的成功固然有賴個人的自我肯定，有效發揮專業知能，兢兢業業，努力以赴；但人際環境的和諧更是現代人成功的必備條件。因為，一個人絕對不可能僅憑個人的努力就能勝利成功；忽視人際環境的和諧，一味想要出人頭地，最終將會碰得頭破血流；不顧人際環境的和諧，期待求得順利發展，可能遭受的損失將會無法彌補。我們更應進一步體認，一個人如果能夠塑造和諧的人際環境，必能把人與人之間的互動關係處理得很成功，尤更受人愛戴，進而必能在自我肯定的既有優勢中如虎添翼，獲得成功的最佳助力；基此，和諧人際環境確是自我肯定不可漠視的重要課題。

四、自我了解及自我肯定與志願服務

「自我了解是參與志願服務的起點，自我肯定是做好志願服務的基石」。參與志願服務的朋友首應深切自我了解：①為什麼要參與志願服務；②參與志願服務的目的何在；③參與志願服務想要得到什麼；④參與志願服務應有的態度為何。唯如此，你才會真正體悟志願服務的真諦，進而全力以赴，絕不畏縮。尤其參與志願服務更應確實自我肯定：①絕對有信心扮演成功的志工角色；②絕對能與受服務對象產生良好的互動關係；③絕對能誠懇地透過服務將關懷送給需要的同胞；④絕對能竭盡所能弘揚志願服務的價值……；也唯有這樣，你才能真正做好志願服務，進而使志願服務綿延不息，發揚光大。

志願服務的基本精神是自由抉擇、誠心奉獻、不求回報、無怨無悔；如果你不能充分自我了解參與志願服務的動機何在，而一味地隨著他人起舞，結果人家參與志願服務不但有心，而且用

心,可是你參與志願服務非但隨心,尤更欺心;最後,人家成爲助人最樂、服務最榮的快樂志工,而你必定成爲嘮叨滿腹、怨聲載道的失望志工。

說實在的,像上述這種因爲未能自我了解參與志願服務的動機,而導致個人的快樂或失望還算事小;設若未能確實自我肯定,可是卻又興致勃勃地投入志願服務行列;在自己既缺乏信心,工作又不肯努力的情況下,敷衍應付,草率行事,其所導致的結果,輕者可能破壞志工的良好形象,重者或許造成服務對象的二度傷害;如此將是志願服務推展的最大遺憾。因此,我們可以肯定地說,志願服務的有效推廣,有賴志工的自我了解而奏效;又志願服務的績效保證更有賴志工的自我肯定而彰顯。

五、結語

人生最珍貴的寶藏是自我,最大的事業是如何了解自我、肯定自我,進而努力經營自我、開發自我,使自己的一生感到相當充實而不虛此行;因爲,人生不是別人給予的,而是靠自己創造的。基此,別太期待別人的刻意培養,也別太在意別人的熱切眼光,更別太沈浸於虛幻的夢想,也別太陶醉於一時的幸運。人的一生要妥切地自我策劃,人的一生更要好好地自找培養。

一個人必須身處逆境才能反省自己,也唯有身處逆境,最能積蓄力量,因爲苦難會使人奮發,更會使人堅強和剛毅。吾人務須準確把握人生的方向,才能開創人生的坦途;沒有遺憾的人生是糊塗的一生,沒有挫折的人生更是混沌的一生;只要能夠冷靜了解自己的長短,客觀肯定自己的能力,勢必沒有衝破不了的風浪,更沒有征服不了的難關。「吃得苦中苦,方爲人上人」,人人耳熟能詳;不經追漲殺跌之苦,怎能品嚐盈利之樂;只要能夠認

清自己，放下身段，進而擁有學習的動能，相信必能破除橫逆，創造顛峰。

第十四章

快樂志工就是我

一、引言——如何發現快樂

快樂是成功、財富與幸福的前驅和後果；快樂是不可強求的，追求快樂，不如發現快樂。人生不如意，十之八九，現實生活中常會碰到挫折，不能盡如人意；但是「知足而常樂」，只要能夠時時懂得滿足，隨遇而安，必能使自己一天比一天快樂。惟知足不是滿足現狀，因爲滿足現狀就沒有進步，也不會有成就感；務必要在知足中保持衝力，才會發掘工作的樂趣，然後培養樂趣，享受樂趣。

志工既然抱著「甘願做、歡喜受」的奉獻精神，踴躍參與志願服務工作，理應認清自己的工作性質，隨著工作的變化，扮演不同的角色，從助人、關懷的服務過程中去發現快樂，保持愉快的心情，做個快樂的志工。個人認爲，發現快樂應可從下列方面努力：

(1)凡事從好處想：只要能夠平心靜氣，認清工作的環境和角色的扮演，然後接受它，你自然會快樂。

(2)不要患得患失：只要盡力而爲，問心無愧，就不必過於計較得失。

(3)不要強人所難：不要一味以自己的標準去衡量別人的看法，以避免不愉快的事情發生。

(4)盡其在我做好每一件該做的事：雖然在客觀上你不可能要求每一件事都做得十全十美，但是主觀上，你要竭盡所能，使它接近完美。

(5)坦然面對人生的一切：人生好比海上的波浪，有起有落；不論面對順境或逆境，均應坦然以對，泰然處之。

二、認識當前所處的時代

時代在變，社會在變；民眾的需求日益殷切，國民的期許與日俱增；因之，志願服務的工作方法與服務品質尤須因應時代的轉變，求新求變，開拓創新。

志願服務雖是一種無酬奉獻的服務工作，但它的本質應是愛與關懷的仁心善舉；於是如何能夠眞正愛及所需，關懷有道，則有賴志工伙伴運用智慧，費心思考，敏銳體認當前所處的時代，而後針對時代的現況妥爲因應；始能將志願服務的成效發揮到最高點，進而弘揚光大。個人認爲，當前所處的時代應是：

(一)知識掛帥的時代

知識就是力量，行動應以知識爲基礎；知識是由無數人的思想與經驗累積而成的，它必須經過辛勞與努力才能獲得。凡自以爲有充分知識的人，都是那些所知最爲有限的人；無知識的熱心，猶在黑暗中遠征。

(二)壓力重重的時代

現代的社會，幾乎每個人均無時無刻面臨各種不同壓力的衝擊；諸如：課業、工作、婚姻、家庭……在在都可能產生壓力。壓力是試金石，也是助推劑；壓力會使人突破極限，創造輝煌的人生；積極的人生，應把壓力變動力。

(三)危機四伏的時代

當前由於社會現象瞬息萬變，莫測高深，導致人的周遭危機四伏，人心惶惶。諸如：就業、擇偶、健康、夫妻之間、婆媳相

志願服務理念與實務

處、代溝……，任何一種情況都有可能引發危機。因此，人人均應培養敏銳、堅強的危機意識，把握「無時防有，由小防大」的原則，致力預防危機的發生，萬一發生時，更應及時妥善處理，化危機為轉機，進而將轉機變為生機。

(四)亂象叢生的時代

隨著政黨輪替、經濟不景氣及天然災害連連等一連串問題，其影響所及，非但失業率、自殺率節節高升，且搶劫、兇殺、縱火、家暴、兒虐、性侵害等亂象更是層出不窮，欲止難抑，造成整個社會動盪不安，人人自危。因此，如何思考在亂象叢生的環境中，力圖處變不驚，自強不息，應是現代人所不容忽視的議題。

(五)人性罔顧的時代

人性是人類共同的人格、行為動機和潛在的發展力量，亦是人類共同的屬性；諸如：怕譏笑、喜讚美、愛榮譽、崇正義、敬寬容、爭自由……，在在皆是人性。當前功利主義盛行，有些人為了目的，不擇手段，導致你爭我鬥，你嘲我諷……，幾乎把人性全部抹殺殆盡，致使個人毫無尊嚴可言。

(六)投機追逐的時代

世風日下，人心不古；有些人總喜歡抱著僥倖的心理，專走捷徑，想盡辦法冀求追逐一夕致富，翹楚社會。於是六合彩、樂透彩等社會土石流因而風靡狂飆，綿延發燒，造成急功近利的投機行為競相傳布，見怪不怪。然而，大家卻從不思考：貪婪就是喪失理智的極端表現，更是自我囚禁的桎梏；投機只能贏得一時的好處，它不但會讓人寒心，更會使人反目。

(七)人情冷漠的時代

敦親睦鄰、守望相助應該是一種美德；但隨著經濟繁榮突飛猛進，社會結構急遽轉型，這種純風美德、人情世故似乎也隨著悄悄蕩然無存。於是，個人自掃門前雪，不管他人瓦上霜，幾乎形成社會的常態；每個人各忙各的，緊張兮兮；雖是芳鄰，但彼此僅止寒喧問暖；即使是同事，相互亦僅公事來往；殊不知，關懷可增進社會溫馨，互助可增添人間溫情。

三、充實應付時代的能力

(一)自我肯定的能力

能自我肯定的人對生活必有控制力，因其知道自己的目標及如何與別人建立良好的人際關係，並培養信心努力以赴。人要享受工作樂趣，最重要的就是要有「信心」；信心是突破障礙、克服困難的防衛利器。有信心的人，必能自我肯定，且能化渺小為偉大，化平庸為神奇。充足的信心是了解並肯定自己的價值，把自己看成獨一無二擁有獨特的才華與能力。志工所從事的工作雖非豐功偉業，但是他們在服務過程中必須面對要求互異的形形色色，如果不是能夠堅持助人最樂的執著，有時可能會暗中自嘆何苦來哉。所以，志工應該使自己在服務中獲得自我肯定，進而使內心洋溢著服務最榮的滿足與快樂。

(二)健康維持的能力

健康是人生最富裕的產業，健康的身體是靈魂的臥室。人只要失去了健康，其他什麼榮華富貴一切都是假的；明知如此，可

是每每好像到了失去健康才覺得健康的可貴。志工不是位高權重、家財萬貫的人，他的付出完全有賴健康身心的維持。因為，有了健康的身心，志工始能真正體悟愛的真諦，適時為需要幫助的民眾同胞伸出援手，給予關懷。我們應該深切了解，活力是健康的精髓，健康是幸福人生的基石；人的健康要精心呵護，人的活力要不斷培養。

(三)時間管理的能力

時間是組成生命的要素；一切與生俱來的天然贈品，唯有時間最為寶貴。時間是靈魂的生命，拖延是時間之賊。只要你能在選定的時間範圍內做你最珍惜的事情，就是一種時間管理。具有良好的時間管理能力，必能以適當的時間完成重要的事。選擇時機，就是節省時間；任何一件事情在適當的時機去做，確能節省時間；背道而馳，往往會徒勞無功。時間是一種成本，每時每刻都有無窮的利息；日計不足，歲計有餘。時間對誰來說都是一樣公平的，關鍵是要巧於安排，精於管理。志工發自內心的自由意志，奉獻所餘，致力服務；雖然時間有限，惟如能夠恰當地利用它，必會經常覺得擁有足夠的時間去服務亟需援助的人，進而展現服務的價值。大家務須體認，合理利用寶貴時間，就是與時間爭奪寶貴的生命。

(四)工作調適的能力

瓜無滾圓，人無完人。聰明的人要能正確認識自己，別與自己過不去。放縱自己，固然容易誤入歧途；但苛求自己，也往往會活得太累。人的欲望無窮，人的不滿永遠是無法消弭的；倘使我們能一方面努力我們的目標，則我們的不滿與壓力一定能大大減少。志工踴躍投入志願服務行列，一定要把參與服務當作是一

種學習，且能從學習中成長，進而感受服務的樂趣；千萬不要把參與服務視若是一種負擔，甚至感覺是一種壓力，如此必完全失去了志願服務的意義。志工更須自我了解，過高的使命感或過度的理想化都是造成工作難以調適的根源；大家應該維持適度的工作目標，只要全心投入，全力以赴，必然問心無愧，坦然於胸。

(五)資訊運用的能力

現今社會已進入一個資訊爆炸的時代，資訊不僅影響到每一個人的日常生活，資訊更促使一個相互連結的資訊化社會之形成。資訊化社會的主要功能在加強並代替人類的知識能力，它是一種因應科技進步而促進成長的社會型態，也是一種充分利用資訊科技來提昇服務品質的社會。在邁向志工台灣、活力社會的浪潮中，資訊運用不僅是志工用來提高服務效率與提昇服務品質的技術工具，同時也是建立顧客導向之現代化志願服務的重點。在知識經濟盛行的時代，為使志願服務創造實質的服務價值，就得致力發展以知識為基礎的志願服務，傾力使所有志工培養成優質的知識志工。所謂「知識志工」意指志工投入志願服務行列，除了應該具有愛心、誠心、智慧、方法等基本素養外，更應以知識為基礎，在有限資源與有限條件下，能夠作出輕重緩急、先後順序的決定，提供最有價值的服務效能。

(六)人際溝通的能力

人際關係的建立、修正及結果都是靠人際溝通造成的；人際溝通是影響別人的工具，也是改變別人的機制。致力人際溝通有助於溝通者了解雙方所正行使的自我狀態，並決定該自我狀態是否最為恰當；為求明確了解溝通者雙方的自我狀態，務須具體傾聽對方言談，仔細思考採取適當對應言行的修養。又致力人際溝

通有助於人際之間問題與衝突的解決；因為，等待、抱怨、爭論、挑剔、拖延等作法，對於解決問題及化解衝突均係於事無補。志工在從事服務的過程中，要能真正了解服務對象的實際需求，首須領悟致力人際溝通的效能，進而培養增進人際溝通的能力；如此在與服務對象互動時，始能預防問題或衝突的發生，進而促使彼此之間在親切、愉快的氣氛下，針對服務對象的實際需求，圓滿達到服務的效果。

(七)感恩圖報的能力

人要懂得惜福，更要知道感恩；惜福與感恩可說是每個人做人所應堅守的最大原則。吾人常言，施人愼勿念，受施愼勿忘；因小惠而感恩是快樂的，一顆知恩的心就是一顆偉大及快活的心。對一件好事表示感恩，也如同做一件好事一樣偉大；感恩務須眞誠，虛偽的感恩是一種罪惡。我們對於受惠的感恩，應如求取施惠一樣熱心；過河拆橋只能受益於一時，卻永遠失信於人。我們知道，君子之所以能走遍天下，且朋友布滿四海，原因就在於他能牢記別人的恩澤，並不斷回報；忘恩負義的人，必將自食其果。志工從事服務工作，雖然不時施惠於人，但仍能發揚「只問付出，不求回報」的美德；進而甚至把能有機會施惠於人，昇華為一種受惠的恩澤，倍加努力，為需要幫助的民眾更勇於付出。這種大德影響所及，每每將使受惠的服務對象在感恩之餘，力圖見賢思齊，將其圖報的善行義舉轉嫁給其他需要的人。無論如何，滴水之恩，湧泉相報，應是人人必須切記於心的做人道理。

四、如何做一個快樂的志工

(一)要以積極的「有所為」為前提

1.要深切體認志願服務的真諦

　　有心參與志願服務，首須深切體認志願服務的真諦，才能做一個快樂的志工，扮演恰如其分的角色。志工千萬不要把志願服務視做一種一窩蜂好玩、打發時間或填補無聊的隨心工作；而應該真正了解，志願服務是一種：①甘願抉擇、歡喜承受；②只求付出、不計報酬；③無為無求、無怨無悔；④奉獻節餘、施受互惠的崇高志業，如此才能享受服務的樂趣。

2.要致力塑造良好的自我形象

　　志工參與志願服務，如能認清自己是什麼樣的人，而且深知自己選擇擔任志工究竟在追求什麼，相信這樣他必定比較會處理服務過程中所遭遇的壓力或衝擊。志工的主要任務是想以真誠的心去幫助需要幫助的人；志工最應忌諱的是：好出風頭、好求表現；這樣的志工，當他未能達成其所追求的目標時，必定垂頭喪氣，花樣百出。志工期求在服務中尋求樂趣，務須確實做到：①找回自己、肯定自我；②亦步亦趨、實事求是；③謙卑為懷、有容乃大；④只顧服務、與世無爭；善盡方法致力塑造良好的自我形象。

3.要謹言慎行避作虛偽的承諾

　　承諾就是一種責任；志工的最大樂趣應是當他人亟需幫助時，能夠即時承諾協處問題，從而得以品嚐助人最樂的滋味。不過，有些事情往往事與願違，不是你想怎麼做，就能怎麼做；突發事件經常會把你弄得灰頭土臉，百般無奈；讓亟需獲援的對

象，覺得你在畫餅充飢，心裡怨聲載道。吾人深知，要想做一個快樂的志工，務須謹言慎行避作虛偽的承諾；也就是在提供服務時，應該確實做到：①謹守本分、求仁得仁；②知所量力、有為有守；③言行一致、信守承諾；④克服萬難、分勞解憂。

4.要善於調適服務工作遭遇的挫折

志願服務雖是一種施惠於人的助人工作，但在服務的過程中，難免也會遭遇莫名其妙、不明不白的挫折；更嚴重的是，行善非但未能獲得善意的回應，反而遭致服務對象側目以待。這種景象的發生，或許正是考驗志工無怨無悔、有容乃大的能耐。做志工簡單，要想做一個名副其實的快樂志工的確不太容易。個人認為，面對服務中所遭遇的困難問題，能夠善於調適，應是快樂志工的另一個基本要件；在這方面，志工務須做到：①**面對事實、善於應變**；②**逆來順受、控制憂慮**；③**欣賞擁有、忘掉所無**；④**常懷喜悅、笑顏常開**。

5.要潛心增強服務方法

志願服務的對象是人，人除了有七情六慾，更有人格尊嚴。大部分志工往往熱心有餘，衝勁十足；惟因其未必學有專精，甚至連志願服務的基本理念亦一片茫然；以此條件投入志願服務行列，擔負起協處人的困難問題，有時難免感到力不從心，超越所能。因為，行善靠愛心，服務講方法；僅憑愛心，而不講方法，非但對於志願服務的成效可能大打折扣，尤更可能引發志工的挫折紛起而致參與興趣大減。為期減輕志工的壓力，並促使每位志工均成為快樂的志工，志工本身應該深切體悟服務方法的重要性與必要性，並潛心鑽研，力圖增強。在這方面，志工應該做到：①**汲取新知、充實自我**；②**學習成長、知所開悟**；③**分享經驗、複製成果**；④**原諒錯誤、激勵自新**。

6.要重視奉獻的服務價值

　　志工的可佩在於持續不斷地勇於付出，但不求回饋；雖如此，其付出的價值何在，應該予以重視；否則只有窮忙，並增加一些疲勞，實在毫無意義。所謂「**服務價值**」係指：志工應該了解服務對象的急切需求是什麼、服務對象的需求是否需要我們的服務、如何針對服務對象的需求凸顯出我們的服務所能創造的價值、服務對象是否在乎我們的服務所帶來的價值、服務對象所需要的服務是否被整體社會所接受或肯定、服務對象對於我們所提供的服務是否感到滿意。說實在的，志工的奉獻，應該重在服務價值的取得；凡服務價值越高，志工必越感到快樂。依個人經驗，服務價值的展現，有賴志工：①朝氣蓬勃、樂觀進取；②勇於負責、坦誠以對；③持之以恆、有始有終；④評估得失、致力創新。

(二)要以消極的「有所不為」作警惕

1.不要以另有目的的心態參與志願服務

　　志工參與志願服務貴在有心與誠心，絕對不應該懷有其他不正當的動機存在；也就是說，千萬不可想藉志願服務之名達到非志願服務之實的目的。如果這樣，則參與志願服務非但不能施惠於人，反而可能造成他人的傷害，更甚的，或許會引發社會的亂象。個人認為，志工欲求在服務中尋求樂趣，務須做到：①不勉強應付、牢騷滿腹；②不怨天尤人、怪東怪西；③不苛求獎勵、患得患失；④不別有所求、過分期待；唯如此，始能無憂無慮，其樂融融。

2.不要以參與志願服務而氣勢凌人

　　志工最需忌諱的是，切勿任意把自己貼上標籤，而表現出一副不可一世的姿態；進而自以為平常急於助人，即使稍有違規，

亦應獲得特別寬宥。假若志工盡存這種心態，則志工越多，社會必定越亂。大家應該知道，志工之所以受到社會一致的肯定與推崇，主要就在其雖不斷付出，但仍不忮不求；不僅不致氣勢凌人，尤其更是彬彬有禮。所以，志工期求在服務中發覺樂趣，亦須做到：①**不窮拉關係、猛耍特權**；②**不傲慢自大、狐假虎威**；③**不自命不凡、自認清高**；④**不天馬行空、光說不練**。

3.不要因參與志願服務而造成壓力

志工應該把參與志願服務當做是一種學習、聯誼、休明或運動，而不應該把它視為是一種負擔或累贅；如果志工把參與志願服務視為是一種負擔或累贅，則必造成個人的壓力；果如此，非但未能對他人有利，同樣地對自己也必有害無益。志工不論他能對社會產生多大的貢獻，但只要於服務時盡自己最大的努力全力以赴，毫不懈怠，就可以算是一個稱職的志工，這樣的志工也必定是一個快樂的志工。因此，志工要能做到不把參與志願服務當做一種壓力，而且滿懷喜悅；務須力求做到：①**不逃避困難、畏首畏尾**；②**不遇挫則退、逢敗則餒**；③**不優柔寡斷、變化無常**；④**不愁眉苦臉、鬱鬱寡歡**。

4.不要把志願服務當做是一種表演作秀的工作

有的志工滿口「助人最樂，服務最榮」，但其參與志願服務並非出自自己內心的意願，而是看到芳鄰左右、親朋好友均紛紛參與，深以為他人能，我何以不能？因而「閹雞學鳳飛」（台語發音），自己也莫名其妙地跟著亂飛。結果人家做志工，真心做、努力做，做得不亦樂乎；而他卻完全是表演式的、作秀式的，非但一點也不認真，而且還欲罷難言似的；簡直就是心不甘、意不願，勉強應付，毫無熱忱；像這樣的志工，期盼在服務中找到樂趣，絕對是緣木求魚，海底撈針。說實在的，參與志願服務，理念重於方法；缺乏正確的理念，而僅憑良好的方法，相信他的服

務必定難以產生服務的價值，更難以成爲快樂的志工。基此，志工要能獲取眞正的快樂，應該把握：①不自欺欺人、有名無實；②不吹毛求疵、小題大作；③不疲態百出、有氣無力；④不斤斤計、爭名奪利的基本原則。

5.不要把志願服務認為是一種隨心所欲的工作

有些志工常認爲志願服務是一種自由抉擇的奉獻工作，既無報酬，又無升遷，應該是愛怎麼做就怎麼做，做多少算多少，做的好壞又怎樣……，也就是完全持著一種蠻不在乎、隨心所欲的心態參與。以這樣的心態參與志願服務，對亟需獲援的服務對象，如果巧合碰到他的服務，眞的是人生一大不幸。吾人深知，台灣有句諺語：「允人比欠人還慘」，那就是說，既然答應人家，就比欠人家債務還操心。既然志工的基本精神是只求付出，不計回報，那麼既然出自內心自發的意願，理應等同領薪的專職人員一樣，遵守運用單位的規章，兢兢業業，克盡事功，以有利於保障服務對象的應有權益；也唯有如此，才能從服務中體會助人最樂的感受。因之，志工應該：①不但求付出、不計成效；②不憑恃經驗、土法煉鋼；③不安於現狀、得過且過；④不爭功諉過、敷衍塞責；如此才能扮演恰當的角色，並成爲快樂的志工。

6.不要把志願服務視若是一種上班謀生的工作

有些志工完全沒有體認志願服務的眞諦，因而，走火入魔一頭栽入志願服務的漩渦，把志願服務做得比上班還來勁；不但服務的單位多，而且服務的時數也超過正常上班的時間；每天東奔西跑，忙來忙去；看似奉獻良多，事實可能只有苦勞與疲勞。藉此個人要特別呼籲志工朋友建立共識的是，志工的付出應該重質不重量，一個志工每週服務單位以不超過三個，服務時數不超過九小時，且能持續不斷，持之以恆，就應已達到服務的標準；千萬不要抱著比賽的心態，致力爭取更多的服務單位及時數。因

為，志願服務本來就是奉獻所餘，助人不足；它並非一種上班謀生的工作；如果要求自己如同上班一樣，全心投入，那便有違志願服務的基本精神。設若如此，非但不能因參與志願服務而獲得快樂，反而可能因負擔過重，而帶來無限的痛苦。所以，快樂的志工應該：①不好高騖遠、不切實際；②不有的無的、過猶不及；③不野心勃勃、期轉乾坤；④不好大喜功、圖挽狂瀾。

五、結語——自我惕勵、快樂無比

的確，追求快樂，不如發現快樂；快樂的指標實在很難界定。不過，個人認為，志工參與志願服務如果能夠經常以下列指標自我惕勵，相信必能快樂無比。

(1)如係自願，必能做得甘願。

(2)如係誠心，必能做得開心。

(3)如常磨練，必能做得熟練。

(4)如常充實，必能做得踏實。

(5)如能安分，必能知道守分。

(6)如能知足，必能感到滿足。

(7)如肯付出，必能表現傑出。

第十五章

志工團隊的運作與成長

一、引言——志工團隊的本質

所謂「志工團隊」應指基於奉獻、志趣、心願或回饋等動機而參與志願服務的朋友，為了擴大服務層面，恢宏服務效果，依照政府相關規定，以助人利他、服務人群為目的所結合的組織。

志工團隊固然亦屬社會組織當中重要之一環，惟其組織型態與籌組設立，並非依據「人民團體法」規定所許可立案之社團，故其與法定的人民團體有別。所以，志工團隊的領導幹部務必深切認知，志工團隊應係隸屬機關、機構、團體、學校或廠場的內部組織，它絕對不得脫離所屬單位的名義，而以自行命名的團隊名稱獨立對外行文或運作，以免觸法，甚或有損團隊的聲譽。

在此要特別一提的是，並非個人不可從事志願服務，而需參加團隊始能實踐善行，主要是因個人力量有限，孤掌難鳴，比較不易凸顯服務的成效；如果聚集志同道合的朋友組成服務團隊，彼此集思廣益，腦力激盪，則必更能造成風氣，蔚為潮流；遠比個人孤軍奮鬥，尤可增強服務的影響效果。

二、志工團隊應有的功能

(一)服務的功能——愛及所需

志願服務最主要的功能就是「服務為先，愛及所需」，適時把愛送給最需要愛的人，讓頓時陷入徬徨失措的人，能在志工的妥切協助之下，儘速脫離困境，重現希望。

(二)關懷的功能──散布溫情

　　志願服務係助人意願的主動參與，故它應能惠而不費地散布關懷，傳送溫情；及時向亟待幫助的同胞伸出愛的援手，助其一臂之力，化解不幸，增添溫馨。

(三)反映的功能──表達心聲

　　志工團隊是代表志工朋友的結合體，志工可憑藉團隊向所服務的單位表達其意見，尤可透過團隊的管道向政府透露其心聲；如此，志願服務工作必能獲得重視，志工的困難問題亦能贏得關注。

(四)溝通的功能──建立共識

　　志工團隊應能扮演志工與服務單位雙方之間的中介角色，尤能發揮溝通媒合的功能，當志工與服務單位之間意見未能交流，或看法難趨一致時，經由團隊居中協調，折衷滑潤，必能建立共識，化誤解為諒解。

(五)激勵的功能──鼓勵進取

　　競爭是加速進步的動力，志工朋友參與團隊各項服務活動，彼此相互觀摩、學習、歷練、鼓勵，由於「榮譽心」與「成就感」的驅使，必能激發個人更加積極進取，見賢思齊。

(六)教育的功能──增進知能

　　教育不但可變化個人氣質，尤可充實生活內涵；透過志工團隊加強辦理或鼓勵參與志願服務教育訓練，則必能讓志工增廣社會見聞，強化服務技巧，而有助於增強志工學習成長的機會及參

與服務的信心。

(七)倡導的功能——樹立典範

志工參與志願服務不論是本著天主的仁愛、基督的博愛，或佛教的慈愛，其犧牲奉獻的動機均足作為社會學習的標竿；志工團隊如能透過志工表現的善行義舉，樹立典範，加強倡導「助人最樂」、「服務最榮」的理念，則必能使社會產生善的連鎖。

(八)傳播的功能——蔚為風尚

傳播觀念，造成潮流，雖有恃個人努力，但個人往往不如有組織的團隊能夠持久，並可作有計畫、有系統的推廣、傳播；透過團隊的整體功能，有步驟、有目標的弘揚志願服務理念，必比志工個人更能達到影響效果，而能使志願服務蔚為善良風尚。

三、志工團隊應有的運作方法

(一)團隊組織自由化

所謂「自由」並非意謂志工團隊是散漫而無秩序的；而是指志工參加團隊應是憑藉自我意願的啟發與選擇。因為，志工如果是在被人控制、操縱、指揮或拘束的情況下參與服務，其必無法實現自我理想，施展自我抱負，而團隊意識亦必難以凝聚。

(二)志工要求細膩化

在目前到處高喊「人力精簡」的情勢下，各單位為彌補人力不足的困境，大都紛紛運用志工予以協助。因此，志工團隊對於所屬志工到底應該扮演什麼角色、應該如何與服務單位密切配

合、應該如何與督導產生互動關係，均需細膩要求，交待清楚；以免讓服務單位感到志工的存在反而「越幫越忙」或「有不如無」。

(三)幹部領導積極化

所謂幹部係指團隊的領導人員，包括團隊的團（隊）長、副團（隊）長及組長、副組長等。雖然領導幹部僅是責任的加重，且與其他成員一樣不計任何酬勞；惟一旦擔當任務，則需秉持主動積極、專心致志、踴躍參與、公正無私的服務精神，經常向團隊成員澄清服務的目標，注意保持團隊成員互動的愉快關係；俾增強成員的互信與互賴，激發成員致力服務的工作士氣。

(四)團務經營民主化

志工團隊是志工自由意志的結合體，其實際負責推動團（隊）務工作的固然是領導幹部，但最高權力仍應尊重志工多數人的共同意見。因此，志工團隊的領導幹部務必深切體認「團隊的主權在志工」，對於志工應有的權益，諸如：幹部的選擇、活動的舉辦、計畫的訂定……，皆應絕對給予尊重，透過民主的方式，集思廣益取決於多數，而非將一切決定均操之於領導幹部手中。

(五)助人技巧專業化

服務隨心願，助人靠技巧；所謂「技巧」就是務須發揮專業知能。一般言之，專業應該兼含敬業、樂業、永業；志工朋友參與服務固然是意願的啟發，只問奉獻，不計回饋；但總不能任意隨心所欲，毫無約束；乘興而起，無疾而終；尤需忠心職守，實事求是；平易近人，樂觀以赴；設法贏得服務對象的信任感，力求激發服務對象的奮進心。

(六)服務觀念現代化

志願服務是凡具有人性崇高互助情感者就能參與的工作,它可說是人間真愛的展現,也是人性至善的弘揚。「不食嗟來食」相信是一句人人耳熟能詳的平凡用語,不過,它應是服務觀念務須順應時代潮流的最佳警惕。不可否認的,過去的服務可說僅限於消極的飢餓給飯吃,寒凍施衣穿;而現代的觀念,則應將層次提昇為服務是一種關懷而非憐憫,是協助而非同情;尤其更是一種社會的連帶責任,絕非個人的慈善施捨。

(七)工作動力激勵化

為善不欲人知固然是種美德,但美中不足的是,其善行義舉未能讓他人模仿學習,見賢思齊,而達弘揚愛心、傳送溫情之功效。志工參與服務的動機固然不是為了獲得獎勵表揚,但依據「激勵理論」的原理,「激勵」是促使人們努力去做某一件事或不想去做某一件事的有效誘因。志願服務的發揚光大貴在持之以恆,為了激發志工持續不斷熱烈參與志願服務的動力,適度的激勵,藉以滿足志工朋友的成就感與榮譽感絕對有其必要;惟要特別注意的是,獎勵務求客觀公正、實至名歸,切忌人情用事、徇私偏袒。

(八)倫理關係體系化

「倫理」是人與人之間立身處事的行為規範,也就是人之言行當中有所當為、有所不能為的尺度與準則。為了弘揚志願服務的美德,確保志願服務的品質,志工在從事志願服務的過程中,凡是有所當為者理應勇往直前、全力以赴;而有所不能為者則應敬而遠之、嚴加規避;這個完整的架構體系,除應包括志工本身務

須遵守的倫理守則外，更應涵蓋志工與服務對象、志工與督導、志工與社會人群，甚至志工與志工之間的倫理關係。

四、志工團隊應有的成長目標

(一)就團隊本身而言──健全組織、強化功能

志願服務是否能夠有效推展，端賴志工團隊能否強化組織功能為基本前提；因為，唯有健全的志工團隊，才智兼具的有志之士始願熱烈參與。基此，志工團隊欲求達成服務的目標，在成長的過程中務須致力健全組織、強化功能；其具體作法為：①依照有關規定推展團（隊）務，團隊的領導幹部最好經由民主的方式選舉產生；②全力配合服務單位的需求，積極推展各項有關的服務活動；③建立簡易的會計制度，不論經費多少均應力求公開；④倡行會議規範，培養民主素養，使志工朋友充分了解服務績效的達成應建立在集思廣益的基礎上。

(二)就服務對象來說──協處急困、扶植成長

志願服務的可貴在於當人遭遇急困而徬徨失措的時候，能及時伸出愛的援手，讓亟需幫助的人適時獲得關懷與支持。志工團隊應該力求透過教育訓練促使參與服務者：①以誠懇平實的態度來對待服務對象；②以協助扶持的方法來決定服務內涵；③以扶植成長的理念來達成服務目標；務須三者相互融合，始能使「施」與「受」雙方充分體會到「助人榮己」與「溫情洋溢」的成就與溫馨；而使志工團隊的功能日益精實壯大，贏得社會絕對的肯定與信賴。

(三)就機構配合來講——精誠合作、彌補不足

近年來，在政策取向大力倡行組織精簡的情況下，各政府機關、福利機構、醫療院所及社教單位……均感人力嚴重不足，業務難以順利推動；為有效解決人力缺乏之現象，各單位無不積極致力召募志工或義工，以期彌補人力之短缺，而利協助例行業務之推展。吾人深知，志願服務的範圍其大無外，其小無內；諸如：社會福利、環保宣導、文化活動、諮詢服務、關懷晤談、病人探訪、居家照顧、心理輔導、更生保護、名勝導覽、水土保持、消防救難……在在都有志工朋友服務奉獻的痕跡及助人立人的溫情。志願服務最大的功能就在其具有協助業務推展的輔助性與補充性；因此，志工團隊在發展的歷程中，應該嚴格要求所屬成員務需堅守志工倫理，與服務單位精誠合作，全力配合，確實達到彌補人力不足、協助業務推展的實質效能。

(四)就社會需求而論——迎合需要、增添溫情

各政府機關或民間單位有些不具公權力的例行業務，如由專人負責，每日千篇一律，一成不變，亟易讓主事者產生職業倦怠或工作疲勞，甚至造成服務態度欠佳，引發民怨，破壞形象。

志願服務完全是有志之士性之所近、興之所趣，導自內心奉獻、回饋、同理、感恩等自動自發的多重心理，把助人利他當樂趣，視服務濟世為光榮；其所作所為見之於民眾，形之於社會，點點滴滴都是為了實踐理想與施展抱負而努力。志願服務的範圍至為寬廣，任何一種生活層面均可加入；志願服務的動力最重要的前提就是要掌握社會需求，跳脫傳統窠臼，開拓創新行動，增添關懷溫情。

(五)就效益評估探究──弘揚效能、促進祥和

現代化國家所致力追求的目標應是政治上的權力、經濟上的富裕與社會上的公平。這些權、富、平的歧見與衝突,只要人人能體悟「施比受更有福」、「予比取更快樂」的真諦,透過志願服務的積極參與,應該都可予以紓解與調適,尤可將戾氣化為祥和。

志願服務的最高意境是民胞物與,捨我其誰;也就是讓社會人人達到投訴有門、貢獻有處,需要別人幫助的與期盼幫助別人的,都可以各得其所。說實在的,值此爭權奪利猖獗,投機取巧日盛之際,仍有可敬的志工朋友樂意紛紛投入志願服務工作,這種善行義舉委實值得喝采與嘉許;因此,志工團隊所要努力的方向應是激勵士氣,整合力量,弘揚服務效能,促進社會祥和。

五、結語

總之,志工團隊是推動志願服務的重要組織,不但是志工集思廣益的基石,更是機構人力資源的主力;團隊得運用集體力量,溝通機構與志工之間的意見,將志工的困難問題與具體建議反映給機構,機構的各項決策與作法,更可透過團隊的傳達,獲得志工的配合與支持。足見,志工團隊的健全發展與否,不但關係志工的向心與信賴,對於是否能夠真正發揮服務的積極功能影響更鉅。因此,展望未來,各志工團隊亟應強化組織,自立自律;以完善的服務、高度的效率,心手相連共同為志願服務的發揚光大開拓更美好的願景。

第十六章

民主素養與志工團隊

一、引言——民主的眞諦

民主的眞諦在於：法治、自由、平等、尊重、溝通及少數服從多數。志工團隊是擁有奉獻心願的一群人，只問耕耘，不計回饋，秉持「助人最樂，服務最榮」的信念，發自內心驅力的自然結合。志工團隊既是自我意志的結合，其運作方式當然應該塑造民主素養，讓獻身志願服務的伙伴，能在「法治中有自由，尊重中講平等」，並以「充分溝通」、「少數服從多數」的互動模式，凝聚共識，激發參與；如此，始能使志願服務的推動，永續發展，日見成效。

二、志工團隊爲何要塑造民主素養

民主的最高原則是在不違背法令的範圍之內，大家都有講話的自由。志工團隊既然是誠心奉獻的朋友發自內心驅力自然形成的組織，有關志工團隊重大事情的決定，志工應該要有平等表達意見的機會與權利；因爲只有透過開會以民主的方式來決定志工團隊的重要事項，及志工共同興趣所趨的服務項目與方向，志工的服務動力才能激發，志工的服務效果始能彰顯。

民國八十年六月二十二日台北市志願服務協會所召開的全國「志願服務聯繫會報」第五次會議曾經討論通過「志願服務團（隊）組織準則」，其中第十二條規定：「志願服務團（隊）的最高決策機構是團（隊）員大會，執行單位是委員會」；又第十五條、第十六條亦均明訂團（隊）員大會與委員會的應有職權，其在條文當中明定舉凡志工團隊的重要決策事項及執行事項均需透過團（隊）員大會或委員會的開會決定。固然，志工團隊並非依人民團

體法規定所組成的法定社團，但它應屬機關、機構、團體或學校內部認定的服務單位，如其能夠仿效法定社團的運作模式妥為經營，則不但可提昇志工團隊的社會地位，更可弘揚志工團隊的服務效能。故志工團隊確有塑造民主素養的必要，蓋其塑造民主素養應可產生下列的功能：

(1)可集思廣益，眾志成城。

(2)可從共同研商中產生新的發現。

(3)可順利傳遞機構的政策目標與工作方針。

(4)可藉溝通管道使機構與團隊的服務方向協調一致。

(5)可迅速而妥善地解決問題。

(6)可促進人際關係的和諧團結與分工合作。

(7)可凝塑向心力，提高參與感。

(8)可檢討過去，策勵未來。

三、民主溝通的運作模式
——妥切應用開會要領

(一)開會「要」有周全的準備

(1)審慎決定邀請參加會議的對象。

(2)適時通知參加會議的人員。

(3)妥善擬訂會議研商的議案。

(4)仔細準備會議所需的資料。

(二)開會「要」注意開會額數

(1)開會得自定其開會額數，如無規定，一般係以出席人超過應到人數之半數，始得開會。所謂「開會額數」即指出席

人超過應到人數之半數。

(2)前述「**應到人數**」（或稱應出席人數），係以全體總人數減除因公、因病人數計算之。

(三)開會主持會議「要」乾淨俐落

(1)主席應熟悉會議規範的運作要領。

(2)主席應沈著、冷靜、客觀、公正、機警、靈敏、明智、果斷。

(3)主席應設法讓會眾多發言，自己儘量少講話。

(4)主席對會眾所發表的意見，除適做接述外，應不宜表示自己的見解。

(5)主席應注意傾聽會眾發言，俾能對會眾發言的內容適做結論，並表示尊重。

(6)主席不得以主席的身分發表個人的意見，或參與表決。

一般言之，主席是會議的領導人，也是會場的公僕，主席不必滿足每一會眾的要求，但必須迎合大多數會眾的意向。大體來說，會眾最喜歡的主席類型應是：①博採眾議型；②重視協商型；③明快果斷型；④善作結論型；而會眾最不喜歡的主席類型則為：①拖泥帶水型；②畏首畏尾型；③小題大作型；④霸道跋扈型。

(四)開會發言「要」有禮講理

(1)發言應取得發言地位，惟：①權宜問題；②秩序問題；③會議詢問；④申訴動議等事項無須取得發言地位，並得間斷他人發言。

(2)發言應先聲明發言的性質。所謂聲明發言的性質就是表明發言的立場，其立場或為贊成、或為反對、或為修正、或

為其他有關動議。

(3)發言應有禮貌，絕對避免人身攻擊。開會表達意見務須就題論事，除以對人為主體之議案外，不得涉及私人私事。

(4)發言應簡明扼要、把握時間。對同一議案最多以發言兩次為原則，每次以五分鐘為度。

(5)發言先後次序之指定應妥慎。凡二人以上同時請求發言者，主席得就下列情形指定其先行發言：①原提案人有所補充或解釋者；②就討論之議案，發言最少，或尚未發言者；③距離主席較遠者。

(五)開會處理動議「要」井然有序

1.動議的種類大分為：主動議、附屬動議與偶發動議三種

(1)主動議包括：①一般主動議；②特殊主動議。特殊主動議又分為：A.復議動議；B.取銷動議；C.抽出動議；D.預定議程動議等四種，而以復議動議最常使用。

(2)附屬動議包括：①散會動議；②擱置動議；③停止討論動議；④延期討論動議；⑤付委動議；⑥修正動議；⑦無期延期動議。

(3)偶發動議包括：①權宜問題；②秩序問題；③會議詢問；④申訴動議等十種。

2.動議處理的優先順序應把握三項原則

(1)偶發動議之處理優先於附屬動議，附屬動議之處理優先於主動議。

(2)附屬動議處理之優先順序為：散、擱、停、延、付、修、無。

(3)替代案之處理優先於第二修正案，第二修正案之處理優先於第一修正案，第一修正案之處理優先於本題。

3.動議的收回與提案的撤回均應合乎程序

   (1)動議未經附議前，得由動議人收回；動議經附議後，非經附議人同意，不得收回；動議經主席接述後，原動議人如欲收回，須經主席徵詢全體無異議後始得收回，如有異議，由主席逕付表決定之；動議經修正者，不得收回。

   (2)提案在未經主席宣付討論前，得由提案人徵求附署人同意後撤回；提案經主席宣付討論後，原提案人如欲撤回，除需徵得附署人同意外，並須由主席徵詢全體無異議後始得撤回；提案經修正者，不得撤回。

4.復議動議的提出應合乎條件

   (1)議案經表決通過或否決後，如有新情勢變遷或有新資料發現，而認爲原決議案確有重加研討之必要時，得依規定提請復議。

   (2)決議案提請復議應具備下列條件：①原決議案尚未著手執行者；②具有與原決議案不同之理由；③須提出於同次會，惟提出於同次會，須有他事相間。

(六)開會進行表決「要」服從多數，尊重少數

1.表決的額數

   ①比較多數；②超過半數；③絕對多數。絕對多數係指務須達到參加表決之三分之二或四分之三。

2.表決的方式

   ①舉手表決；②投票表決；③起立表決；④正反兩方分立表決；⑤唱名表決。唱名表決之表決方式，如經出席人提議，並得五分之一以上之贊同，即應採用。

3.表決的次序

   關於人選、款項、時間、數字等，均依提出之先後順序，依

次表決至通過其一為止，亦即「先提先表決」。但動議及修正案則有後提出先處理的情形，亦即「後提先表決」。

4.表決要兩面俱呈

表決應就贊成與反對兩面俱呈，並由主席宣布其結果。

5.重行表決

出席人對表決結果發生疑問時，得提出權宜問題，經主席認可，重行表決，但以一次為限。

6.無異議認可

凡：①宣讀會議程序；②宣讀前次會議紀錄；③依照預定時間宣布散會或休息；④例行之報告等各事項，得由主席徵詢全體人意見，如無異議，即為認可；如有異議，仍應提付討論及表決。凡以獲參加表決之多數為可決之議案，得比照以徵詢無異議之方式處理。無異議認可之效力與表決通過相同。

(七)開會議案之決議「要」決而必行

一般人討厭開會的主要原因是：會議意見紛歧，雖有多人發言，而無人肯聽；或會議作空洞冗長的辯論，發言海闊天空，無法達成決議；以致使會議經常流於會而不議，議而不決，決而不行。說實在的，議而不決、決而不行的會議最好不要開；即使開了，不僅浪費時間，有害而無益。因此，會議既然召開，就應廣泛討論，充分溝通，議而要決，決而必行。

四、結語

民主社會貴在重視溝通與協調，而溝通與協調經常均須透過會議的途徑以實現。成功的會議應能將個人的寶貴意見，為大家所共享；亦能將個人考慮欠周的地方，由大家來補充。志工團隊

是個人本著濟世的胸懷、利他的情操、助人的豪情及服務的壯志所自由結合的組織，如能致力塑造民主素養，妥切應用開會要領，則必可在既能尊重民主，又能崇尚法治的前提下，理性溝通，凝聚感情，而將助人榮己的光與熱散布在社會的每一個角落。

第十七章

志願服務倫理

一、引言——何謂志願服務倫理

　　志願服務是一種出自自發意志，純為助人利他的奉獻工作；它是以人本、關懷、慈善、社會連帶及公共利益為基礎，在志工朋友導自內心的善良與柔軟，秉持清楚、簡單、明確、實際、可行的願景和使命，透過學習、參與和付出，為群體創造最大且最有效益的非正式社會支持網絡（informal social support network）。

　　倫理（ethics），顧名思義乃人倫之道理；它可稱為一種哲學思想和道德標準。倫理應用於人際關係的互動過程中，是要判斷社會價值所認可與不認可之行為，以及社會常規中個人行為的「是非對錯」。倫理的具體內容在價值觀念，因為價值觀念是人類行為的指引，也是促使社會大眾感到一種強烈的驅力，而認為務須採取必要之行動努力去追求達到社會一致認同的道德標準。

　　具體言之，「志願服務倫理」乃參與志願服務的相關人員在致力服務過程中，立身處事、律己律人之「有所為」與「有所不為」所應遵守的行為規範和道德標準。

二、志願服務為何必須講求倫理

　　志願服務雖然是一種只問耕耘、不計回饋的神聖志業，但志工參與服務的歷程與結果所涉及的影響層面，不僅只限於服務對象與志工本身之間的互動關係，尤其更與服務機構的形象及社會整體的觀感息息相關。基此，志願服務為能發揮其預期效果，當然務需講求倫理道德，茲分別就志工本身、服務對象、服務機構及社會整體等不同層次說明其理由。

(一)就志工本身而言

1.展現志工尊嚴

我們常說，人要活得有尊嚴；志工參與服務的動機固然完全出自歡喜、甘願，而非外力的驅迫，當然更要服務得有尊嚴；也就是應該言必由衷、實事求是；否則說是一套，做又是另外一套，掛羊頭賣狗肉；志願服務必完全失去其意義，尤更損及志工的人格價值；此乃志願服務必須講求倫理的理由之一。

2.保障服務品質

服務的最高意境不只要「有」，而且求「好」；也就是務須要求品質保證。志願服務所要求保障的服務品質，雖然未必嚴格一定要達到「ISO」的品質認證，但最起碼也應該要有客觀的標準；否則，接受服務的對象不但未能因為志工的熱忱服務而獲得解決其困難問題，反而可能增添問題的複雜性，另外衍生不必要的困擾；此乃志願服務必須講求倫理的理由之二。

(二)就服務對象而言

1.建立呼援信心

志願服務與社會工作的目標都是在於適時提供服務，把愛送給需要愛的民眾，將關懷送給需要關懷的同胞；其所不同之點乃在於前者的服務是非專業或半專業，而後者的服務是專業，不過其所服務的對象都是人。其中，接受服務的人或許是徬徨失措，或許是心靈創傷，或許需要的是物質支援，或許需要的是精神撫慰；為了使呼援者建立絕對的信心，鼓起開口的勇氣，志願服務務必堅守「可與不可」的定力，凡是可以做的，應該全力以赴，不可做的，則應婉予說明；此乃志願服務必須講求倫理的理由之三。

2.確保求助安全

服務不但要講求效率，尤應以服務對象的最佳利益為優先；也就是要讓求助者在接受服務的過程中覺得很安全，而免憂心忡忡，甚至唯恐再度遭受傷害。如此，參與服務的志工朋友不但品德要美，尤須謹言慎行；設法讓服務對象在既不拘束，又無顧忌的情境下細說問題之所在，以求獲得圓滿的協助，而使問題迎刃而解；此乃志願服務必須講求倫理的理由之四。

(三)就服務機構而言

1.尊重運作模式

志願服務的本質是協助、彌補、增強或促進的作用；不論志工的智慧多高，能力多強，或思考的層面多細密，志工的一切作為絕對必須遵守機構的規則，尊重機構的運作模式；萬萬不可置機構各項法令規章於不顧，或與機構的政策方針相背離；甚至自行獨樹一格，大張旗鼓；如此，不但未能達到輔助機構不足的功能，反而可能破壞機構體制，導致機構麻煩叢生；此乃志願服務必須講求倫理的理由之五。

2.維護機構形象

機構之所以推展志願服務，召募志工，其主要目的乃為弘揚機構的服務功能，彰顯機構的服務成效。因此，志工參與服務當然務須團結一致，眾志成城；與機構密切配合，並專心致力於機構的行銷；進而促使服務機構因為志工的熱烈支持，而更邁向卓越，塑造機構的良好形象；此乃志願服務必須講求倫理的理由之六。

(四)就社會整體而言

1.投注人間溫情

　　志工參與服務所散布出來的光與熱，就個別而言，或許只是點點的星火，可是串連起來卻是萬丈的光芒；其所展現的不僅是一股溫馨的暖流，更是促進社會和諧的動力。志工的效能更似黑暗中的每一盞燈，凝聚起來的光不但足以照亮大地，尤可喚醒人心；只要志工心手相連，肝膽相照，必能為人間投注溫情；此乃志願服務必須講求倫理的理由之七。

2.蔚為善良風尚

　　值此功利主義盛行、社會亂象頻起之際，仍然還有結伴成群的志工朋友願意默默付出，不求任何回報，不斷為社會貢獻心力，幫助需要幫助的民眾同胞，這種仁心善舉除了足以扭轉社會爭權奪利的歪風之外，尤更使社會蔚為善良風尚。因此，志工參與服務不僅任重道遠，尤須樹立典範，堪為社會標竿；此乃志願服務必須講求倫理的理由之八。

三、志願服務倫理的重要守則

(一)志工本身應有的倫理守則

1.要誠心參與，不沽名釣譽

　　志工既然發自內心而奉獻參與，則須行之以誠，表裡合一；絕對不可口是心非，沽名釣譽，引發社會的詬病。

2.要負責盡職，不敷衍應付

　　志工雖然不計報酬，但對承諾的工作，仍應具有強烈的責任心與使命感；絕對不可敷衍應付、草率了事，帶給機構不良的印

象。

3.要實事求是，不好高騖遠

志工參與服務工作，貴在想得平實、做得踏實；一步一腳印，實事求是，力求踐履期許的願望；絕對不可自命不凡、好高騖遠，招致華而不實的批評。

4.要熱忱付出，不貪求名利

志工，顧名思義是一種志願選擇的工作，既然有心參與，則應熱忱付出、默默耕耘；絕對不可爭功諉過、貪求名利，致使志工的形象破壞無遺。

5.要持之以恆，不無疾而終

志工的真實貢獻端賴「有恆」，志工固然本著歡喜的心情踴躍參與，則應持之以恆、持續參與，共謀促使志願服務的弘揚光大；絕對不可蜻蜓點水、來去自如，遭致隨風而起、無疾而終的譏諷。

(二)志工與志工之間應有的倫理守則

1.要精誠合作，不勾心鬥角

志工對於需要幫助的民眾同胞伸出援手所提供的服務，不論是靠單一力量所完成的，或是經由分工互助、同心協力所促成的，在在需要志工彼此之間精誠合作、相互支援；絕對不可勾心鬥角、暗中較勁，造成服務成效的負面影響。

2.要溝通協調，不唯我獨尊

溝通是增進了解的最佳途徑；志工在服務的過程中，對於某一事情的處理方式或許會有不同的看法，但相互之間仍應力求交換意見、溝通協調；絕對不可唯我獨尊、擇惡固執，釀成志工之間不必要的誤會。

3.要分享經驗，不漠視新進

經驗是工作付出的累積；志願服務的目標都是助人第一，期讓需要幫助的人獲得最佳的支持；因此，資深志工應該重視經驗分享、薪火相傳；絕對不可漠視新人、欺負菜鳥，引發新進志工卻步不前的窘境。

4.要步調一致，不一意孤行

志工踴躍參與服務的主要動機應是冀求實現「助人總比人助好」的心願，因此，志工之間應該同心同德、步調一致；共同致力於心願的達成；絕對不可標新立異、一意孤行，致使受服務對象產生無所適從的煩惱。

5.要相互激勵，不互揭長短

參與服務，方法與技巧固然都很重要，但激勵更加重要；有時志工在服務的過程中雖然盡心盡力，但其所得到的回應可能不只是任勞任怨，甚至還要任謗；因此，志工伙伴務須儘量相互激勵、藉機鼓舞；絕對不可互揭長短、相互數落，導致彼此益增萌發不如歸去的念頭。

(三)志工與督導之間應有的倫理守則

1.要接受指導，不自行其是

督導是受過專業教育訓練的專任工作者，而且他又負責機構整個志願服務工作的策劃與推動，志工在執行督導各項交付任務的過程，當然應該接受指導，始能顯現協助的效能；絕對不可自行其是、南轅北轍，致使督導產生越幫越忙的感嘆。

2.要發揮互補，不反添負擔

志工的主要功能旨在彌補機構人力不足、服務能量所未逮，而與督導產生相輔相成之功效；是故，志工務須與督導密切配合，充分發揮互補作用，全力協助督導提昇服務品質；絕對不可

牢騷滿腹、怨聲載道，反添督導無謂的負擔，甚至更以運用志工爲憾。

3.要適時建言，不堅持己見

　　志工在參與服務歷程中，對於所見所聞有時難免也會想要表達意見，提供看法；惟需特別注意的是，志工的建言應該把握：時機要對、立場要穩、態度要誠、措詞要婉等原則，尤其建言更要考量是否有助於服務效果的增進；絕對不可肆無忌憚、堅持己見，造成彼此之間僵持不下的尷尬局面。

4.要善加交流，不製造對立

　　志工與督導應該秉持唇齒相依的關係，站在同一立場致力爲民衆提供最佳的服務才是社會之福；基此，兩者之間務須善加交流、凝聚共識，共同形成堅強的工作伙伴；絕對不可水火不容、製造對立，致使業務的推展停滯不前。

5.要坦誠相待，不各懷鬼胎

　　至誠足以感人，志工與督導猶如一體之兩面，牽一髮而動全身；因此，彼此之間務須坦誠相待、患難與共，同心協力力求爲民衆做出最有意義的服務；絕對不可貌合神離、各懷鬼胎，由於相互之間情緒的作祟而影響獻身服務的工作關係。

(四)志工與機構之間應有的倫理守則

1.要遵守規則，不喧賓奪主

　　家有家規，國有國法，機構當然也有規範同僚之間的工作規則；志工既然投入機構的服務行列，就應該如同機構的一份子，對於機構的各項規則，理應遵從、貫徹執行；絕對不可主從不分、喧賓奪主，無視機構工作規範的約束，而造成越俎代庖的角色衝突。

2.要協處問題，不徒增困擾

協助解決民眾問題，增進社會福祉，是志工參與志願服務的基本理念；志工在機構服務，應有與機構共存共榮的企圖心與榮譽感，一切應以追求圓滿完成機構賦予的任務為重；絕對不可猛耍特權，徒增困擾，致使機構對於志工的形象產生反感。

3.要維護立場，不妄加批評

有些志工或許因為熱心過度，往往為了討好服務對象罔顧機構立場，對於服務對象的非分要求仍然用盡心思，設法因應；甚者反而怪罪機構不通人情，面對服務對象的要求未能全力協助，這種作法實不可取；志工既然在機構服務，就應認清自己身分，維護機構立場；絕對不可與機構背道而馳，甚至妄加批評，導致機構平白遭受服務對象的怨尤。

4.要目標一致，不各顯神通

勞資關係，猶如夫妻，合則兩利，分則兩害；這是推展勞工行政經常比喻的用語。志工雖然並非領取報酬的受雇者，其與機構的關係亦非勞資關係，不過為了能讓服務對象獲得最佳利益，志工與督導之間亦如勞資關係一樣應該目標一致、水乳相融；絕對不可各顯神通、互別苗頭，致使機構惹來政出多門的誤解。

5.要促進和諧，不惹是生非

萬事和為貴、和足以化干戈為玉帛、家和萬事興、和氣生財……，這些都是人人耳熟能詳的道理。志工在機構中奉獻服務，不但要與督導相處愉快，尤應與機構每一位同仁相敬如賓，用心促進機構展現一團和氣的歡樂景象；絕對不可任意挑撥離間、惹是生非，破壞機構整體的工作士氣。

(五)志工與服務對象之間應有的倫理守則

1.要尊重人格，不損及尊嚴

在充分尊重人權的時代，任何人的人格尊嚴均應受到絕對的尊重；志工面對暫時遭遇不幸而急求協助的服務對象時，在協處問題的過程中，彼此應對更應審慎謹嚴、和藹親切；絕對不可態度傲慢、氣勢凌人，以免損及服務對象的人格尊嚴。

2.要溫馨關懷，不刻意憐憫

服務對象前來機構請求協助時，雖然其表現難免會有落寞的樣子，不過志工對於服務對象的處境應該以關懷代替同情，以服務代替憐憫，俾讓服務對象感受到溫情洋溢；絕對不可過猶不及，過分塑造悲情，致使服務對象產生永難磨滅的創傷。

3.要扶助成長，不養成依賴

志工幫忙服務對象時務必建立一個堅定的信念：對於服務對象所提供服務是「協助」解決問題，而非「代替」解決問題；是提供處理問題的建議，而非代做處理問題的決定；也就是志工在服務過程中一定要考慮到如何讓服務對象經由他人的協助而能迅速、勇敢地再站起來；絕對不可關懷過度、養成依賴，導致服務對象永遠難以自立自強。

4.要保守秘密，不洩漏隱私

志工對於服務對象提供服務時所應恪遵的重要倫理之一是：務必尊重服務對象的隱私權，對在服務過程中因專業關係所獲得的有關服務對象的各項資料，務須克盡保密責任；絕對不可任意洩漏隱私，甚至到處散布服務對象不願讓人知道的個人秘密，以免造成服務對象的二度傷害。

5.要施予勿念，不居功揚善

志願服務的可貴在於默默行善、不求人知，也就是要秉持

「施人慎勿念，受施慎勿忘」的最高準則；因為志願服務的基本理念是只問耕耘、不計回饋；所以，志工協助服務對象解決問題之後，務須施予勿念、淡泊義舉；絕對不可到處居功揚善、炫耀誇張，導致服務對象引發不知如何回報的困惑。

一般談到志願服務倫理的議題，好像只著重在志工應該如何遵守倫理守則，其他人都可不必，這樣實在有失公平正義；事實上，志願服務是否能夠弘揚光大，除了志工應該講求倫理之外，負責指導志工的督導人員同樣亦應講求倫理，以期彼此各自努力、互助合作，而求志願服務的永續發展。在此，也特別提出一些督導人員應該遵守的倫理守則以供參考。

(六)督導本身應有的倫理守則

(1)要廣納建言，不專橫跋扈：力求集思廣益，而免獨斷獨行。

(2)要跳脫窠臼，不墨守成規：力求開拓創新，而免固守傳統。

(3)要勇於擔當，不推諉塞責：力求展現魄力，而免推拖拉扯。

(4)要汲取新知，不故步自封：力求增強知能，而免阻礙進步。

(5)要展現專業，不有學無識：力求學以致用，而免顯露平庸。

(七)督導與志工之間應有的倫理守則

(1)要充分信任，不滿懷猜疑：期讓志工盡情發揮，而免畏首畏尾。

(2)要肯定效能，不視如跟班：以期志工建立信心，而免否定

自我。

(3)要妥切要求，不苛求為難：期使志工了解工作要領，而免
遭受挫折。

(4)要明確導引，不放任摸索：俾讓志工掌握服務方向，而免
不知所措。

(5)要關心重視，不似有若無：以使志工感受人間溫情，而免
敗興而歸。

四、結語

志願服務因為是意之所願，性之所趨，所以，服務不覺累，
流汗不說苦；但由於其與人有直接而深入的接觸，如果不講倫理
守則，則必造成服務難以避免的缺憾。

概括言之，倫理守則應該具有：①求保障；②求進步；③求
信心；④求公平；⑤求尊重；及⑥求認同等功能；它的塑造立基
於：①從力行中訂規章；②在條文中顯約束；③由認知中塑風
範；④於推廣中展效能。志願服務倫理隨著社會快速變遷，社會
價值觀念日趨多元化，它也必然跟著不斷發生變化；尤其志願服
務倫理更應因應社會民主化與科技化的潮流，與時俱進。

總之，參與志願服務必須遵守倫理守則，絕非強調「舉世皆
濁我獨清，眾人皆醉我獨醒」，而是要求服膺倫理守則的志工伙伴
一致體認：「眾人皆清我亦清，眾人皆醒我亦醒」；攜手連心，
共同把愛與關懷的光及熱散布在社會每一個需要照射的陰霾處
所。

第十八章

社會資源與志願服務

一、引言

　　適值政治民主化、經濟自由化、社會多元化的急遽轉型時期，非但功利主義日厲，社會風氣日靡，社會問題亦因之而層出不窮，尤更漸趨嚴重；諸如：疾病無人相扶持、老殘缺乏妥照顧、婚姻暴力、斂財騙色、交通紊亂、環境污染等在在皆是，屢見不鮮。面臨此等衝擊，為謀解決之道，固有賴政府公權力的有效伸張，唯如民間力量能夠廣為協助配合，相信必能彌補政府之不足，而達移風易俗、化戾氣為祥和與重建社會秩序的良好效果。因此，如何激發熱心公益人士，秉持「助人最樂、服務最榮」之精神，踴躍參與志願服務的行列；有力者疾以助人，有財者勉以分人，熱烈提供自己的餘財、餘物、餘力或餘知，協助需要關懷的民眾同胞，獲得妥切的支援與照顧；則不僅足以充分顯現社會之溫暖滿人間，尤更能因民間力量與政府職能之同展現，而促使功利之風、暴戾之氣相消減。

二、志願服務是什麼

　　依據聯合國的定義：「志願服務者，是一種有組織、有目的、有方法，在調整與增進個人對環境的適應，其志趣相接近，不計酬勞的人，謂之。」美國社會工作協會認為：「一群人追求公共利益，不計酬勞，本著自我意願與選擇而結合，稱之為志願團體，參與這類團體工作者，稱為志願服務人員。」志願服務乃個人本濟世之胸懷，利他之德操，助人之豪情，服務之壯志；不計名利，不求回饋，志願貢獻自己之有餘，藉以幫助他人之不足，進而致力改造或促進的一種事業；其目的旨在促使群己關係

更融洽，社會福祉更增進。分析言之，志願服務的特性為：

(1)它是出自奉獻的誠心，服務的意願，自動自發，毫無外力強迫的服務工作。

(2)它是不計酬勞、不求名利、利他而利己的行為。

(3)它必須由組織的團隊來推動，才能獲致預期的目標。

(4)它必須講求助人的技巧、服務的方法，才能達到事半功倍的績效。

(5)它雖是一種「施人慎勿念」的奉獻，但仍以和諧群己關係、增進社會福祉為最終目的。

(6)它所追求的是社會大眾的公共利益。

三、社會資源知多少

社會資源或稱民間資源，其係指社會或民間所擁有、可資運用的潛在力量與資產，不論是屬於物質的或非物質的，只要善加運用，激發效能，對於整個社會的安和樂利，或國家的繁榮富足，將產生無可限量的貢獻。一般言之，社會資源依其性質可分為：

(一)物質資源

物質資源（material resources）包括財力、物力、配備、活動空間、天然資源等。

(1)財力（money）：指公益團體、社會人士捐款用以急難救助、獎助學金、修橋鋪路或美化公園等。

(2)物力（material）：指寒冷送衣服、飢餓送食物、良心傘或博愛杖等。

(3)配備（machine）：指協助推展福利服務的錄音機、照相

機、摩托車、器具、制服、活動空間或天然資源等。

(二)非物質資源

非物質資源（immaterial resources）包括人力、智力、專業方法、社會意識、社會需求、協調配合或維護、管理等。

(1)人力（manpower）：指民間或學校志願服務團隊所提供的志工或義務領袖；或熱心公益之士自由參與服務工作所奉獻的力量等。

(2)方法（method）：指協助推展服務工作的專業知識與技巧，包括個案工作的會談技術、團體工作的團康技巧及公共行政的法令規章等。

(3)社會意識（mind）：指社會大眾參與服務工作的心理認同、價值取向、意識力量及自我信念等。

(4)社會需求（market）：指民眾同胞對於福利機構、民間團體、社區組織資源需求的程度等。

(5)協調配合（matching）：指各服務機構、團體相互之間，與其工作人員彼此之間及工作人員與社會大眾來往之間的協調與合作關係等。

(6)維護觀念（maintenance）：指對於結合之社會資源應該妥予維護，善加利用，以期發揮最大的服務效能等。

(7)管理要領（management）：指對於結合運用之社會資源務必分門別類，建立檔案，以作為獎勵表揚之參據，或持續運用之參考等。

四、推展志願服務活動方案的要領

服務要方法，關懷講技巧；志願服務如果單靠投資而不開

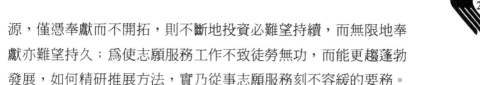

源，僅憑奉獻而不開拓，則不斷地投資必難望持續，而無限地奉獻亦難望持久；為使志願服務工作不致徒勞無功，而能更趨蓬勃發展，如何精研推展方法，實乃從事志願服務刻不容緩的要務。試以舉辦影響層面較廣之團體活動為例，說明推展志願服務活動方案的方法（如圖18-1）。

(一)承受活動方案

概括言之，活動方案的來源有三：①所屬服務單位要求辦理之方案；②其他服務機構請求協辦之方案；③服務團隊自行擬辦之方案。

(二)召集幹部研商

當團隊負責人承受活動方案之後，立即應該召集幹部研商因應措施，透過腦力激盪、集思廣益之途徑，仔細思考如何辦理之腹案。

(三)擬訂實施計畫並編列經費概算

實施計畫之撰擬務須依據幹部研商之腹案而定，計畫除首需確定名稱外，其所應涵蓋之項目為：①依據；②宗旨（或目的）；③主辦單位；④協辦單位，⑤指導單位；⑥實施時間；⑦實施地點；⑧實施方式（或實施要項、具體作法）；⑨預期效果；⑩經費來源；⑪附則。其中經費來源一項應該說明所需經費之總額，並編列經費概算明細表，在編列概算時尤須注意撙節、務實之原則。

(四)召開分工會議

分工越細膩，活動必推展得越順利；蓋辦團體活動務必把握

圖18-1 推展志願服務活動方案的要領（以團體活動為例）

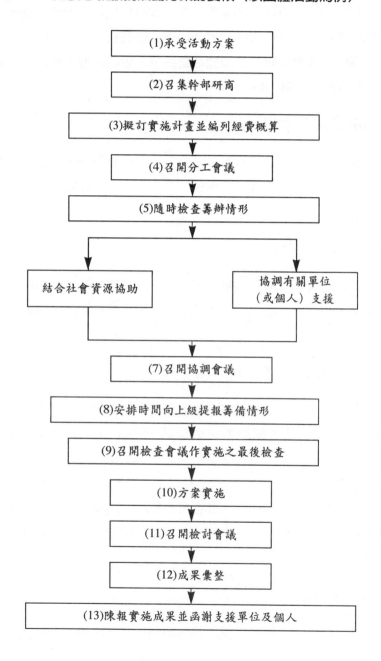

分層負責之原則，儘早成立工作小組，該小組除召集人、副召集人及執行秘書外，依據實際需要至少應包括：①綜規組或秘書組；②活動組或典禮組、大會組；③接待組；④服務組；⑤秩序組；⑥財務組；⑦行政組等；如有摸彩助興，則需增列摸彩組，如須報到，則應增列報到組，一切總依實際需要分工設職。

(五)隨時檢查籌辦情形

預備、預檢、預演、預見乃辦理活動必經的程序，在籌辦的過程中，如能隨時預為檢查，遇有不妥，立即補救，則必能使失誤減少到最低的程度；其檢查之方式，或開會研商，或小組聚談，得視需要而定。

(六)結合社會資源協助或協調有關單位（或個人）支援

當擬訂實施方案預估經費預算不足，或人力調配不夠時，則須迅即設法尋求社會資源協助，或情商有關單位或個人支援，以期方案的實施由於內部與外力的相結合而能順利達成預期效果。

(七)召開協調會議

凡活動有須其他單位或個人協助配合時，則須及早召開協調會議，會中明確提出請求支援事項，相互溝通意見，達成協議後，按照決議配合辦理。

(八)安排時間向上級提報籌備情形

籌備情形是否能夠滿足上級長官之需求，務必安排時間專案提報，如有不同意見應予妥切說明，如有指示，應即遵照指示意見修正，以期方案之實施，能夠確實達到長官之要求。

(九)召開檢查會議作實施前之最後檢查

這個程序至少應在方案實施前三天舉行，以期檢查後萬一仍需稍作修正，留有處理的空間作最後的調整。

(十)方案實施

活動正式展開時，最重要的是要按各組的任務分配，各就各位依既定的程序貫徹執行，如臨時需作些更動，至少應在副召集人的指令下始可變更，以免多頭馬車，自亂陣腳；相信有條不紊，按部實施，成功必定在握。

(十一)召開檢討會議

活動結束後，最好能在一週內召開檢討會議；以期檢討過去，策勵未來；檢討是手段，改進是目的；必須勇於發現缺點，檢討得失，始能研究改進，開創新猷。

(十二)成果彙整

自實施計畫之草擬、簽奉核定，以至召開各種協調會議的過程、印製各種文件，而至活動完畢後的媒體報導資料、活動照片等，均應按照發生時間之先後彙集成冊，以便留存爾後作為再予辦理之參據。

(十三)陳報實施成果，並函謝支援單位及個人

成果彙整後，除一冊留存參考外，他冊也應簽（函）報長官或上級機關，俾其了解活動實施過程之狀況；尤應發函感謝各相關支援單位及個人，俾為爾後請求繼續支援預留空間。

五、運用社會資源的原則

社會資源如能運用得體，處置得當，則必取之不盡，用之不竭；無形的勝於有形，未來的多於現在；蓋運用社會資源的原則為：

(一)認識資源

運用資源首需認識資源的性質，那些資源可以運用、那些資源不可運用，應該弄得清清楚楚，可用的資源才結合，不可用的資源則不要亂碰。

(二)發掘資源

當我們將可用與不可用的資源分辨清楚後，則須設法發掘可用的資源，並累積資源，俾俟需要之時，妥加結合，善予運用。

(三)培養資源

培養資源是一件費時而艱辛的工作，當我們發現所需的資源無從發掘時，則有賴運用專業技巧積極培養，俾能開發新的資源，而使資源的供給面能與社會的需求面相互迎合。

(四)結合資源

推展志願服務單靠一己之力量，難免會有心餘力絀之感；如能廣結社會資源，協助支援，二者相輔相成，彼此呼應，則必能使志願服務的績效事半而功倍。

(五)善用資源

社會資源結合困難，耗費容易；如對所結合的資源，未能善加利用，不但造成資源的浪費，尤更有愧於資源的提供者，甚至影響爾後資源的再利用。

(六)維護資源

資源之運用貴在定期保養與修護，俾可維持資源的既有效能；尤其對於人力資源更須不斷保持聯繫，一來可以了解原有的資源是否仍然存在，再則可以聯絡感情，並藉其善心義舉影響他人踴躍參與。

(七)評估資源

社會資源運用之後，務必審慎評估所用資源的實質效益與可再利用之價值，俾便再予運用時作為取捨之參據；舉凡可能產生沽名釣譽的資源，千萬要敬而遠之，婉予謝絕。

(八)宣揚資源

運用社會資源如能訂定獎勵辦法，遵循一定的方法與程序，實施定期評鑑，對於著見績效者，公開予以宣介與表揚，則不但可讓資源的提供者增強服務信心，尤可藉此激勵其持續奉獻的宏願，進而蔚為「見賢思齊」的善良風氣。

六、社會資源與志願服務的關係

志願服務是一種助人榮己的志業，其欲期順利展開工作，有效達成目標；除了個人務須發揮犧牲奉獻的精神外，有時仍有賴

社會資源的協助配合，始能克竟事功。而社會資源的結合與運用，財力的捐獻、物力的提供，固然最為重要，惟人力的支援、技術的應用，應該也不容忽視；因為：

(1)從廣度言：懂得運用社會資源可延伸志願服務的範圍。
(2)從深度言：善加運用社會資源可穩固志願服務的基石。
(3)從精度言：妥切運用社會資源可展現志願服務的新猷。
(4)從效度言：致力運用社會資源可凸顯志願服務的效能。
(5)從巧度言：有效運用社會資源可提昇志願服務的意境。

七、結語

總之，社會資源的結合與運用在志願服務的過程中，應居關鍵位置，也是基礎工作；在推動志願服務的過程當中，除了需要注意結合與運用現在的社會資源外，更應該注意社會資源的維護、保養、成長與培植。不但要靈活運用社會資源，以達物盡其用；尤應持續培養社會資源，而期開源節流。最後謹以：①志願服務有賴社會資源之妥善運用而弘揚；②社會資源有賴志願服務之積極推廣而奏效；作為本章之總結。

第十九章

社會資源的結合與運用

一、引言

我國自古以來即有社會福利的思想觀念，尤其是禮運大同篇的理想在「使老有所終，壯有所用，幼有所長，矜寡孤獨廢疾者皆有所養」，更為中外人士所樂道。目前世界民主國家的潮流莫不以推展社會福利事業、提昇人民生活品質、增進全民福祉為施政的主要目標，而推展社會福利事業，非有充裕之經費及周詳之工作計畫，實不足克竟全功。目前我國興辦社會福利事業法定經費來源大致分為下列四種：①政府編列年度預算；②社會福利基金；③雇主及受雇人或要保人與政府按比例繳納；④以獎勵及稅捐豁免方式鼓勵民間捐資興辦。由上述四種經費來源分析，前三種經費較具穩定性，卻也常因政策重點之調整，無法充分發揮積極、彈性之功效；於是如何結合與運用最具開發潛力之社會資源積極參與社會福利事業，遂成當務之急。

先總統蔣公曾說：「因民眾之力，以造民間之福」，又指示：「從事社會工作的人員，應該有一認識，即民眾之事，必須以民眾力量去做，社會事業應以社會力量去推辦，不能完全憑行政力量或政府籌款去辦。」已故美國總統甘迺迪也曾說：「漠視私人資源與企業所提供的力量，就如同帶一隊傘兵去『撲滅貧窮』，整個兵團卻按兵不動。」綜此，從事社會福利事業，不可全由政府去辦理，唯有多方倡導及鼓勵民眾踴躍提供人力、智力、物力、財力等社會資源，發動民間力量協助政府全面推展社會福利事業，才能使社會福利事業達到精神與物質並重，社會建設與經濟建設平衡發展的理想目標。

二、社會資源之內涵及特質

(一)社會資源之內涵

凡為了因應社會需要，滿足社會需求，所有非政府提供而足以轉化為具體服務內涵的客體，皆可稱為社會資源（或稱為民間資源）。具體而言，它蘊涵了有形的物質資源與無形的精神資源。

1.有形的物質資源

包括物力、財力、活動空間及天然資源等。

(1)物力：指飢餓送食物、寒冷送衣服及設備、器材等。

(2)財力：指公益團體、熱心人士捐獻建橋、修路的經費，或設置獎助學金等。

(3)活動空間：指提供辦理社會福利或服務工作的活動場所等。

(4)天然資源：指土地、水及天然風景區等。

2.無形的精神資源

包括人力、智力、專業技術、社會意識、社會關係、組織結構等。

(1)人力資源：指民間或學校志願服務團隊所提供的志工及義務領袖等。

(2)專業技術：指協助推展社會福利工作所提供之社會的專業技巧與知識，並包括各項福利法規等。

(3)社會意識：指民眾參與社會福利工作的價值觀念、意識力量與信念等。

(4)社會關係：指福利機構或團體之間，與其工作人員之間以及工作人員與外界之間的協調與合作關係等。

(5)組織結構：指各種參與社會福利工作之民間團體、福利機構、社區組織等。

(二)社會資源之特質

1.就資源的作法來說

社會資源為多元性，其效用也具多目標性，如就資源的作法來說，大概又可分為：

(1)積極的作法：包括：①穩紮穩打型；②積極主動型；③急公好義型；④默默行善型；⑤細水長流型。

(2)消極的作法：包括：①曇花一現型；②虎頭蛇尾型；③有名無實型；④沽名釣譽型；⑤另有目的型。

2.就資源的使用過程而言

再從資源的使用過程來分，分為：

(1)獨立自主型：即由民間團體或個人，自行提供資源自行辦理福利服務工作。

(2)委由中介型：即由民間團體或個人，委由政府或其他機構辦理福利服務工作。

(3)互助合作型：即由民間團體或個人，提供資源與政府或其他機構共同合作辦理福利服務工作。

三、結合與運用社會資源的有效作法

以社會資源來彌補政府公共事務之不足，已是風氣所趨，但要將風氣蔚為潮流就必須講求方法，更要重視內涵。方法在求合乎人的需要與重視人的尊嚴；內涵在乎資源的運用，不但要實質有意義，尤其更要蘊涵著溫情；必須激發同胞愛，讓國人不僅能為，而且願為，才會讓其覺得奉獻最樂、服務最榮。

(一)結合與運用社會資源應考慮的因素

1.計畫的實施目的

具體說明計畫的推行係因政策指示或因社會需要。

2.計畫的經費需求

編擬計畫所需之經費概算務必確實，尤應考量結合社會資源之可行性。

3.計畫的投資效益

注意計畫實施的投資效益，以免社會資源之運用趨於浪費浮濫。

4.計畫的配合措施

考慮計畫之執行除了經費之外，人力配合的質與量是否確無問題。

5.計畫的預期效果

預估計畫執行後可能產生的實際效果，並考量執行成果對提供資源者可能產生的回饋，以利社會資源之再運用。

(二)結合與運用社會資源應遵守的原則

1.尊重提供資源者意願

結合的資源應依提供資源之團體或個人的意願辦理，尊重其抉擇，共同研訂具體的運用方案，依照既定的方案實施。

2.榮譽歸於提供資源者

把握榮譽歸於提供資源者的原則，讓奉獻者由參與而得到殊榮，引發其繼續擴大參與、提供資源的意願。

3.收支帳目保證分明且由提供資源者自核

募集的財力資源必須給據，並專戶儲存；經費務必定期徵信，保證一切資源取之社會，用之社會，而有益於社會大眾；最

好運用「互助合作型」的方式,由民間與政府共同合辦,以符規定,而昭公信。

4.活動過程與成果代為蒐集及彙整

將活動的成果留個痕跡,不但可使其從成果的顯示中體會到榮譽感,更可以藉作拋磚引玉的示範作用,喚起更多的熱心人士普遍響應。

5.德行義舉代為宣介及讚揚

訂定獎勵辦法,定期評鑑,循一定的程序和方法,透過適度的公開讚揚與宣介,使提供資源者獲得政府贈與的榮譽,而從奉獻中彰顯德行,由參與中展現義舉;更進而引起社會的共鳴,蔚為「見賢思齊」的良好風氣。

(三)結合與運用社會資源應採行的作法

1.要提供服務方案供採擇

透過專業工作者就經驗之體悟,針對民眾的實際需要,研擬各種不同的實例,訂定完整的方法,提供各民間團體或熱心公益人士作選擇參採之用,以擴大服務的效果。

2.要以方法與技巧來創造物力與財力

人具有推行、維護、改革、創新等諸項功能,而財與物可藉人的運轉發揮其效益;如果人人透過方法與技巧,匯集了財,發掘了物,而能善加珍惜與運用,則必使財力與物力的資源滾滾而來。

3.要讓提供資源者在服務之餘產生成就感

「施者慎勿念」固然是志願服務的最高意境,惟提供資源者在服務之餘,如能讓受益人亦能深切體悟到世間人情之溫暖,而於仰事俯畜、人助自助之餘,也能以同樣心情,推及他人,回報社會,則必能引發施者無價之成就感,而使社會資源之運用生生不

息。

4.要從成果顯示中來增進服務者的信心

　　熱心公益的民間團體或社會人士本著犧牲的自我意願，利用所餘，助人不足，來表達對社會之愛意，對同胞之關懷，固然在短期內未必能收立竿見影之效，但持之以恆，必能臻功。如能於恰當時機給予適度的獎勵與表揚，肯定其所貢獻的成果，相信必可增強服務者的信心，而激發其持續奉獻的宏願。

5.要加強宣導來激勵參與蔚為風尚

　　人間樂土可以靠雙手來締造，透過人為的努力，可以彌補社會資源之不足；人人體認、個個參與的結果，必可使社會更進步、更繁榮。如果能夠透過大眾傳播中廣播電視及報章雜誌的報導、傳單小冊的散發以及社會領袖的影響，促使人人樂於踴躍提供社會資源，則必能漸次蔚為社會上一種善良風尚，而使社會資源的運用無形的勝於有形，未來的多於現在。

四、結合與運用社會資源的未來展望

　　李前總統於八十七年七月二十日全國社會福利會議開幕致詞時指出：「推動社會福利應該把握六大原則：①需求原則；②積極原則，③效率原則；④前瞻原則；⑤均衡原則；⑥整合原則。」其中整合原則係指：要運用科際的整合，研擬相關措施，並加強機關間的協調及公、私部門的合作，以強化整體力量。行政院蕭前院長亦於八十七年七月二十一日閉幕致詞時表示：「政府部門與民間資源要全面檢討結合，才能使每一分資源都用在最優先的需要上……。」足見，結合與運用社會資源，用以拓展社會福利，不但是時代的潮流，更是政府的政策，個人認為欲使該項政策能夠貫徹執行，未來必須努力的方向應為：

(1)要徹底了解可資運用的社會資源的能量,認識社會資源的性質,分別予以歸類;並進一步做全盤性的探討分析,確實了解社會需求的狀況,從而做有效的運用,而使社會資源與民眾需求相迎合。

(2)結合資源的工作方案或計畫,目標應具體,方法要踏實;並提供多重選擇或多種替選方案,讓資源的提供者有參與目標訂定及確立方案的機會;使方案既切乎資源結合的需求,也滿足資源提供者的意願;既滿足資源提供者參與的自我期許,亦滿足其受尊重、被肯定的自尊需要,及獲得自我實現的價值觀等。

(3)提供的服務機會應能切合資源提供者的組織宗旨、個人興趣、能力所及,以減少其挫折感;最好富有些許的挑戰性,有助於激發潛能,而使資源的提供者獲得更高的成就感。

(4)提供資源的提供者各種成長或發展的機會,包括其人際成長、知識成長、人格成長,及技能成長,以滿足其自我實現的需要,並授予相當的工作角色,使其有被重視的感覺,滿足其自重的需求。

(5)對於資源的提供者或組織,應不斷提供其技術支援及專業諮詢,以及其他行政或庶務工作的支援,以協助其服務目標的達成,而有助於結合或運用資源單位建立協調配合的良好形象。

(6)應提供正式或非正式、結構式或非結構式的溝通網絡來建立共識,引起共鳴,使資源的提供者由「不知」→「知」→「產生興趣」→「樂於接受」→「予以重視」→「積極奉獻」。

(7)培養志願服務或結合與運用社會資源的專業人才,使組織

內的成員獲得較佳的行政督導，進而轉化為結合社會資源的力量；因此應有結合與運用社會資源專業人才的訓練，採取短期的專業研習，或配合在職訓練實施。

五、結語

社會資源取之不盡，用之不竭，無論從社會的、歷史的、政治的或經濟的任何角度來看，都可體察到社會資源種類繁多，數量龐大；以無形的資源來激發有形的資源，以有形的資源來促進無形的資源，乃是透過意識的認同而形成動力的加強；如能以組織體系及企業管理的方法將社會資源作有計畫、有系統的妥善運用，在工作項目上避免重複浪費，並力求新穎生動；當可使社會資源發揮最大的功效，而有助於志願服務工作的創新與開拓。

第二十章

民間團體與社會資源

一、引言

　　社會發展的目的，是要了解社會的問題、社會的需要，並動員社會的資源，配合政府的政策，以解決問題，滿足需要，促進社會福利，增進國家安全；如何妥善發掘社會資源，如何有效運用社會資源，是社會發展工作中最重要的一環。

　　民主國家，政府與民眾是一體的兩面；追求國家富強，是政府的目標，也是人民的期望；改善民眾生活是政府的職責，也是大眾的義務；為國家社會進步而貢獻，非僅是政府與民眾共有的責任，兩者更是成敗一體，榮辱與共的關聯；而整個社會國家單靠政府的力量支援，能力畢竟有限，因此，總不若透過有理想、有組織、有效率的民間團體策動大眾參與支援來得有效。

　　民間團體不論是職團、社團或基金會……，個個都是社會的中堅，國家的支柱，更是政府機關與民眾之間的橋樑；我們要人民安居樂業、祥和樂利、社會進步、國家富強，首先應確認民間團體在整個社會國家中應有的地位，因為民間團體對上可以溝通民意，對下可以聯繫民心；因此不問是職緣、血緣、地緣及趣緣等各種不同的團體，雖性質不一樣，而具有的功能卻是相似的。

二、運用團體資源的先決條件

　　今天我們從民間團體談社會資源之運用，首先應該探討政府應具備的幾項先決條件，茲將其敘述如下：

(一)要先訂政策

　　因為明朗的政策才能激起團體的響應，讓團體認識、了解提

供各項社會資源的目的及意義何在。政府在擬訂任何一項福利服務計畫時，一方面要求均衡、配合與協調，另一方面事先應有完善的推行方案、完整的工作架構，更應明訂政策的目標、期望，與如何相互配合運用之需求，期使各種團體在認清政府的明朗政策之下，貢獻專長，提供更多、更有意義的社會資源。

(二)要健全團體

健全的團體才能有具體的活動，健全團體組織，非僅是要求團體按期召開會議，按期辦理選舉，或經常加強聯誼；更重要的是健全團體人事、會務、業務及財務，維持成員的水準，促進社會服務功能，讓團體有共同意識、共同信念，彼此有互通鼻息之感；人人視團體如大家庭，各盡職責，履行章程，成員個個願為團體效力；如此團體才能生氣蓬勃，蒸蒸日上，所能提供的各項社會資源，亦較具體完整。

(三)要專人指導

恰適的指導才能增進工作的成效，有了健全的團體，除其能遵循章程行事外，還需要有專人指導；雖然專業的工作人員不是無所不能的人，但卻是學有專長的工作者與協調者；他具有凝聚、激發、創造的功能，這種功能可以形成整體努力，關心別人，協助別人充滿信心與鬥志。由於社會資源具有綜合性、地區性與實際性，所以如何配合社會實際需要做基本的締造運轉，除了政府必須具備整體、長遠考量的認識外，更需要受過專業訓練的工作人員作恰適的指導，增進各種民間團體的熱心參與，社會資源方能滾滾而來。

(四)要具體獎勵

政府應做有效的獎勵，才能促成團體的持續貢獻；人多勢大方能眾志成城，團體提供社會資源，因係出自志願，故不宜採用懲罰或責備；但為了維繫、加速與擴大成效，適當的鼓勵應是必要的；不問是橫的平行的鼓勵，或縱的隸屬的獎勵，都有助工作的推展與群眾的重視；各種團體志願提供社會資源，社會應予以適當之補償，以勵來茲；至少應該給予領導幹部或工作人員適當的證明，或予以實質的獎勵與部分義務的豁免等；嚴禁沽名釣譽或投機取巧混跡其間，不准團體利用社會資源的提供，作為升官發財的捷徑；應純以公益事業為前提，如此才不失其志願提供社會資源之純化與淨化。

三、運用團體資源的具體作法

民間團體大多具有雄厚的實力，其中包括財力資源、物力資源與人力資源等等，我們要國家成為安和、樂利、均富的社會，充分運用民間團體本身具有的資源，實為一大策略。如何使各種民間團體配合社區、社會、國家的需要，提供有效的社會資源，其基本的運轉與應有的作法，乃是我們所應積極研究的主要課題。

(一)做能量的探討與實際需求的分析

深入了解民間團體整個會務、業務及財務情形；因為各種民間團體都有其特性，那些性質相近的團體具有那些實力、能提供那些資源，如能進一步做全盤性的探討分析，從而做有效的運用，相互配合，必能提供具體的福利服務。

(二)引導團體實踐宗旨

各種團體均有其特定的性質，章程內又大多有謀求會員福利的條文；這種共同約束的規定，不僅可以使團體致力於共同的目標，開拓團體的新事業，更可藉服務弘揚效果，促進社會各階層的進步與合作；因此每個團體皆能遵照既定的宗旨與目標行事，則非但健全了團體本身，也鞏固了國家由下而上的基礎。

(三)提供實用範例供採擇

為團體先思考項目，合理分配各項社會福利、社會救助、服務設施、醫療基金等服務項目。配合社會的進步，必須以新項目擴大服務境界；今日談社會資源，若再以施茶、施粥、施棺為範疇，不僅不切實際，而且也嫌落伍；我們必須以汲取新知識、運用新方法來擴大服務功能；也需要福利機構相配合，才能呼援有門，而貢獻有處；更需要將服務項目與社會需要結為一體，才能想得平實，做得切實。

(四)要求團體發揮功能

例如：①宗親會援宗親，提供同姓宗親學子獎學金、助學金，及創設同舟共濟等聯誼活動；②同學會可以幫助同校學弟、學妹求學、就業，提供課業上或職業上的服務；③醫師公會辦義診，更可聯合醫師的集體力量，提供聯合義務門診，幫助貧苦居民、育幼院、老人院等做免費醫療服務，及身體健康檢查等；④律師公會提供法律常識服務、法令解釋、紛爭調處等，解決人們法律上的疑難問題。

(五)聯合與個別推展並行不悖

各種民間團體可藉集體行動，集合整體力量，群策群力，提供社會資源，致力社會服務；亦可藉個別力量，在能力所及範圍內，利用餘力、餘知、餘財、餘物提供社會資源，作為拋磚引玉之示範作用；是故無論聯合或個別提供社會資源，雖殊途而異，但終其目的則是一致的。

(六)要以人力與智力來吸引、創造物力與財力

人具有推行、維護、改革、創新諸項功能；而財與物可藉人的運用發揮其功能，唯其成果的大小端視團體支持的意願強弱而定；社會資源透過了有組織、有紀律的人民團體發揮組織功能，凝聚了人，匯集了財，發掘了物，使得社會資源的力量倍增；當然，要發揮這些功能，就必須要團體彼此意見溝通、集思廣益，匯集大眾的心聲，使大家看法一致，成敗的責任就由每一個人來分擔；人人視公事如家事，不推諉，不逃避，如此透過公共的意見、人為的努力，也就間接的提供了社會資源的物力與財力。

(七)要讓被服務者在受益之餘產生回饋

施者慎勿念，受者長緬懷；民間團體能對社會的不幸，視而有見，急予協助；對人間的疾苦，人猶如己，給予關懷；若能如此，則人人必能盡到對自己國家應負的責任，盡己而不為己；各種團體提供各項社會資源，亦是取之於社會，用之於社會，而讓受益人亦能深切領會到世間人情的溫暖；於仰事俯畜自足之餘，亦能以同樣心情，推及他人，回報於社會；則整個社會或國家，將生生不息，永遠充滿溫情，生氣蓬勃。

(八)要從成果展現中來增進團體的信心

　　各種民間團體本著自我意願，利用餘知、餘力、餘財、餘物，來表達對社會的愛慕，對同胞的關懷；提供物質與精神兼有的奉獻，對自己不求報酬與讚揚，予受助者在困難中得到滿足，社會上應予以適度的補償與獎勵；固然部分社會資源項目，短期內未必能收立竿見影之效，但持之以恆，必能臻功。因此，肯定民間團體對國家所貢獻的各項社會資源，給予團體的信心而激發其持續參與的宏願，應是必要的。

(九)要漸次讓社會大眾普遍參與蔚爲風氣

　　我們深信人間樂土可以靠雙手來締造，透過了人爲的努力，可以彌補社會資源的不足；人人體認、個個參與的結果，必可使社會更進步、更繁榮；如果能夠透過大眾傳播中報章雜誌及廣播電視的報導、傳單小冊的散發，及社會領袖的影響，這種重視自己，也關心別人，注意一己權益，亦不忘社會大眾整體福利的胸襟，必能使社會形成一種風氣，人人視提供社會資源不僅是所願爲，也是所當爲；如此，社會大眾若能普遍參與，自能漸次蔚爲社會上一種善良風氣。

四、結語

　　社會進步是永無止境，不斷前進；民間團體包羅萬象，社會人士以一己之職緣、趣緣、地緣或血緣而參與不同的組織；各組織又本既有之宗旨與目標，旗幟分明，萬眾一心，所以成效至大；例如扶輪社、獅子會、青商會、同濟會、紅十字會、基金會等，這些組織彼此如能分工配合，其力量一定不只是相加，而且

是倍增；尤其各團體既有分支組織，其聲勢不僅是浩大，而且是無窮；我們要民間團體提供社會資源，是意識的變更、觀念的轉化，而非靠人情所及，威權所致；因此一方面需要透過教育灌輸，大眾傳播工具的介紹、散發，團體領袖的鼓吹與號召，同時更重要的是所提供的社會資源，要能針對社會的需要，發揮具體的效果，讓所有參與人及受益人有口皆碑地義務宣傳；如此才能上下交互影響，政府與民眾共同推動，使社會形成一種風氣；讓每一個人了解生存的目的，不僅僅是為自己、為家庭，而更應了解個人、家庭、社會國家之間的關係是休戚與共，互為表裡；這樣社會資源才不至於為人力所限制，貢獻範疇也不會偏限於一隅。

第二十一章

災害應變時民間志願組織之運用

一、引言

　　台灣地區位處於西太平洋颱風區及環太平洋地震帶上，地層屬年輕尚不穩定的地質，自然環境條件惡劣，導致颱風、地震、豪雨、乾旱、土石流等天然災害發生頻率極高；加上國家經濟急遽發展，人口及產業紛紛向都市集中，高層大樓且規模龐大之建築物到處林立，易燃易爆等危險物品超量儲存，極易造成重大火災及爆炸災害等。這些災害特點就是：災區廣泛，政府正規救災人員第一時間內無法面面俱到。以八十八年九二一大地震為例，地震發生後，雖然政府救災單位全面動員投入救災，迅速救出四、八〇〇餘受傷、受困民眾，但仍有二、四〇〇餘民眾搶救不及不幸罹難；如果當時沒有熱忱的民間志願組織紛紛投入災區，參加生命救援、災民安置等服務，相信這次震災的傷亡和損失必定更加不可想像。因此，在政府人力、財力、物力有限的情形下，如何運用民間志願組織在重大災害發生第一時間內（救命七十二小時黃金時效），能立即有效動員投入災害應變的行列，使災害造成的損失降到最低程度，實在是政府現階段災害防救工作刻不容緩的急切要務。

二、法令依據

(一)災害防救法第二十二條規定

　　為減少災害發生或防止災害擴大，各級政府應依權責實施下列事項，其中第九項為：「社區災害防救團體、民間災害防救志願組織之成立及其活動之促進、輔導、協助及獎勵。」

(二)災害防救法第二十九條規定

(1)各級災害應變中心成立後，指揮官應指揮、督導及協調國軍、消防、警察、相關政府機關、公共事業、後備軍人組織、民防團隊、社區災害防救團體及民間災害防救志願組織執行救災工作。

(2)上項所述後備軍人組織、民防團隊、社區災害防救團體及民間災害防救志願組織之編組、訓練、協助救災事項之實施辦法，由內政部會同有關部會定之。

(三)災害防救法第五十條規定

(1)依災害防救法協助執行災害防救工作之民間志願組織，其立案與工作許可，應經內政部認證，其認證辦法，由內政部定之。認證相關所需之課程、訓練經費得由內政部編列預算補助之。

(2)經認證之民間災害防救志願組織，政府應為其投保救災意外險，並得協助提供救災設備。

三、災害應變民間志願組織的定義

(一)社區災害防救團體

指依人民團體法立案或依財團法人設立之相關規定許可，並經直轄市、縣（市）政府或經中央災害防救業務主管機關考評合格，協助災害防救之社會團體或基金會。

(二)民間災害防救志願組織

指向直轄市、縣（市）政府或中央災害防救業務主管機關登記有案，並向內政部申請認證與工作許可，實際協助救災工作之民間志工團隊。

四、協助災害應變民間志願組織的現況

目前協助執行災害應變工作的民間志願組織，除依內政部訂頒「義勇消防組織編組訓練演習服勤辦法」編組之義消人員，依內政部消防署統計資料顯示，截至九十二年九月底計有二九、二九三人外；內政部消防署自八十八年九二一震災後所加速推動之有關民力運用的三大計畫，績效至為顯著；試從三大計畫的實施目的、任務編組、教育訓練及協助災害應變事項分別就其現況說明之。

(一)廣結志工參與緊急救護工作──鳳凰計畫

該計畫內政部消防署於民國八十八年九月二十一日以88消署護字第88G01131號函核定實施。目前全國各直轄市及縣市，均已分別成立「鳳凰志工隊」，且南投縣、澎湖縣每個鄉鎮均有「鳳凰志工分隊」；依內政部消防署統計資料顯示，截至九十二年九月底共有鳳凰志工二、九一七人。

1.實施目的

為激勵社會大眾秉持「以服務充實人生，用關懷增進溫情」的理念，發揮「助人最樂，服務最榮」的精神，進而擁抱「鳳凰情」，展現「天使心」，踴躍投入志工行列，積極散播服務種子，共同為協助緊急救護工作及增進社會安祥而奉獻心力。

2.任務編組

只要願意提供餘時參與救護工作之社會大眾，確具助人熱忱與服務志趣者，均歡迎踴躍參加。凡認同並響應「鳳凰計畫」，經參加訓練合格後，每二十人以上即可組織一「鳳凰志工分隊」，各直轄市暨縣市消防局俟成立二分隊以上時，應分別輔導成立「鳳凰志工隊」；各鳳凰志工分隊、鳳凰志工隊各設分隊長、隊長一人，副分隊長、副隊長一至三人，任期二年，分隊長、隊長不得連任。且各志工分隊、志工隊依工作需要設置下列各組，負責辦理各項有關事宜。

(1)輔導組：負責志工之召募編組、任務分配等有關事宜。

(2)管考組：負責志工之工作考核、資料管理等有關事宜。

(3)行政組：負責各分隊、隊本部之文書處理、庶務工作等有關事宜。

3.教育訓練

應依行政院衛生署訂頒「救護技術員管理要點」之規定，至少接受六十小時初級救護技術員專業訓練；另應接受依志願服務法規定之基礎訓練課程十二小時。所有志工參加訓練時，務須全勤，並經過測驗及格，發給合格證明後，始可擔任鳳凰志工。有關專業訓練課程的內容如下：

(1)緊急醫療救護概論（訓練項目包括：①緊急醫療救護體系；②緊急醫療救護法規及運用）：二小時。

(2)人體基本解剖、生理學概論：四小時。

(3)緊急救護之基本技術（訓練項目包括：①生命徵象及身體評估；②心肺復甦術、哈姆立克急救法；③止血；④包紮、固定；⑤休克處置；⑥去除頭盔及使用護頸；⑦脫困與解救；⑧傷患搬運；⑨車內看護：十八小時。

(4)外傷及特殊傷病（訓練項目包括：①外傷基本處置；②燒

燙電傷；③溺水處置；④中毒處理）：四小時。

(5)胸部急症處置（訓練項目包括：①呼吸急症；②循環急症；③胸部外傷）：二小時。

(6)腹部急症處置（訓練項目包括：①消化；②腹部外傷；③腎臟泌尿）：二小時。

(7)神經急症：二小時。

(8)精神急症：二小時。

(9)婦產急症：一小時。

(10)小兒急症：一小時。

(11)老人急症：二小時。

(12)環境傷害急症（訓練項目包括：①化學災害；②輻射災害）：二小時。

(13)急救器材使用（訓練項目包括：①抽吸機；②攜帶式甦醒器）：二小時。

(14)救護紀錄表填寫：二小時。

(15)大量傷患及檢傷分類：二小時。

(16)綜合演練及考試（含筆試及術科。綜合演練之訓練內容，至少應包括「救護技術員教師訓練手冊」所列四個訓練項目以上，其餘視各地區的需要而定）：十二小時。

4.協助災害應變事項

緊急醫療救護及運送。

(二)凝結民力協助災害救援工作──睦鄰計畫

該計畫內政部消防署於民國八十八年十二月十日以台(88)內消字第8876309號函核定實施。目前全國各直轄市及縣市除基隆市、宜蘭縣、高雄縣、福建省連江縣外，均已成立「睦鄰救援隊」

一隊，依內政部消防署統計資料顯示，截至九十二年九月底共有隊員三、四五三餘人。

1.實施目的

　　為激勵社會大眾秉持「給人希望是天使，救人苦難是菩薩」的理念，發揮「敦親睦鄰、守望相助」的精神；於重大災害發生時，奮不顧身，主動投入救援行列，共同為自救甚或拯救受困鄰居脫離緊急災害而努力，進而達到緊急災害救援社區化的期望目標。

2.任務編組

　　以社區為單位，結合社區內的社區發展協會、救難團體、義消、義警、義交、民防、社區巡守隊、鳳凰志工隊、慈濟工作隊、民間醫療院所及其他志願服務團隊四十人以上本諸自發意願即可共同組成「睦鄰救援隊」（Neighbourhood Rescue Team，簡稱NRT）；每隊設隊長一人，任期兩年，不得連任；副隊長三人，分別負責掌理組訓、輔導、行政等相關業務；並依工作需要設置下列各組，負責辦理各項有關事宜。

　　(1)滅火組：負責使用滅火器撲滅簡易火災；在必要時將居民撤離危險物品洩漏地區，並阻止居民進入。

　　(2)搜救組：負責搜查結構未損毀的建築物，並在外表留下記號以資辨識；在搜索過程中營救出傷者，衡量傷者傷勢，將傷者送往醫療站。

　　(3)救護組：負責設立安全且遠離危險情況的醫療站，為護送至醫療站的傷者做進一步檢查；傷者病情如有變化，立即更改傷者的傷情分類，協助將需要立即處理的傷者送往「重傷醫療中心」。

　　(4)後勤組：負責提供其他各組所需物品、工具、糧食及水；支援其他各組作為後備隊員；並應設立通訊網，負責隊員

間通訊聯絡、傳遞訊息給其他各組、隊員及支援單位。

3.教育訓練

　　所有參加「睦鄰救援隊」的志工均應接受十六小時的專業訓練課程及十二小時的志願服務基礎訓練課程；訓練結束後，經訓練單位考評合格者，由訓練單位發給結業證明書。另應於每年四月、十月對初訓合格領有結業證明書的志工辦理複訓一次，時間為十小時以上，藉以維持並增強災害救援技能與方法。有關專業訓練課程的內容如下：

(1)災害準備：包括災例介紹、災情的危害與影響、認識建築物與非建築物的危險、減災策略等內容（三小時）。

(2)火災滅火：包括火災化學原理、危險物品認識、如何減緩住家與辦公場所火災危險、NRT決斷、滅火器材認識與使用、滅火安全等內容（三小時）。

(3)醫療救護：包括認識與生命危害狀況的處置、傷患分類、全身狀況評斷、骨折、燒傷、拉扭傷、凍傷處置等內容（三小時）。

(4)簡易搜救：包括計畫擬訂、搜尋與救助的決斷、搜尋與救助採行方式、器具的操作使用等內容（三小時）。

(5)災害心理與團隊組織：包括災害心理、NRT組織、如何做正確決定、文書製作、書面模擬作業等內容（三小時）。

(6)課程複習與模擬：包括期末測驗、課程回顧複習、災害模擬處置、實際演練與器材操作等內容（一小時）。

4.協助災害應變事項

　　簡易火災及其他災害搶救、緊急醫療救護及運送、救災之後勤支援等。

(三)輔導救難團體強化組織救援效能——開源計畫

　　該計畫內政部消防署於民國八十九年五月二日以89消署救字第89F0238號函核定實施。依內政部消防署統計資料顯示，截至九十二年九月底，在內政部及各直轄市、縣市政府主管機關許可立案的民間救難團體計有一六五個；透過全面訪查了解其組織功能後，將分類加強輔導。

1.實施目的

　　政府力量有限，民間資源無窮；為能有效運用民間救難組織力量，配合政府機制，致力投入緊急災害救援工作，特訂定「開源計畫」；以期各級消防機關確實輔導民間救難團體健全組織，增強專業知能；進而達到廣為「開拓資源，善用民力」，共同為因應緊急災害救援工作而展現精良之戰力。

2.任務編組

　　由民間救難團體依組織規章，甄選身心健壯、反應靈敏，具服務熱忱及救難常識之會員自行編組。

3.教育訓練

　　(1)專業課程：凡經甄選合格志願參加救難團隊的會員均應參加。

　　　①訓練課程及時數依民間救難團體之專業效能而定，訓練層次包括：初級班、進修班及研究班三個階段。

　　　②凡參加訓練結束後從無缺席，並經考評通過者，由訓練單位發給結業證明書。

　　　③經初訓合格領有結業證明書者，另應於每年五月、十一月分別參加複訓（課程及時數依需要而定），藉以維持並增強災害救援之技能與方法。

　　　④參加初級班訓練領有結業證明書，並經複訓考評通過

者，始有資格報名參加進修班之訓練，餘此類推。

(2)通識課程：凡擔任團體領導幹部，包括：理事長、常務理
監事、理監事、隊長、分隊長、小隊長及工作人員一律均
應參加。

①訓練課程包括：A.認識人民團體法規（三小時）；B.會
議規範與團體運作（三小時）；C.人民團體領導幹部應
有的認知與素養（二小時）。

②凡參加訓練結束後均無缺席，並經考評通過者，由訓練
單位發給結業證明書。

③團體之領導幹部除參加通識課程訓練外，每年均應參加
一次「如何強化民間團體組織功能」研討會（三小
時），藉以增強民間團體組織運作之知能。

4.協助災害應變事項

依團體之不同專長適時協助。

五、運用民間志願組織的應行措施

「災害防救法」雖已公布實施，但徒法不足以使災害防救工作
真正推動與落實；因此，致力結合民力協助災害應變工作不容忽
視，個人認為運用民間力量應從下列幾方面著手。

(一)落實法令執行

災害防救法涵蓋的細則、辦法、要點、規定等大大小小的子
法有三十六個之多，內政部與各相關部會及地方政府均已分別陸
續訂定完成。各項法令訂定完成發布實施之後，最主要的就是要
辦理法令講習，讓各相關部會、縣市政府及鄉鎮市公所確實了解
本身在災害防救方面所應扮演的角色及所應擔負的責任。例如：

依地方制度法規定，「災害防救」係屬地方自治事項；而依災害防救法規定，當災害發生或有發生之虞時，一旦鄉鎮市公所或縣市政府成立災害應變中心，鄉鎮市長及縣市長就是該災害應變中心的指揮官，應該依規定統籌該轄區的災害應變事宜。而中央災害應變中心的指揮官依災害之性質、規模由中央災害防救會報召集人（行政院長）指定；各地方災害應變中心在災害處理的過程中如需請求上級災害應變中心支援時亦可隨時和中央密切聯繫，而上級災害應變中心也會主動關心。像此等等均需透過講習研討讓各級政府領導首長及相關人員徹底了解，面臨災害應變時才能應付裕如。

(二)健全防災體系

目前中央至地方的消防體系，除內政部消防署，地方政府消防局除連江縣於九十年二月二日成立外，其他均已於八十七年七月一日前陸續成立完畢；有關救災的組織機制可說已經相當完整。可是依災害防救法於八十九年八月二十五日所成立的「行政院災害防救委員會」，雖然規定由行政院副院長兼任主任委員，內政部部長及政務委員兼任副主任委員，擔任副主任委員之內政部部長兼執行長，消防署署長兼副執行長，委員會並分六個組，看起來洋洋灑灑，可是它卻僅足　個設置要點的任務編組，业非機關化的組織機制；既無獨立人事，也無獨立預算，要想發揮既定功能殊屬不易。不過，碧利斯颱風、象神颱風、桃芝颱風、納莉颱風侵襲時，依該委員會的組織機制負責指揮、協調確實展現相當的功能，如果該委員會能改以組織規程的機關化架構運作，相信對於災害防救所能產生的功能將更不可限量。

志願服務理念與實務

(三)強化專業訓練

　　救災要有人，但有人還要有專業，就以八掌溪事件為例，參加救災的人，連拋繩槍都不會用，人再多也沒用；因此，救災的方法與技巧亟待加強專業訓練。而且台灣地區救災的專業人力實在不足；世界先進國家每一千人口就有一位消防人員，而台灣四千人口才有一位，在這有限的人力，如果專業訓練未能加強，並將每個人都訓練為精兵，則人力更顯不足。

(四)充實救災裝備

　　有人沒裝備也沒有用，每年立法院在審查政府預算時，立法委員們都嫌消防署的預算太少，就以九十二年預算而言，一年亦僅准編二十九億多元，雖然，每年均有成長，但成長的幅度實在難以應付實際的需要。尤其是地方政府財源均相當拮据，有賴中央補助支援，如果中央未能協助，則地方政府的各項救災裝備實難充實更新。

(五)加強資源整合

　　政府力量有限，民間資源無窮，災害防救如果全賴政府的專職人力絕對力不從心。依內政部消防署統計資料顯示，截至九十二年九月底，台灣地區專職的消防人力僅有八、八五五人，但義消、鳳凰志工、睦鄰救援隊及社區婦女防火宣導隊共計四二、一〇〇餘人，另外還有一百六十幾個經政府許可立案的民間救難團體。如果災害應變沒有這些充分的民力協助支援，相信對於救災工作一定大打折扣；所以，致力整合民間組織，乃強化災害應變刻不容緩的要務。

(六)致力觀念宣導

災害防救除了政府機關縱的連繫及橫的整合應該善於協調配合外，如何喚起民眾共同建立「災害防救，人人有責」的共識更加重要；如果能夠透過村里民大會及其他可行的管道致力觀念宣導，讓民眾充分了解災害防救的**警覺性與自主性**，相信對確保人民生命、財產的安全更能發揮有效的功能。

說實在的，善加運用民間志願組織必須要有方法，尤其更要講究藝術；根據個人的經驗，運用民間志願組織除了應有上述應行措施外，更須重視下列的基本前提：

1.政策要明朗

因為要有明朗的政策才能激發社會大眾的群起響應，讓社會大眾認識、了解參與服務的真正意義與目的，進而期使其在認清政府的明朗政策下，熱烈支持。內政部消防署於九二一震災後加速推動「輔導救難團體強化組織救援效能——開源計畫」、「廣結志工參與緊急救護工作——鳳凰計畫」及「凝結民力協助災害救援工作——睦鄰計畫」成效至為彰顯；此乃民間力量之運用在明確政策的指引下，蓬勃發展的最佳印證。

2.組織要健全

服務別人，首須健全自己；民間組織要能彌補政府之不足，當然必須先從健全自我做起；因為，嚴密的組織、明確的分工始能發揮整體的力量。一般言之，**健全民間組織的指標為：組織自由化、會務自主化、業務效益化、財務制度化、運作民主化及經營專業化。**

3.訓練要落實

訓練是一個過程，藉此過程可分享理念、激發問題、修正態度及發展技巧。教育訓練不僅是運用民間組織的重要環節，更是

導引服務方向、提昇服務品質的最佳途徑。唯有透過教育訓練，才能使社會大眾由學習認知，進而產生參與興趣；更予以肯定，且樂在服務。亦唯有透過教育訓練才能使參與服務者擁有榮譽心，更使接受服務者產生安全感。不過應該特別注意的是，政府機關辦理救災志工訓練務須秉持有計畫、有步驟、有目標、有效益的原則循序漸進，方能奏效。

4.倫理要培養

所謂倫理係指哲學思想、價值觀念、道德標準及行為規範。參與服務雖然是一種只問耕耘、不計回饋的志業，但志工參與服務的歷程與結果所涉及的影響層面，不僅只限於服務對象與志工本身之間的互動關係，尤其更與社會整體的觀感息息相關。基此，民間組織為能發揮其參與救災的預期效果，政府部門當然務需致力於倫理的培養，期使參與救災志工深切體認「有所為」、「有所不為」的真諦，進而共同弘揚民力運用的具體成效。

5.績效要評估

所謂評估就是檢討過去，策勵未來；檢討是手段，改進是目的；必須檢討過去，發掘問題，才能研究改進，開創新猷。政府對於民間組織參與災害防救的績效，如能定時舉辦評鑑，以審慎嚴謹的態度，公開評估志工團隊的服務績效，對於志工團隊的努力付出應會具有指標作用。

6.獎勵要公正

民間力量的有效運用，有賴政府具體而公正的獎勵；因為獎勵不但能激勵參與者的持續服務，尤能激發社會大眾見賢思齊。惟獎勵應特別堅守的原則是，務必確實做到公正客觀、寧缺勿濫；否則，不但未能獲得正面的鼓舞效果，尤恐產生負面的抱怨回應。

7.制度要建立

制度乃工作標準與行為模式；使用民間組織彌補政府災害應變人力之不足，對於救災志工的甄選、任用、組織、訓練、福利、獎勵、服務方法及倫理守則……，政府均已建立完善的制度，訂定具體可行的法令規章；以期有效規範救災志工或志工團隊循序推動，各級消防主管機關務必貫徹執行。

8.互動要靈活

成功的民力運用須以擴大參與來因應社會需求，而非排除他人加入，將服務工作專美於己。服務工作如能使更多的志工朋友共同體悟到「予多於取」、「人重於己」的價值觀念；進而把握重點，互動靈活，則必能贏得社會的信賴，展現增強的功效。

9.幹部要負責

任何志工團隊不論其成員多少，亦不管成立時間之長短，都必有其目標與計畫。充當團隊領導幹部的重要功能之一，就是要能確定團隊的目標與計畫，及擬訂達成目標與執行計畫的方法與步驟，負責盡職地領導團隊成員互助合作，協調配合，為達到共同的目標與計畫而努力奮進。

10.主管要重視

任何一個機關、機構或團體的主管對於運用民間組織的成敗與否，應負有絕對的影響作用。如果主管對於該項工作能予重視與支持，則對承辦業務的同仁因為獲得長官的支持，必能士氣大振，圓滿達成任務；尤其對於志工朋友更能因為長官的重視，而深受鼓舞，有效善盡職責。

六、結語

「災害防救法」經過六年的時間，終於在八十九年六月三十日

經立法院三讀通過，總統於同年七月十九日公布施行，總計有八章五十二條，規定已相當完備。從災害防救法可以看出，我國與美、日相比較，其災害防救的處理層級均為三級：①我國：中央─直轄市、縣市─鄉鎮市區；②美國：聯邦─州─地方；③日本：中央─都道府縣─市町村。而其處理階段分別為：①我國：預防（包括減災及整備）─應變─復建；②美國：減災─整備─應變─復建；③日本：預防─緊急應變─復舊。就災害處理的層級與階段而言，三個國家應屬大同小異。

我們深知，防災機制的良窳與民眾生活品質息息相關，如何將災害消弭於無形，或在災害發生時力使災害損失降至最低，應是政府重要的施政措施；但整體公共安全不能光靠政府，有賴國人均能普遍參與。依新頒「災害防救法」規定，各級災害應變中心成立後，指揮官應指揮、督導及協調……後備軍人組織、民防團隊、社區災害防救團體及民間災害防救志願組織執行救災工作；而後備軍人組織、民防團隊、社區災害防救團體及民間災害防救志願組織之編組、訓練及協助救災事項業已於九十年八月二十七日由內政部與國防部會銜訂頒實施辦法；以備災害發生時，能夠有效動員該等民間志願組織的力量共同投入災害應變的行列，與政府救災單位專業人員併肩作戰；充分展現「效率政府」與「活力民間」密切結合的最佳效能。

第二十二章

從九二一震災談推廣志願服務應予重視的議題

一、引言

　　志願服務的基本精神是個人本濟世的胸懷、利他的情操，付出所餘，助人不足，對社會提供精神或物質的奉獻，致力於改造或促進的一種神聖志業；它不僅是一份歡喜心，尤更需要甘願做。

　　我們深信：敦親睦鄰、守望相助是人類最美的德操，也是推動人類文明進步的重要力量。八十八年九二一大地震造成民眾重大傷亡，如果當時沒有熱忱的志工們紛紛投入災區，參加生命救援、災民安置等服務，相信這次震災的傷亡和損失必定更加嚴重；畢竟政府的力量有限，社會裡存在許多不完滿的缺口和遺憾，需要大家以關懷及愛心來彌補。

　　這次震災，來自國內外各階層志工團隊為災民們提供各項服務；他們放下本業，流著汗水，為參與救災投注心力，除了提供物質的支援外，同時也給了受創同胞們最大的精神支持；從他們的表現，不只是真誠、善良與熱情，還有他們所散發的光彩，志工們樂在工作的原因，就是無私無我、無為無求，來自內心自我實現的喜悅。

二、九二一震災救援經過概述

　　八十八年九月二十一日凌晨一時四十七分十二‧六秒，南投縣日月潭西方十二‧五公里處發生芮氏規模七‧三地震，為台灣地區帶來空前的劫難；山搖地動，房舍傾倒，計二、四○○多位同胞罹難，一一、三○○餘位受傷，數以萬計房屋倒塌，更造成不少的孤兒與破碎家庭，所有民眾均籠罩在驚悸傷感的恐懼中。

從地震發生的那一刻起，無論政府及民間，都積極展開救援行動，國際人士亦紛紛伸出援手。惟本次地震強度至為強烈，造成人員生命財產損失為百年來所僅見，同時也顯示出整體防災體系仍有待從速改進的空間，在救災進行善後復原重建之時，亟應就防災體系予以強化，使其更為堅實，更能接受巨大災變的挑戰。

九二一地震使台灣中部地區嚴重受創，截至十月二十日八時止，共計救出五、○○四人，道路搶通脫困四、六八五人，造成二、四○五人罹難，一○、七一八人受傷送醫，五十一人失蹤，房屋五三、六六一戶全倒，五三、○二四戶半倒的災情。其中值得一提的是，九月二十一日當天地震發生後，內政部消防署編組人員自動於二十分鐘內集合成立緊急應變小組，處理各地災情及調度支援；更難能可貴的是各受災縣市地區在第一時間，展現了絕佳的機動力與動員力，在黃金存活時間七十二小時（二十一日至二十三日）內計救出四、二八六位存活者，占總救出人數85.7％，而國外救援團隊前後計有二十一個國家（含聯合國）、三十八個團隊、七二八人，及一○三隻搜救犬參與救災，亦成功救出六人。

總之，此次強烈地震造成了慘重的民眾傷亡及財物損失，政府及民間團體加上國外災難搜救隊伍不眠不休的投入搶救，盡最人的努力在最短時間內救出四、八○○多條生命，雖然仍有一、○○○餘人的死亡，但是我們中華民國像浴火的鳳凰，每一次的衝擊，都可以透過檢討、突破、創新的程序和機制，健全體質，增強力量，獲得嶄新的生命力和創造力。

三、志工團隊參與九二一救災所面臨的困境

(一)缺乏好的工具

參與救災的志工團隊僅憑一股助人為先的衝勁,但卻赤手空拳缺乏好的救災工具;諸如:交通工具、通訊工具、電腦、文具……均相當短缺,以致讓許多時間白白浪費在等待及尋找工具的問題上。

(二)未能掌握正確的資訊

在救災過程中,一方面因為大部分地區通訊全告斷絕,根本無法了解那些地區急待救援,也不清楚其他團隊的救援狀況到底如何,結果只有像熱鍋上的螞蟻一樣根本無法使力;另一方面因為大家太忙,實在難以透過適當管道確實了解政府各部門的救援措施,而未能充分發揮彌補政府不足的功能。

(三)協調聯繫不夠理想

因為熱心救難團隊及人士紛紛湧入災區,救災體系多頭馬車各做各的;以致:①有些事情重複做,有些事情沒人做;②有些地方資源過剩,有些地方資源短缺;③既不能確定別人已經做了什麼,也不一定知道自己該做些什麼……,結果造成熱心有餘,成效難以彰顯之窘境。

(四)公權力欠缺

因為各個部門心急如焚、手忙腳亂,政府方面並沒有授權給參與救災志工團隊明確任務,以致志工團隊在協助救災的過程

中，難免會有力不從心、心餘力絀之憾。

(五)作秀搶功的心態影響

有些志工團隊對於志願服務的基本理念缺乏正確的認知，加上好大喜功的心態作祟，在參與救災的過程中只有一味著尋找機會力求表現自己，根本不是真正為著急於救人而熱烈參與；於是與一些實事求是的救難團隊，甚至政府的救難部門，時有格格不入、意見相左的現象發生，形成救災工作順利進行的無謂阻力。

(六)遭受地方生態的衝擊

在災害較為嚴重的地區，災民嗷嗷待救，外來者的資源和服務必然受到極大的歡迎，惟外來者的經驗和智慧不一定受到青睞與肯定；因為，每個地方都有既成的運作模式和作業程序，或許他們難免會有惰性，但卻擁有強烈的韌性，不太容易接受外來介入的力量；所以，外來者的建議和主張，多半不被地方所絕對歡迎；於是會有乘興而來、敗興而歸，徒勞無功、心灰意冷的失落感覺。

四、推廣志願服務應予重視的議題

(一)在政府機關方面

政府力量有限，民間資源無窮；妥切運用志願服務組織的龐大力量，確實是彌補政府不足的最佳途徑；惟仍須政府建構完備的配套措施，才能使政府與民間力量相輔相成，相得益彰。茲就個人從事志願服務的經驗所得，略敘推廣志願服務政府方面應予重視的議題。

1.政策要明朗

因為要有明朗的政策才能激發社會大眾的群起響應，讓社會大眾認識、了解參與志願服務的真正意義與目的，進而期使其在認清政府的明朗政策下，熱烈支持。近年來，雖然內政部積極推動「廣結志工拓展社會福利工作──祥和計畫」，行政院青輔會亦致力推展「青年志願服務」，均頗見績效；內政部消防署於九二一震災後正加速推動「廣結志工參與緊急救護工作──鳳凰計畫」及「凝結民力協助災害救援工作──睦鄰計畫」成效至為彰顯；如果其他主管機關亦能普遍參照推行，則我國的志願服務工作必能在具有明確政策的指引下蓬勃發展，展現更大力量。

2.訓練要落實

訓練是一個過程，藉此過程可分享理念、激發問題、修正態度及發展技巧。教育訓練不僅是推動志願服務的重要環節，更是導引志願服務方向、提昇志願服務品質的最佳途徑。唯有透過教育訓練，才能使社會大眾由學習認知，進而產生參與興趣；更予以肯定，且樂在服務。亦唯有透過教育訓練才能使參與服務者擁有榮譽心，更使接受服務者產生安全感。不過應該特別注意的是，政府機關辦理志工訓練務須秉持有計畫、有步驟、有目標、有效益的原則循序漸進，方能奏效。

3.倫理要培養

所謂倫理係指哲學思想、價值觀念、道德標準及行為規範。志願服務雖然是一種只問耕耘、不計回饋的志業，但志工參與服務的歷程與結果所涉及的影響層面，不僅只限於服務對象與志工本身之間的互動關係，尤其更與社會整體的觀感息息相關。甚此，志願服務為能發揮其預期效果，政府部門當然務需致力於志工倫理的培養，期使志工深切體認「有所為」、「有所不為」的真諦，進而共同弘揚志願服務的具體成效。

4.網絡要建構

志願服務雖是一種助人利他的崇高志業，但不能只訴諸利他的、慈善的動機，必須要有一套完整的資訊網際網路系統；這個網路系統應包括政府機關與民間團體推展志願服務的相關資料，尤其資料更要力求完備，適時更新。如此，不但可使熱衷志願服務的社會人士透過網站而能獲得「貢獻有處」的心願，尤可協助急待外力支援的受困同胞經由網站而能獲得「呼援有門」的管道；更重要的應是資源的共享與再生的議題。因此，政府部門如何結合志工團隊的力量共同致力志願服務資訊網際網絡的建構乃為推廣志願服務的急切要務。

5.資源要整合

社會資源取之不盡，用之不竭；惟需善加整合運用，始能有效達成目標，並不致造成資源的浪費。推動志願服務，財力的捐獻、物力的提供，固然最為重要；而人力的支援、技術的應用，更是不容忽視；尤其對於社會資源的運用，必須特別注意開發、整合與維護三者兼籌並顧。

6.績效要評估

所謂評估就是檢討過去，策勵未來；檢討是手段，改進是目的；必須檢討過去，發掘問題，才能研究改進，開創新猷。政府對於志願服務組織推動志願服務的績效，如能定時舉辦評鑑，以審慎嚴謹的態度，公開評估志工團隊的服務績效，對於志工團隊的努力應會具有指標作用。

7.獎勵要公正

志願服務的有效推廣，有賴政府具體而公正的獎勵；因為獎勵不但能激勵參與者持續服務，尤能激發社會大眾見賢思齊。惟獎勵應特別堅守的原則，是務必確實做到公正客觀、寧缺勿濫；否則，不但未能獲得正面的鼓舞效果，尤恐產生負面的抱怨回

應。

8.制度要建立

制度乃工作標準與行為模式；使用志願服務組織彌補政府不足，對於志工的甄選、任用、組織、福利、獎勵、服務及倫理守則等，政府均應建立完善的制度，訂定具體可行的法令規章，以期有效規範志工或志工團隊循序推動，確實發揮彌補及增強的功效。

9.督導要投入

志工係依其個別的志趣而分別參與不同的服務項目，熱誠有餘，專業不足；務須給予正確導引，始能人盡其才，適才適所。因此，政府機關在運用志工的時候，應該建立完整的督導體系，讓志工督導發揮專業投入督導工作，明確賦予志工應有的任務，有效指導志工全心投入，努力達成應有的使命。

10.主管要重視

任何一個機關、機構或團體的主管對於推展志願服務的成敗與否，應負有絕對的影響作用。如果主管對於該項工作能予重視與支持，則對承辦業務的同仁因為獲得長官的支持，必能士氣大振，圓滿達成任務；尤其對於志工朋友更能因為長官的重視，而深受鼓舞，有效克盡職責。

(二)在志工團隊方面

九二一震災的教訓固然令人怵目驚心，不過，台灣民間各種組織在震災中的表現，確實受到了普遍的肯定，尤其無數的志願服務組織不待號令，在事發不久即自動自發召募志工，擔負起救援服務，乃至後續的安置工作，這在戒嚴時期恐怕很難以想像。當前各志工團隊所面臨的最大問題不是能不能擔負起彌補政府不足的重責大任，而是各志工團隊亟應自立自律，以堅強的人事、

健全的財務、完善的服務、高度的效率來強化自我功能，以贏取政府機關的肯定與信任。個人認為志工團隊要能發揮彌補政府不足的效能，首先應從自我做起。

1.組織要健全

服務別人，首須健全自己；志工團隊要能彌補政府不足，當然必須先從健全自我做起；因為嚴密的組織始能發揮整體的力量。

2.宗旨要實踐

任何一個志願服務團體在其組織章程中均有明訂其遠大的宗旨；唯有落實實踐章程宗旨，團體才有功能可言，否則奢談「彌補政府不足」，一切純屬天馬行空。

3.意識要凝聚

團體功能的發揮，端賴其組成份子對於團體的認同程度如何；務須組成份子能夠凝聚意識，對於團體產生強烈的向心力與參與感，團體才能產生協助的輻射作用。

4.觀念要正確

志願服務的可貴在於志願工作者只問耕耘、不計回饋、持續付出、無怨無悔的偉大志節；因此，參與志願服務的朋友要有「助人榮己」的正確觀念，確實為幫助需要幫助的同胞貢獻心力，踏實經營，絕不作秀。

5.方法要講究

助人靠心意，服務講方法；志願服務如能講究方法，必能在投資中不斷開源，在奉獻中不斷開拓，而使志願服務工作不致無疾而終，而更永續發展。

6.配備要齊全

「工欲善其事、必先利其器」，志工團隊不論參與救災或從事其他服務工作，首須了解及評估團隊本身現有的配備及器材足以

應付服務需求的程度，俾能有效展現服務的能力；否則，必備的服務工具一無所有，僅憑一股服務的熱忱，實難真正發揮團隊既定的效能。

7.使命要貫徹

承諾就是一種責任，志工既然承諾提供服務，就應嚴謹地擔負起工作崗位的責任。所謂責任，就是志工在提供服務時，要有實事求是、努力以赴的使命感，崇法務實，克盡職責；唯如此，志願服務才能想得平實，做得踏實。

8.幹部要負責

任何志工團隊不論其成員多少，亦不管成立時間之長短，都必有其目標與計畫。充當團隊領導幹部的重要功能之一，就是要能確定團隊的目標與計畫，及擬訂達成目標與執行計畫的方法與步驟，負責盡職地領導團隊成員互相合作，協調配合，為達到共同的目標與計畫而努力奮進。

9.互動要靈活

成功的志願服務須以擴大參與來因應社會需求，而非排除他人加入，將志願服務專美於己。志願服務如能使更多的志工朋友共同體悟到「予多於取」、「人重於己」的價值觀念，進而把握重點，互動靈活，則必能贏得社會的信賴，展現增強的功效。

10.經費要自籌

團體的成立旨在配合民眾的需要，協助政府推展公共事務；志願服務組織尤其不可例外。因此，團體要能發揮既定的功能，務須結合整體力量，自籌充裕財源；如果團體完全依賴政府補助才能運作，則團體必完全失去其籌組成立的意義。

五、結語

　　總之，九二一大地震將是二十一世紀台灣人民共同的歷史回憶；我們確信，九二一震災的破壞，同時也將帶來台灣人民轉變的契機。我們看到在震災過程中，志工團隊利他不計辛勞、助人絕不抱怨的積極投入，足以告訴這一代的台灣人民：「法律」與「秩序」、「公義」與「慈悲」確實是台灣所以生存與重建的四大支柱。五十年來，沈迷於富裕社會的台灣人民，必須須體悟如何從「縱容的富裕」出發，深刻地思考人生的意義與價值，進而化為一股「志工台灣」的生命動力。

第二十三章

我國志願服務發展之回顧與前瞻

——從祥和計畫之推廣談起

一、引言

　　邁向二十一世紀的現代福利國家，莫不以提高民眾生活品質、增進社會祥和樂利為施政的重要目標；但是，儘管政府如何重視社會福利政策，或社會福利經費如何逐年成長，單憑政府的力量推動，絕對力有未逮；所以，如何發動社會整體力量，協助政府推動社會福利工作，一方面鼓勵工商企業界，興辦民間社會福利事業，一方面結合社會熱心公益人士，建立志願服務工作體制；亦即「有錢出錢，有力出力」，二者相互呼應，妥善運用，乃是彌補政府不足的最佳途徑；因此，我們可以肯定地說，推廣志願服務乃增進社會福利不可或缺的要素。

　　社會福利事業是一種服務性質的工作，其目的在滿足人類基本生活需求、解決社會問題與促進社會發展。要達到上述之理想目標，除了需要健全政府社會福利制度外，更需要民間資源的熱烈參與；因此，社會福利事業之開創應是政府與民間之共同職責。近年來，社會結構的急遽轉型，各種社會問題也隨之複雜化與多元化，致使社會福利從維持少數人的基本生活提昇至滿足多數人的生活品質和輔導解決身心困擾等經濟、精神、心理的層次；其中志願服務乃是滿足民眾心理、精神需求之重要方式，因為它是一種溫馨的回應，可以傳達人與人間的關懷與互助；它也是一種意念的結合，可以幫助個人開拓生活空間，改變價值觀念。

　　由於志願服務工作的不斷推廣，使社會大眾認知到參與志願服務乃是承擔社會責任的一環，也是提昇人生意境的作為，更是促進社會進步的動力與表徵。於是，隨著民眾參與志願服務意願之提高，政府對於各項福利政策應如何有效因應，對於志願服務

制度應如何加速建立，已是當前刻不容緩的急切要務。

二、「祥和計畫」的主要內涵

內政部為激勵社會大眾秉持「施比受更有福，予比取更快樂」的理念，發揮「助人最樂，服務最榮」的精神；擁抱「志工情」，展現「天使心」，胸懷燃燒自己、照亮別人之德操，踴躍投入志願服務行列，積極散播志願服務種子，共同為協助拓展社會福利工作及增進社會祥和而奉獻心力；特訂定「廣結志工拓展社會福利工作──祥和計畫」，函頒省、市暨縣、市政府自民國八十四年七月一日起全面實施；並於九十年十二月十四日函頒修正。該計畫之訂頒並非意味著過去內政部從未重視志願服務工作，而是期盼藉著這個計畫之大力推廣，能使志願服務工作在更明朗的政策引導下，建立完整的制度，俾有助於社會福利工作更有績效地順利拓展；該計畫的主要內涵為：

(一)任務編組及組織聯繫

1.志願服務隊

認同並響應「祥和計畫」，誠心參與志願服務協助拓展社會福利工作者，每二十人以上即可組織一志願服務隊，每隊設隊長一人，副隊長一至三人。各隊成立後，應將隊長、副隊長名單及隊員人數函報當地直轄市或縣市主管機關備查。

2.主管機關得召開志願服務會報以整合規劃、研究、協調及開拓社會資源、創新社會服務項目等事宜。

3.各志願服務隊得依工作需要設置下列各組，負責辦理各項有關事宜

(1)組訓組：負責志工之召募訓練、組織編隊及資料管理等有

關事宜。

(2)輔導組：負責志工之任務分配、輔導考核及團康聯誼等有
關事宜。

(3)行政組：負責團隊本部之文書、庶務、會計及出納等有關
事宜。

(二)教育訓練

1.基礎訓練

以結合志工新秀、灌輸志願服務理念為主；由志願服務運用
單位安排所屬新進志工參加；訓練期滿後，發給結業證明書。

2.特殊訓練

以強化志工專業知能、熟悉工作環境為主；由志願服務運用
單位安排曾經接受基礎訓練之志工參加；訓練期滿後，發給結業
證明書。

3.成長訓練

以結合資深志工、精進志工知能為主；參與志願服務一年以
上，且曾參加基礎訓練、特殊訓練，並持有結業證明書者，由志
願服務運用單位推薦參加；訓練期滿後，經考評及格，發給結業
證明書。

4.領導訓練

以培訓志工幹部為主；參與志願服務三年以上，且曾參加成
長訓練，並持有結業證明書者，由志願服務運用單位推薦參加；
訓練期滿後，經考評及格，發給結業證明書。

(三)服務項目

1.身心障礙福利服務

協助社政機關及身心障礙福利機構或團體推展身心障礙福利

有關服務事宜。

2.老人福利服務

協助社政機關及老人福利機構或團體推展老人福利有關服務事宜。

3.婦女福利服務

協助社政機關及婦女福利機構或團體推展婦女福利有關服務事宜。

4.少年福利服務

協助社政機關及少年福利機構或團體推展少年福利有關服務事宜。

5.兒童福利服務

協助社政機關及兒童福利機構或團體推展兒童福利有關服務事宜。

6.諮商輔導服務

協助社政機關及諮商輔導機構或團體推展諮商輔導有關服務事宜。

7.家庭福利服務

協助社政機關及家庭福利機構或團體推展家庭福利有關服務事宜。

8.社區福利服務

協助社政機關及社區福利機構或團體推展社區福利有關服務事宜。

9.綜合福利服務

協助社政機關及各社會福利機構或團體提供資料整理、建檔、列管或資訊服務有關事宜。

(四)實施方式

1.頒授「志願服務隊隊旗」

　　志願服務隊隊旗由直轄市、各縣市主管機關分別頒授（負六號旗）；並按各志願服務隊成立之先後順序分別編隊，各隊之運用單位名稱得置於隊旗上，藉以顯現團隊精神，凝塑團隊意識。其各類隊旗之樣式由內政部訂定。

2.製發「志願服務證」

　　志願服務運用單位應依志願服務證及服務記錄冊管理辦法製發「志願服務證」，藉以識別，並示榮譽，俾以提昇服務品質。

3.發給「志願服務紀錄冊」

　　志願服務運用單位應依內政部訂定之「志願服務證及服務紀錄冊管理辦法」規定，向目的事業主管機關申請發給志願服務紀錄冊，用以考核服務績效，並憑作獎勵表揚之參據。

4.製發「志工服務背心」

　　志願服務運用單位得製作「志工服務背心」，藉以突顯服務標誌，廣收服務效果。

5.頒發「志願服務隊幹部聘書」

　　志願服務隊隊長、副隊長，由直轄市、縣市主管機關頒發聘書；藉以激勵「助人最樂，服務最榮」之士氣。

6.訂定「志願服務週」

　　每年十二月第一週配合「國際志願服務日」訂為「志願服務週」，擴大舉辦各項宣導活動，俾使志願服務蔚為風氣。

(五)獎勵

1.個人獎勵

　　(1)參與志願服務一千五百小時以上之志工，得依內政業務志

願服務獎勵辦法申請獎勵。

(2)參與志願服務三千小時以上之志工，得依志願服務獎勵辦法申請獎勵。

(3)舉辦志願服務楷模選拔與表揚：積極參與志願服務之志工，或協助推展志願服務之熱心人士，得由各志願服務隊所屬單位推薦，參加志願服務楷模之選拔活動，其實施計畫另訂。

2.團體獎勵

　　積極推動志願服務工作著有績效之志願服務隊，經評鑑成績優良者，得由內政部予以獎勵，並公開表揚，其評鑑計畫另訂。

3.直轄市、縣（市）主管機關獎勵

　　積極推動社會福利類志願服務工作著有績效之直轄市、縣（市）主管機關，經評鑑成績優良者，得由內政部予以獎勵，並公開表揚，其評鑑計畫另定之。

三、祥和計畫的推廣績效

　　由於「祥和計畫」切合實際、具體可行，自頒布實施後，頗獲熱愛志願服務的人士認同與響應，目前省、市政府暨縣、市政府已分別結合民間力量組成志願服務總隊及志願服務隊，依內政部統計資料顯示，截至九十二年六月底全國共已組成九〇九個志願服務隊，志工人數高達五〇、二六六人，且正不斷地在陸續擴增中；相信此一計畫之積極推廣，當能為我國的志願服務工作開創新境、展現新猷。

　　為落實「祥和計畫」的推動，內政部自八十五年起，每年均舉辦各種宣導活動方案，以創新務實的活動設計，將志願服務理念、精神融入多采多姿的活動設計中，包括推廣、活動、制度、

網絡等，讓志願服務工作呈現多樣的變化，以結合更多熱心社會福利的志工朋友，一起爲社會福利工作盡力打拚。其重要的推廣績效如下：

第一，爲擴大民間參與，加強民眾對志願服務之認識，陸續舉辦「祥和計畫」宣導系列活動。另爲提昇志願服務人員之服務技巧與精進專業知能，並在各地區積極辦理志願服務人員教育訓練，以充實志工服務知能及方法。

第二，爲激勵社會大眾秉持「助人最樂，服務最榮」之精神，發揚全民參與的理念，並探討我國志願服務發展的方向，以期結合民間力量，帶動民眾參與，共同爲增進社會福利而努力奮進；內政部特獎助中華民國志願服務協會於八十五年一月二十、二十一日假台北國際會議中心舉辦「迎向二十一世紀志願服務會議」，共邀學者專家、志願服務團體及機構代表、各基層志願服務隊代表、金駝獎及志願服務獎章得獎人代表及政府業務相關人員三百餘人參加；會議共獲五十六項結論，該等結論正積極逐項辦理中。

第三，爲展現社福志工秉持「助人榮己」的信念，熱烈參與志願服務的昂揚士氣與振奮精神，並期激發社會大眾踴躍投入志願服務行列，散播志願服務種子，彼此攜手連心，共同爲促進社會祥和而努力奮進，內政部特舉辦全國社福志工「祥和大會師」及「奔向服務——爲促進祥和而跑」等活動，藉以增進社會大眾對志願服務之認識。

第四，爲激勵表現優良之志願服務人員，弘揚「志願服務，捨我其誰」之精神，振奮服務士氣，提昇服務品質，藉以促進志願服務工作之發展，內政部特與中華民國志願服務協會與台北市志願服務協會持續舉辦「志願服務獎章」及「金駝獎」選拔與表揚活動。

第五，爲激勵各直轄市暨縣市政府社政主管單位積極推展「廣結志工拓展社會福利工作——祥和計畫」，俾落實執行中央政策，進而達到充分運用志工人力資源，協助弘揚社會福利功能；及爲激勵各直轄市暨縣市志願服務團隊積極響應「祥和計畫」，並藉以達到相互觀摩學習與經驗交流之目的，更進而加強宣導志願服務理念，號召社會大眾踴躍參與志願服務行列，內政部於八十六年首次舉辦「台閩地區八十六年度推展志願服務績效評鑑」及「志願服務成果展示觀摩競賽」等活動，此後仍持續辦理中。

第六，爲強化「祥和計畫」之執行績效，自該計畫訂頒實施後，各直轄市暨縣市政府社政主管單位均已陸續建立「志願服務聯繫會報」制度，期藉以作爲志願服務運用單位與志工團隊之溝通管道。透過會報之交換意見，溝通觀念，不但可發揮解決問題之效果，尤可藉以達到檢討、改進之目的，進而弘揚志願服務之實質效能。

四、志願服務的檢討與展望

(一)問題檢討

儘管志願服務在國內已經日形重要，但是對於人力、財力等資源的結合與開發還是有待努力。依調查結果顯示國人的奉獻誠心與服務精神仍未普及，綜其原因，志願服務工作在國內發展的主要癥結與限制尚有下列幾點：

1.民眾認知不清

現代社會強調「個人主義」、「自我保護」，人與人之間的相處也不似傳統社會的明朗單純，處於這段轉型的環境背景外，對於志願服務工作的發展亦投下變數。未來如何加強宣導功能，釐

清民眾不當之觀念，建立對志願服務之共識，擴大民眾的參與，是急需努力的方向。

2.經費配合不足

雖然內政部或其他機關每年均編列預算推展志願服務工作，然而面對廣大群眾的需求，常有「捉襟見肘」之感，而地方編列之配合款幾乎是微乎其微。因此在預算不足的窘境下，加上有些首長或主管又經常認為推動志願服務根本無需經費；遭此雙重限制，各級政府往往有心推動卻窒礙難行；因此，各地方政府除應增列年度預算外，更應廣為發掘及結合民間資源，以落實志願服務的推廣。

3.專業人力不夠

目前地方普遍缺乏專業人力專責辦理志願服務業務，而大學教育開設「志願服務」相關課程雖然逐漸開始，但仍不夠普遍；因此一般人對志願服務的了解多是依靠平日服務累積的心得，或是勤於參與坊間各種相關訓練課程所得到的知識。教育訓練是志工成長的動力，也是保障服務品質的不二法門；所以要彌補志願服務發展過程中專業人力之不足，強化教育訓練是不能忽略的重要步驟。

4.組織統整不力

雖然志願服務是自動自發、志願付出的服務，但要持續下去，仍有賴優良志願服務團體的支持，才能維繫志工之間的情感及保持良好的工作氣氛。雖目前地方上已有志願服務協會及相關機構的設立，但因功能彰顯不一，導致志願服務工作十分零散，社會大眾也有「投效無門」之憾。因此必須要有健全的志願服務團體，才能有效整合人力、財力、物力及智力。

當然成功的志願服務不是光憑政府或民間單一的力量就能達成，也不是抱持愛心和耐心就有成果；它必須要政府與民眾充分

配合，每一位志工要能具備對志願服務正確的認知、純熟的技巧，並願意將這分熱情持續不斷的付出，才能發揮志願服務的整體功能，達到淨化社會的具體效果。

(二)未來展望

我國志願服務工作，雖已逐漸蔚成風氣，但其規模仍屬初具；由於機構之間缺乏橫的聯繫及縱的督導，更由於各自為政的結果，造成工作的重複、資源的浪費及功能的減低。因此，針對現況檢討，掌握未來發展；如能研提具體策略，必更有助於志願服務的弘揚推廣。

1.激勵民眾參與，擴大志願服務範疇

(1)運用各種傳播媒體加強宣導與行銷，帶動全民的參與熱潮，蔚為「助人榮己」的善良風氣。

(2)加強志願服務組織之聯繫配合與健全發展，凝聚團隊成員的向心力與參與感，減少志工的流動疏離。

(3)借重教育功能，從小培養量力而為、自助助人的觀念，養成踴躍參與志願服務的優良習性。

(4)編印志願服務宣導簡介，將溫馨感人的成功案例，製作宣導短片或宣導小冊，有計畫、有系統地宣揚報導，增強志工參與服務的成就感與榮譽感。

(5)加強辦理志願服務績效展示觀摩競賽，增加觀摩學習機會，交換服務資訊與分享工作心得，強化個人參與意願。

2.強化教育訓練，提昇志願服務品質

(1)研訂志工訓練準則，針對不同的志願服務需求及性質，依基礎訓練與專業訓練，實施不同水準的訓練課程，結業後並發給結業證明書及參訓結業之象徵標幟。

(2)擴大編印志工訓練教材、錄音帶、錄影帶或志願服務工作

手冊、志願服務指南,以供各級政府或民間團體辦理志工訓練採擇使用。

(3)編印志工訓練師資資源「講座名錄」,以供辦理志工訓練單位便於選擇適宜的優良師資,增進訓練效果。

(4)加強辦理志工人員職前及在職訓練,並採分段進階方式普及實施,培養志工專業服務方法與規劃能力,確保志工正確服務方向。

(5)建立志工訓練標準模式,開發志工訓練的評量準則,以利志工訓練目標的有效達成。

3.擴大獎勵表揚,激勵志願服務士氣

(1)統一獎勵表揚標準,運用進階表彰方式,對服務績效優良之個人或團體適時予以表揚,以達激勵士氣之效果。

(2)規劃編印接受表揚志工之「溫馨芬芳錄」,將其可歌可頌之具體優良事蹟加強闡揚報導,以收見賢思齊之功效。

(3)對於經大眾傳播媒體報導之優良志工,各機關單位應採劍及履及之作法,即時派員訪問,了解實況,凡值得獎勵彰顯者,應適時予以表揚,以獲擴大宣導之效能。

(4)凡經接受表揚之個人或團體,各相關單位應定期舉辦聯誼座談會,交換訊息,溝通經驗,以恢宏服務楷模之實效。

(5)各項獎勵表揚之選拔過程,務須公平、公正、公開,評審委員之層次應力求相當水準,評審的作法更應審慎、縝密且嚴謹,以建立獎勵表揚之權威。

4.整合民間資源,建立志願服務網絡

(1)建構完整的志願服務網際網路資訊系統,並適時更新、充實,以因應服務之需,提供服務資訊。

(2)建立全國各志願服務團體「負責人聯繫座談」制度,以溝通觀念,建立共識,同心協力帶動會員致力協助政府推展

志願服務工作。

(3)有效建立「志願服務聯繫會報」制度，以聯繫情誼，交換經驗，進而建構全國完整的志願服務聯絡系統。

(4)擴大設置「志願服務推廣中心」，結合專業人力與志工人員，共同致力志願服務的研究發展，以收整合民間資源，群策群力推動志願服務之效果。

(5)結合各類志願服務團體，並籲請工商企業及公益團體支持，共同發起募集成立「志願服務基金」，以擴大推展志願服務工作。

5.明訂政策方針，落實志願服務法規

(1)中央各主管機關應訂定志願服務之明朗政策頒布實施，俾讓各地方政府有所遵循，而利志願服務有效推展。

(2)推展志願服務務須釐清志願服務與專業工作之間的功能分工，俾充分發揮相輔相成之功能。

(3)務期各單位志願服務有效推廣，首須上下一體，整合觀念，充分認識志願服務對推展公共事務之實質效益，始能弘揚志願服務的功能。

(4)製頒全國各類志願服務共同適用之「志願服務紀錄冊」，確實登錄志工服務時數，作為獎勵表揚或福利回饋之參據。

(5)落實實施「志願服務法」，有關志工的召募與任用、訓練與管理、考核與獎懲、角色與任務，均應儘速訂定各種辦法或要點，以確保志工應有之權益與受服務對象之安全。

6.塑造服務文化，建立志願服務制度

(1)依法研訂全國志工一致遵行的志願服務守則，以確保志願服務品質。

(2)逐步建立志願服務證照制度，組織「志願服務證照審查委

員會」，依據志工服務的性質、年資、時數、受訓及獎勵情形，評估其奉獻的程度，分層次授證，並定期換證。

(3)加強志願服務理論知識的宣導，商請各大學院校將其列入學校德育成績，以收向下紮根之效；並在相關科系廣開「志願服務」課程，以培育志願服務推廣之專業人才。

(4)建立志願服務評鑑制度，成立評鑑小組定期對推展志願服務之機關、機構或團隊實施評鑑，以收檢討得失、策勵改進之功效。

(5)規劃設立「志願服務推廣基金會」，結合內政、教育、交通、法務、衛生、環保、勞工、文建、青輔、人事等相關機關及學者專家、民間團體代表共同組成，以研訂政策，建立制度，而利志願服務之弘揚推廣。

五、結語

志願服務工作是社會一股正義的力量，志工則是社會中潛藏的有力資源，隨著志願服務人力需求之增加，志願服務參與的人數也相對增多；因此，強化教育訓練、擴大獎勵表揚、建構服務網絡、塑造服務文化、研訂政策規章、建立完善制度，均成為未來志願服務推展的努力方向。

我們確信，志願服務是一種永無止境、團隊精神的崇高志業，務須政府正確的主導，並鼓勵熱愛志願服務的朋友，深切體認「服務可提昇人生意境，關懷可增進社會溫馨」的真義，踴躍投入志願服務行列，才能促使我們的社會充滿濃厚的人文關懷，共同締建溫馨祥和的美麗家園。

第二十四章

志願服務發展趨勢

一、引言——寧願手心向下，不願手心向上

現代化民主國家莫不以「提高人民生活品質，增進人民生活福祉」爲施政的重要指標；欲期達到這個理想目標，單憑政府力量，難免力有未逮。所以，如何發動社會整體力量，一方面鼓勵工商企業界有錢出錢，致力興辦公益事業；一方面激發熱心人士有力出力，踴躍投入志願服務行列；二者相互呼應，妥善運用，積極協助政府推動公共事務，當是彌補政府業務不足的最佳助力。

手心向下是助人，手心向上是求人；設若能力所及的話，「助人總比求人好」；此一理念應是大家一致認同、不容辯駁的事實。當今社會，雖然「日頭赤炎炎，各人顧性命」（台語發音），但是，當他人正需要你幫忙的時候，如果你能量力而爲，義不容辭地助他一臂之力，這種「利人而不損己」的作爲，相信對於施受兩造皆是一件極其快樂的事情。由此足見，志願服務的弘揚推廣，應是人類互動當中，關懷互助所不可缺，更是政府施政當中，運用民力所不可無的重要議題。

二、志願服務的發展沿革

志願服務在我國之推展自古有之；個人認爲，其發展沿革應可分爲下列幾個階段：

(一)行善期

我國最早的志願服務可說均以行善爲主；例如：渴者施茶、飢者施粥、寒者施衣、人死而無力安葬者施棺，以及濟貧、修

橋、鋪路等，在在均是志願服務的具體表現。

(二)互助期

回顧史實記載：家族互助的「義莊」、糧食互助的「社倉」、人際互助的「鄉約」及經濟互助的「錢會」，可以說均淵源於人類基於互助情感所展現的志願服務作為。

(三)萌芽期

(1)農業推廣體系於民國四十一年開始有「義務指導員」制度。同年救國團也開始建立志願服務體系，運用義務幹部作為推動工作之核心，將志工分為輔導幹部和服務員二種；並強調擴大運用義務幹部，不是為了省錢，而是希望藉此培育適應地方的人才。此乃私部門推動志願服務最早的二個系統。

(2)至於公部門推動志願服務較早的系統應屬警政部門，其將日據時代即已沿用之「義勇團」改制，於民國五十二年陸續成立「義勇消防隊」、「義勇警察隊」、「義勇交通隊」等，成為國內最早的公務機關運用志工的典範。

(3)接著地方法院也於民國五十九年聘用「榮譽觀護人」，協助推動少年觀護工作。

(4)此後，中國國民黨台北市委員會於民國六十年底成立「義務服務工作團」，自六十一年三月至五月在台北市古亭區南機場展開示範性、實驗性的義務服務工作；責由專人指導，應用方法，期能發揮服務效能，對該地區民眾同胞的生活環境有所改善；此一作法可以說也是我國志願服務萌芽時期具體的事實。後來中國國民黨在各直轄市、縣市之鄉、鎮、市、區均陸續設有民眾服務站（後改為民眾服務

社），作爲國民黨服務民眾的據點；惟此時的志願服務難免摻雜一些政治色彩在內。

(四)倡導期

(1)台灣省政府社會處自民國七十一年起，爲廣結民間力量協助推動社會福利工作，先後訂定「台灣省推行志願服務實施原則」及「台灣省加強推行志願服務實施方案」，以積極推展志願服務工作。又爲加強民間資源的整合與運用，復於民國七十八年六月訂頒「台灣省加強推行志願服務方案」，作爲賡續推展志願服務之依據。

(2)台北市政府社會局也在民國七十三年九月訂定「台北市政府社會局推展志願服務實施原則」，開始召募志工在各社會福利服務中心及老人文康活動中心提供服務。另爲擴大志願服務層面，又於八十二年七月修正訂頒「台北市政府推展志願服務實施要點」，作爲台北市政府各局處推展志願服務之依據。

(3)高雄市政府亦自民國七十三年開始陸續訂定「高雄市政府社會局志願服務人員管理要點」、「高雄市政府社會局志願服務工作團組織要點」、「高雄市政府社會局志願服務工作團幹部選舉辦法」、「高雄市政府社會局志願服務工作團幹部職掌」等，據以推展志願服務工作。

(4)爾後，內政部亦在民國七十八年訂定「志願服務記錄證登錄暨使用要點」，使每位志工的服務時數均得以登錄，以供作獎勵表揚之參據。另行政院勞工委員會爲激發勞工對社會之責任感及奉獻心，增進勞工工作生活品質，進而結合勞工服務力量，推廣助人美德，促進社會和諧，亦於民國八十年九月六日訂頒「加強勞工志願服務推行要點」，

作為政府推動勞工志願服務的準則。

(5)另台北市又在民國七十一年八月五日，由秉持「志願服務，捨我其誰」的有志之士，同心同德共同依法籌組成立「台北市志願服務協會」。該會自創立後，除致力貫徹實施章程宗旨及任務，積極推動志願服務外，並自七十三年起，配合每年十二月五日「國際志工日」，創設志願服務楷模「金駝獎」選拔與表揚，又自八十年起創辦「志願服務獎章」頒授；且於八十年四月創設「志工學苑」，八十年六月經「全國志願服務聯繫會報」第五次會議討論通過「志願服務團（隊）組織準則」參考範例及「志願服務——志工守則」。從此對於志願服務的任務編組、教育訓練及獎勵表揚等逐漸建立制度，同時更激發各縣市陸續成立民間志願服務團體。

由上觀之，志願服務在我國係自民國七十一年始由政府著手介入、主導規劃，並自七十一年「台北市志願服務協會」成立後，經由政府正確主導，民間全力配合，兩者相輔相成，才使志願服務更有計畫、有步驟地陸續展開；此一階段應是我國志願服務推展的倡導時期。

(五)發展期

(1)民國八十一年八月五日，以「台北市志願服務協會」為基礎，並擴大結合熱愛志願服務的新秀，所共同籌組的「中華民國志願服務協會」正式成立；這是我國名副其實的第一個全國性民間志願服務團體。該會自成立以後，與「台北市志願服務協會」密切配合，協力運作，對於我國志願服務的推展，如虎添翼；有關志願服務的制度規章、教育訓練及獎勵表揚等，開始陸續建立了全國一致遵循的規

範，更促使志願服務的推廣，逐漸發皇光大。

(2)民國八十四年六月二十八日，內政部爲激勵社會大眾秉持「施比受更有福，予比取更快樂」的理念，發揮「助人最樂，服務最榮」的精神；擁抱「志工情」，展現「天使心」，胸懷「燃燒自己，照亮別人」之德操，踴躍投入志願服務行列，積極散播志願服務種子，共同爲協助拓展社會福利工作及增進社會祥和而奉獻心力，特訂定「廣結志工拓展社會福利工作——祥和計畫」，函頒省、市及縣、市政府自八十四年七月一日起全面實施。自此，政府對於志願服務的任務編組、教育訓練、實施方式及獎勵表揚等開始予以統一規定，亦促使志願服務工作能在有計畫、有步驟、有方法、有目標的制度下，更加逐步擴大推廣，蔚爲風尙。

(3)民國八十五年三月二十日，行政院爲有效運用社會人力資源參與公共事務，以提昇服務品質及行政效能，特訂定「行政院暨所屬各機關實施志願服務要點」頒布實施，該要點對於各政府機關實施志願服務，如召募、遴選志工，及對志工應如何訓練講習、分配工作、管理考核、獎勵表揚等均有明確規定；當時此一要點可說是政府機關推展志願服務工作之最高依據。

(4)此後，行政院青年輔導委員會爲培養青年樂觀進取、積極奉獻、關愛社會的服務人生觀；激發青年對國家之使命感及熱愛鄉土之情感，亦於民國八十六年十月十五日，訂頒「中華民國青年參與國內地區志願服務實施要點」；且爲推展青年參與志願服務，鼓勵青年積極參與，並激勵其服務士氣，於八十八年一月十五日訂頒「行政院青年輔導委員會表揚青年志願服務績優團體暨志工實施要點」。另內

政部消防署爲廣結志工參與緊急救護工作，於民國八十八年九月二十一日訂頒「鳳凰計畫」；且爲凝結民力參與緊急救援工作，於八十八年十二月十日訂頒「睦鄰計畫」。又行政院環境保護署爲充分運用民間環保資源，鼓勵全民參與並獎勵有功人士及團體對環保的貢獻，於民國八十九年十月二日訂頒「推動環境保護有功團體環保義工人員及環境保護局人員遴選表揚要點」。行政院文化建設委員會爲激勵志工工作士氣，亦於民國八十九年十月十七日訂頒「行政院文化建設委員會表揚文化機關（構）績優義工辦法」。

綜上所述，足以看出中央政府對於志願服務的推展，係自八十四年起才逐漸訂頒相關法令規章據以執行，而民間卻自八十一年開始即已相當活躍；由此難免令人感覺到政府不得不對志願服務的議題予以關注，好像來自民間的壓力所致。雖然如此，自八十一年至八十九年這段時間，應是我國志願服務的發展時期，因爲，在這一階段除民間外，政府對於志願服務的議題，亦均逐漸普遍予以重視。

(六)興盛期

(1)「志願服務法」的公布施行，可視爲我國志願服務推展邁向巔峰的轉捩點。吾人深知，政府爲整合社會人力資源，使願意投入志願服務工作之國民力量做最有效的運用，以發揚志願服務美德，促進社會各項建設及提昇國民生活品質，特配合二〇〇一「國際志工年」，制定「志願服務法」，民國九十年一月四日經立法院三讀通過，並奉總統令於同年一月二十日公布施行。

該法之制定，對於：①志願服務的主管機關及目的事業主

管機關之權責；②志願服務運用單位之職責；③志工的召募、甄選；④志工的教育訓練；⑤志工的權利及義務；⑥志工的獎勵表揚；⑦志工的福利、保障；⑧志工的倫理守則；⑨志工的法律責任等均有明文規定；自此開始，促使我國志願服務的推展付諸法律規範。

(2)自「志願服務法」公布施行後，內政部陸續依該法之規定訂頒各項相關子法，計有：①「志願服務證及紀錄冊管理辦法」（90.4.20訂頒）；②「志工基礎教育訓練課程」（90.4.24訂頒）；③「志工倫理守則」（90.4.24訂頒）；④「志工服務績效認證及志願服務績效證明書發給作業規定」（90.4.24訂頒）；⑤「志工申請志願服務榮譽卡作業規定」（90.4.24訂頒）；⑥「志願服務獎勵辦法」（90.6.21訂頒）；⑦「役男申請服替代役辦法部分條文」（90.8.10訂頒）。

(3)此後，為激勵志工士氣，獎勵表揚績優志工，教育部亦於民國九十年十二月六日訂頒「教育業務志願服務獎勵辦法」；行政院衛生署於九十年十二月十一日訂頒「衛生保健志願服務獎勵辦法」；外交部於九十一年三月七日訂頒「外交志工獎勵要點」。

不可諱言的，我國「志願服務法」的制定，係逢二○○一年「國際志工年」，立法委員們興趣盎然，卯足全力積極推動該法的立法工作，始使該法快馬加鞭，以急就章方式匆匆審議通過，當時政府根本來不及提出官方的版本併案審查；在這種情況通過的法案，對內行人而言，其品質如何，想像得知。儘管如此，不論「法」的規定是否盡善盡美，有「法」總比無「法」好。

為使我國的志願服務工作在「志願服務法」公布施行後，能夠經由政府的主導、民間的配合、志工的嚮往、社會的響應，以

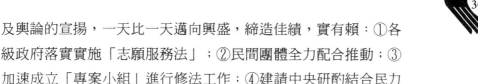

及輿論的宣揚，一天比一天邁向興盛，締造佳績，實有賴：①各級政府落實實施「志願服務法」；②民間團體全力配合推動；③加速成立「專案小組」進行修法工作；④建請中央研酌結合民力成立「財法人志願服務推廣基金會」；如此，陳總統於民國八十九年五月二十日就職演說中昭示國人的「志工台灣」理念，必能早日紮根實現，並贏得國際稱羨。

三、志願服務現在與過去之不同

(一)基本觀念不同：奉獻／成長

　　過去一般人幾乎普遍認為志願服務純粹就是一種奉獻或施捨；只要自身能力所及，當他人有需要的時候，你能助他一臂之力，這種單純的「施」、「受」關係就是志願服務；至於「受」者接受服務後，到底是否能因此而解決問題或滿足需求，大概就不再進一步去探討了。

　　可是，現在的志願服務應該要有一種前瞻性的觀念，那就是說，參與志願服務應是自我成長的最好機會，透過這個成長的機會，可使一個人學習到人非但要重視自己，更要關懷別人；也即每個人務須懂得培養與凝塑公民意識。所謂「公民意識」係指人們應該要有「命運共同體」的認知，任何人除了要為自身利益考慮外，更有責任站在「公共」的角度，致力為社會做出積極性、建設性的作為與實踐。

(二)服務範圍不同：有限／無限

　　過去的志願服務，其範圍相當有限，大部分僅限於慈善、救濟、做好事……，也就是，看到受寒挨餓者，提供「斤米件衣」，

看到孤苦無依者，表現「雪中送炭」，擴大言之，充其量是碰到泥濘難行，協助「修橋鋪路」；諸如此類，均是比較偏向以物質的救助為主。

可是，現在的志願服務，其範圍可說是已經擴及到無所不包，無所不到；只要與民眾切身關係的公共事務，幾乎都有志願服務的觸角。易言之，志願服務已從僅限於慈善、救濟、義消、義警……，擴大為包括：福利、教育、文化、輔導、心理、勞工、環保、救難、科學、體育、交通安全、衛生保健、治安維護、司法保護、導覽解說、消費者保護、生態保育、水土保持、殯葬禮俗等，可謂包羅萬象，且不斷擴大。

(三)參與層次不同：少數／全民

過去的志願服務常為少數熱心之士所專美於前，也就是一般人的觀念常認為：只有家庭富有、不愁衣食、子女長大成人而無後顧之憂、或有足夠空閒的人……，才能參加志願服務；好像志願服務無形中已被塑造成為少數人的特權，或只有少數有能力的人才能參與；致使志願服務的參與層次較為狹窄，而有礙於志願服務的弘揚推廣。

可是，現在的志願服務，參與的層次至為寬廣，只要性之所趨，興之所至，幾乎人人都可參與志願服務，所以，志願服務已不再是少數人所獨享的特有權利。舉凡達官貴人或販夫走卒，家財萬貫或家境清苦，更不論是身心健全或稍有障礙……，只要誠心奉獻，出自內心自發的意志，當前的志願服務應該是一項人人可參與的全民工作。

(四)工作方法不同：愛心／技巧

過去的志願服務，一般人常認為只要有愛心，人人都可自由

參與；因為參與志願服務，如果沒有以愛心為出發點，只有嘴裡不時嚷著：「施比受更有福，予比取更快樂」，這種口是心非的作為，對於志願服務而言，可謂猶如天馬行空，毫無意義；此乃在於，志願服務的本質固然是人人可參與，但未必人人能勝任，問題就在想做未必會做，肯做未必能做好。

現在的志願服務，為免參與者懷著滿腔的熱血企圖大展抱負，結果導致乘興而來，敗興而歸；參與志願服務固然應以愛心為前提，尤應講求工作方法。所謂方法應是一種技巧，更是一種藝術；同樣是志工，有的人所提供的服務，可讓被服務對象化解愁容，笑顏逐開，心滿意足，永銘肺腑；有的卻使被服務對象感覺似有若無，憂愁依存，甚至不敢領教，敬而遠之。推究其因，就在於很多服務工作常因有愛心而欠方法，有熱情而無技巧，致使立意甚佳的措施，每因方法欠缺而變質，態度誠懇的服務，亦因技巧不夠而落空。

(五)服務要求不同：求有／要好

過去的志願服務，被服務對象在急待支援的時候，經常飢不擇食，總期無中求有；至於得到或獲援的東西到底品質如何，幾乎少予要求。於是志願服務便形成一種物物可捐獻、事事可支援的奉獻工作；也就是只要能設法把愛送給需要愛的人，把關懷送到需要關懷的同胞，志願服務就算任務達成。

可是，現在的志願服務，被服務對象非但旨在無中求有，尤更期盼有中要好；換言之，不但希望寒時有衣穿，尤更希望穿得很舒服；非但期待徬徨之際有關懷，尤更期待關懷得有尊嚴。具體言之，現在的志願服務，服務的要求不只在求量之有無，而且更求質的優劣；非僅要求急需時能夠呼援有處，尤更要求獲援時能夠感覺到既有溫情，又受尊重。

(六)政府立場不同：自治／管理

過去的志願服務，站在政府的立場可以說完全採取放任且不干預的態度；社會大眾只要有心奉獻，愛怎麼做，就怎麼做；至於做得好壞，幾乎很少有人會過問。於是，志願服務有心去做，未必能獲得掌聲與喝采；無心想做，也從來不見得會遭到責難與批評。因此，過去的志願服務可說是一種完全出自民眾仁心善舉的行為表現，這種行為完全由民眾自治，政府鮮少介入；例如：嘉義何老德先生所領導的「嘉邑行善團」，就是一個最好的實例。

現在的志願服務，自民國八十四年七月內政部訂頒「祥和計畫」後，已經逐漸演變成為一種民眾高度自治、政府低度管理的行政措施；尤其自九十年一月「志願服務法」公布施行後更是如此。因為，在志願服務法案當中，對於志工的召募甄選、教育訓練、獎勵表揚、倫理守則、權利義務、福利保障、法律責任，以及志願服務主管機關、目的事業主管機關、運用單位的職責均有明文規定。由此足見，政府對於志願服務的推展已由過去的幾乎不聞不問，轉型為低度管理、高度自治的立場；也就是說，對於志願服務的推展政府應該有義務也有責任加以主導推動，但是仍然儘量尊重民間自主。

四、志願服務的發展取向

(一)普及化──擴大參與層面

志願服務的積極推動，由於志工具體的優良事蹟對社會所產生的貢獻，其無形的潛移默化，已激發一般人掀起「別人能，何以我不能」的熱潮而爭相參與；於是不分男女、老少，更不分黨

派、信仰或貧富，大家抱著輸人不輸陣的心態，紛紛投入志願服務行列，形成善的連鎖，溫馨的暖流；因而導致志願服務的參與層面日益擴大，越來越普及化。

(二)多元化——拓展服務範疇

志願服務的不斷推展，為因應層出不窮的社會需求，其觸及的範疇已由原來局限於許願、互助、做善事、修好德等，逐漸拓展其服務的領域。目前志願服務的範疇，引用「其大無外」來形容，可以說一點也不為過。因為，當今志願服務已經不再是僅止於安老、教養、婦幼、衛生、環保等單位的需要措施，甚至連外交部、總統府……，都需要志工的輔助服務；足見，志願服務的服務範疇已呈現多元化的發展取向。

(三)專業化——講求工作方法

志願服務的持續發展，經過多年來各方面的努力經營，由於服務需求的品質不斷提昇，迫使其不得不有逐漸邁向專業化的趨勢。說實在的，志願服務的推展，固然不應奢求務須受過專業教育者才能充任志工；但為提昇志願服務品質，嘉惠每一位接受服務的民眾同胞，總期志工在參與服務之際，務必接受各種不同層次的訓練，藉此得以習得正確的服務理念，及充實專業的工作知能，進而促使志願服務由於工作方法的專業化而更發揚光大。

(四)倫理化——塑造倫理體系

倫理是導引人辨別「是非對錯」的規則與標準。或許有人會認為，志願服務根本就是一種奉獻，做多少算多少，做得好壞又怎樣……，還要談什麼倫理；這種觀念聽起來好像蠻有道理，可是事實不然。因為，志願服務固然是奉獻，但為確保受服務對象

的安全與權益，參與志願服務者仍應恪遵法令規章，講求服務態度，負責盡職，謹言慎行，堅守「有所為」、「有所不為」的倫理守則；且這種倫理守則應該引申為一種行為體系，那就是不論是志工、督導、主管及機構，整個關係志願服務品質的層次均應遵守力行；此乃志願服務另一種重要的發展取向。

(五)資訊化──建構資訊網絡

志願服務法第十一條規定，志願服務運用單位應提供志工必要之資訊，……；另第十四條又規定，志工應有權利獲得從事服務之完整資訊……。由此足見，推展志願服務，非但運用單位應有提供志工「知」的義務，且志工也有從服務中獲得「知」的權利。因為，一方面志工為了因應廣大服務對象的不同需求，必須要有充足的資訊始能勝任；另一方面，志工為了達到「學習成長」的機會，亦務須獲得充足的資訊，才能在服務中學習，學習中成長。所以，建構資訊網絡，促使志願服務資訊化，應是各志願服務相關單位刻不容緩的急切要務。

(六)責任化──賦予責任要求

自從「志願服務法」公布施行後，對於志願服務的主管機關、目的事業主管機關、運用單位及志工本身均有明確的責任要求，這是志願服務發展取向另一嶄新的指標。過去，志願服務沒有法的規定，對於推展志願服務的相關單位以及參與志願服務的志工本身，縱使各項要求均講得洋洋灑灑，充其量也只不過是一種理想的期許或道德的約束，遵守與否，毫無責任歸屬可言。可是，目前志願服務法對於主管機關、目的事業主管機關及運用單位應有的職責，志工應有權利、義務，均有明文規定；從此，志願服務雖是一種奉獻，但仍應展現負責任的態度；因之，責任化

應是致力志願服務發展所應掌握的重要議題。

(七)制度化——建立工作模式

　　志願服務的發展，自七十一年倡導期開始，迄今已有二十年的歷史，對於教育訓練、考核評鑑、獎勵表揚、服務績效之紀錄等，可以說政府機關鮮少制定一套共同遵守的工作模式作為要求的標準；以致任憑各個單位，一人一把號，各吹各的調；致使部分志工由於無所適從，熱心銳減，最後可能心灰意冷，失望而退。自志願服務法公布施行後，有關志願服務教育訓練課程、志願服務證、服務紀錄冊、志願服務績效認證、志願服務績效證明書發給、志願服務獎勵等均有統一的規定；這種制度化的作法，應是志願服務有效發展不可或缺的要素。

(八)法制化——強調依法行政

　　我國趕在二○○一「國際志工年」快速通過「志願服務法」，固然主要乃有鑑於我國志願服務逐漸發展將近二十年，一直沒有「法」的依據作基礎，致使該項民力資源的運用工作，在發展上難免感到似有所缺或美中不足。但更重要的是，該法的制定，旨在希望能為志工朋友提供更多的助力及鼓舞；一方面期盼藉以提昇民眾參與志願服務的意願，推動全民共同關懷社會；另一方面更冀望能提昇志工的安全保障，增進志願服務的水準。因此，對於一個法治國家，致力志願服務發展法制化，全面要求志願服務的推展務須依法行政，絕對是時代所趨，更是「志工支持」的有效措施。

(九)國際化——迎合世界潮流

　　志願服務是一種全球性的服務工作，任何一個國家都有它存

在的絕對必要。志願服務的發展固然務須考慮「本土化」，要求應以順應國家民情爲優先；因爲國情不同，民衆對於服務的需求必然有異；但更應考慮積極推動「國際化」，力求迎合世界潮流，與其他先進國家並駕齊驅，同樣展現優質的成效。因此，如何透過有效管道致力與國際接軌，藉以分享與複製各國志願服務的成功經驗，殊屬必要。大家應該深切體認，二〇〇一「國際志工年」將「志願服務的連結與傳播」列爲四大目標之一，其用心所在，想像得知。不過，吾人應引以爲誡的是，務必先求「本土化」，進而再求「國際化」，千萬不可本末倒置。

(十)e化──力圖創新突破

e化所代表的意義至少應包括：①熱忱（enthusiasm）；②尊重（esteem）；③增長（enhance）；④效率（efficiency）；及⑤創新（enlightenment）。志願服務爲求重視服務態度、尊重服務對象、創新服務內涵、增長服務方法及提高服務效率，進而提昇服務品質，眞正把愛送給需要愛的人，將關懷送給需要關懷的同胞；的確務須迎合時代的變遷，力圖創新突破。設若還是一味著固守傳統，保持現狀，未能配合e世代的需求，不斷汲取新知，調整觀念，勢必將使志願服務的發展停滯不前。

五、結語──誓以「三心、兩意」自我期許

做事、下決定、談情說愛等，不應該三心兩意；惟個人認爲參與志願服務，可從另外一個角度去思考如何力求「三心、兩意」，那就是說，志工參與志願服務應該：

(1)有心，但不可隨心。因爲「有心」必能實事求是。

(2)用心，但不可欺心。因爲「用心」必能肯定自我。

(3)恆心，但不可貪心。因為「恆心」必能永續經營。

(4)**誠意**，但不可大意。因為「誠意」必能無為無求。

(5)美意，但不可失意。因為「美意」必能精益求精。

　　總之，志願服務是一種「甘願做，歡喜受」的奉獻工作，只要參與者能夠言必由衷，秉持「**以服務充實人生，用關懷增添溫情**」的理念全力以赴，謹守本分，絕不作秀，則其成效如何，應仍問心無愧，坦然於胸。不過，藉此要鄭重建請志工伙伴深切體認，志願服務雖是：

(1)人人可參與，但未必人人能勝任；要加強訓練，培養技巧。

(2)處處能展開，但未必處處有溫馨；要堅守原則，永懷眞情。

(3)物物可捐獻，但未必物物受歡迎；要了解需要，投入所好。

(4)時時生效用，但未必時時應急需；要配合時機，講求方法。

附　錄

附錄一　志願服務法

中華民國九十年一月二十日總統華總一義字第九〇〇〇〇一一八四〇號令公布

第一章　總則

第一條　爲整合社會人力資源，使願意投入志願服務工作之國民力量做最有效之運用，以發揚志願服務美德，促進社會各項建設及提昇國民生活素質，特制定本法。

志願服務，依本法之規定。但其他法律另有規定者，從其規定。

第二條　本法之適用範圍爲經主管機關或目的事業主管機關主辦或經其備查符合公眾利益之服務計畫。

前項所指之服務計畫不包括單純、偶發，基於家庭或友誼原因而執行之志願服務計畫。

第三條　本法之名詞定義如下：

一、志願服務：民眾出於自由意志，非基於個人義務或法律責任，秉誠心以知識、體能、勞力、經驗、技術、時間等貢獻社會，不以獲取報酬爲目的，以提高公共事務效能及增進社會公益所爲之各項輔助性服務。

二、志願服務者（以下簡稱志工）：對社會提出志願服務者。

三、志願服務運用單位：運用志工之機關、機構、學校、法人或經政府立案團體。

第二章　主管機關

第四條　本法所稱之主管機關，在中央爲內政部；在直轄市爲直轄市政府；在縣（市）爲縣（市）政府。

本法所定事項，涉及各目的事業主管機關職掌者，由各目的事業主管機關辦理。

前二項各級主管機關及各目的事業主管機關主管志工之權利、義務、召募、教育訓練、獎勵表揚、福利、保障、宣導與申訴之規劃及辦理，其權責如下：

一、主管機關：主管從事社會福利服務、涉及二個以上目的事業主管機關之服務工作協調及其他綜合規劃事項。

二、目的事業主管機關：凡主管相關社會服務、教育、輔導、文

化、科學、體育、消防救難、交通安全、環境保護、衛生保健、合作發展、經濟、研究、志工人力之開發、聯合活動之發展以及志願服務之提昇等公眾利益工作之機關。

第五條　主管機關及目的事業主管機關應置專責人員辦理志願服務相關事宜；其人數得由各級政府及目的事業主管機關視其實際業務需要而定之。為整合規劃、研究、協調及開拓社會資源、創新社會服務項目相關事宜，得召開志願服務會報。

對志願服務運用單位，應加強聯繫輔導並給予必要之協助。

第三章　志願服務運用單位之職責

第六條　志願服務運用單位得自行或採聯合方式召募志工，召募時，應將志願服務計畫公告。

集體從事志願服務之公、民營事業團體，應與志願服務運用單位簽訂服務協議。

第七條　志願服務運用者應依志願服務計畫運用志願服務人員。

前項志願服務計畫應包括志願服務人員之召募、訓練、管理、運用、輔導、考核及其服務項目。

志願服務運用者應於運用前，檢具志願服務計畫及立案登記證書影本，送主管機關及該志願服務計畫目的事業主管機關備案，並應於運用結束後二個月內，將志願服務計畫辦理情形函報主管機關及該志願服務計畫目的事業主管機關備查；其運用期間在二年以上者，應於年度結束後二個月內，將辦理情形函報主管機關及志願服務計畫目的事業主管機關備查。

志願服務運用者為各級政府機關、機構、公立學校或志願服務運用者之章程所載存立目的與志願服務計畫相符者，免於運用前申請備案。但應於年度結束後二個月內，將辦理情形函報主管機關及該志願服務計畫目的事業主管機關備查。

志願服務運用者未依前二項規定辦理備案或備查時，志願服務計畫目的事業主管機關應不予經費補助，並作為服務績效考核之參據。

第八條　主管機關及志願服務計畫目的事業主管機關受理前條志願服務計畫備案時，其志願服務計畫與本法或其他法令規定不符者，應即通知志願服務運用單位補正後，再行備案。

第九條　為提昇志願服務工作品質，保障受服務者之權益，志願服務運用單位應對志工辦理下列教育訓練：

一、基礎訓練。

二、特殊訓練。

前項第一款訓練課程，由中央主管機關定之。第二款訓練課程，由各目的事業主管機關或各志願服務運用單位依其個別需求自行訂定。

第十條　志願服務運用單位應依照志工之工作內容與特點，確保志工在符合安全及衛生之適當環境下進行服務。

第十一條　志願服務運用單位應提供志工必要之資訊，並指定專人負責志願服務之督導。

第十二條　志願服務運用單位對其志工應發給志願服務證及服務紀錄冊。

前項志願服務證及服務記錄冊之管理辦法，由中央主管機關定之。

第十三條　必須具專門執業證照之工作，應由具證照之志工爲之。

第四章　志工之權利及義務

第十四條　志工應有以下之權利：

一、接受足以擔任所從事工作之教育訓練。

二、一視同仁，尊重其自由、尊嚴、隱私及信仰。

三、依據工作之性質與特點，確保在適當之安全與衛生條件下從事工作。

四、獲得從事服務之完整資訊。

五、參與所從事之志願服務計畫之擬定、設計、執行及評估。

第十五條　志工應有以下之義務：

一、遵守倫理守則之規定。

二、遵守志願服務運用單位訂定之規章。

三、參與志願服務運用單位所提供之教育訓練。

四、妥善使用志工服務證。

五、服務時，應尊重服務者之權利。

六、對因服務而取得或獲知之訊息，保守秘密。

七、拒絕向受服務者收取報酬。

八、妥善保管志願服務運用單位所提供之可利用資源。

前項所規定之倫理守則，由中央主管機關會商有關機關定之。

第五章　促進志願服務之措施

第十六條　志願服務運用單位應爲志工辦理意外事故保險，必要時，並得

補助交通、誤餐及特殊保險等經費。

第十七條　志願服務運用單位對於參與服務成績良好之志工，因升學、進修、就業或其他原因需志願服務績效證明者，得發給服務績效證明書。

前項服務績效之認證及證明書格式，由中央主管機關召集各目的事業主管機關及直轄市、縣（市）政府會商定之。

第十八條　各目的事業主管機關得視業務需要，將汰舊之車輛、器材及設備無償撥交相關志願服務運用單位使用；車輛得供有關志願服務運用單位供公共安全及公共衛生使用。

第十九條　志願服務運用單位應定期考核志工個人及團隊之服務績效。

主管機關及目的事業主管機關得就前項服務績效特優者，選拔楷模獎勵之。

主管機關及目的事業主管機關應對推展志願服務之機關及志願服務運用單位，定期辦理志願服務評鑑。

主管機關及目的事業主管機關得對前項評鑑成績優良者，予以獎勵。

志願服務表現優良者，應給予獎勵，並得列入升學、就業之部分成績。

前項獎勵辦法，由各級主管機關及各目的事業主管機關分別定之。

第二十條　志工服務年資滿三年，服務時數達三百小時以上者，得檢具證明文件向地方主管機關申請核發志願服務榮譽卡。

志工進入收費之公立風景區、未編定座次之康樂場所及文教設施，憑志願服務榮譽卡得以免費。

第二十一條　從事志願服務工作績效優良並經認證之志工，得優先服相關兵役替代役；其辦法，由中央主管機關定之。

第六章　志願服務之法律責任

第二十二條　志工依志願服務運用單位之指示進行志願服務時，因故意或過失不法侵害他人權利者，由志願服務運用單位負損害賠償責任。

前項情形，志工有故意或重大過失時，賠償之志願服務運用單位對之有求償權。

第七章　經費

第二十三條　主管機關、志願服務計畫目的事業主管機關及志願服務運用
　　　　　　單位,應編列預算或結合社會資源,辦理推動志願服務。

第八章　附則

第二十四條　志願服務運用單位派遣志工前往國外從事志願服務工作,其
　　　　　　服務計畫經主管機關及目的事業主管機關備查者,適用本法
　　　　　　之規定。

第二十五條　本法自公布日施行。

附錄二　志工基礎教育訓練課程

中華民國九十年四月二十四日內政部台(90)內中社字第九○七四七五○號

一、志願服務的內涵　　　　　　　　　　　二小時
二、志願服務倫理　　　　　　　　　　　　二小時
三、自我了解及自我肯定
　　快樂志工就是我
　　以上二種課程二選一　　　　　　　　　二小時
四、志願服務經驗分享　　　　　　　　　　二小時
五、志願服務法規之認識　　　　　　　　　二小時
六、志願服務發展趨勢　　　　　　　　　　二小時
以上共計十二小時。

附錄三　志願服務證及服務紀錄冊管理辦法

中華民國九十年四月二十日內政部台(90)內中社字第九〇七四七七號

第一條　本辦法依志願服務法第十二條第二項規定訂定之。

第二條　志工完成教育訓練者，志願服務運用單位應發給志願服務證及服務紀錄冊（以下簡稱服務證及紀錄冊）。

第三條　服務證內容應包括志願服務標誌、志工姓名、照片、發給服務證之單位、編號等，並由志願服務運用單位製發及管理。
服務證作為志工服務識別之用，不作其他用途使用。

第四條　紀錄冊為志工服務之總登錄，其格式（如附件）由中央主管機關統一定之，並由中央目的事業主管機關印製。

第五條　志願服務運用單位應造具名冊，並檢具志工一吋半身照片二張，向地方目的事業主管機關申請發給紀錄冊，並轉發所屬志工。不屬地方目的事業主管機關之志願服務運用單位，向中央目的事業主管機關申請。
前項名冊應記載志工姓名、性別、出生年月日、國民身分證統一編號或護照號碼。

第六條　服務證及紀錄冊由志工使用及保管，不得轉借、冒用或不當使用；有轉借、冒用或不當使用情事者，志願服務運用單位應予糾正並註記，其服務紀錄不予採計。

第七條　志工轉換志願服務運用單位時，記錄冊應繼續使用。

第八條　紀錄冊有損壞或遺失情事者，志工得請求志願服務運用單位依第五條規定申請發給紀錄冊。

第九條　紀錄冊之登錄，由志願服務運用單位指定人員辦理，並應注意下列規定：
一、記載服務項目應依實際狀況填寫，服務內容應詳予填列。
二、服務時數指實際提供服務之時數，不含往返時間。
三、加蓋登錄人名章。

第十條　志願服務運用單位對不適任之志工，得收回服務證，並註銷證號。

第十一條　志願服務運用單位應建立志工之個人服務檔案，以建立完整服務資訊。

第十二條　目的事業主管機關得隨時抽檢服務證及紀錄冊之使用情形。

第十三條　本辦法自發布日施行。

志願服務紀錄冊格式

封面

← 14公分 →

志願服務

紀　錄　冊

9公分

姓　　　名：＿＿＿＿＿＿＿＿＿＿＿

國民身分證統一編號：＿＿＿＿＿＿＿

編　　　號：＿＿＿＿＿＿＿＿＿＿＿

發給單位：＿＿＿＿＿＿＿＿＿＿＿

封背

志願服務紀錄冊

紀錄冊之登錄，由志願服務運用單位指定人員辦理，並應注意下列規定：

一、記載服務項目應依實際狀況填寫，服務內容應詳予填列。

二、服務時數指實際提供服務之時數，不含往返時間。

三、加蓋登錄人名章。

内頁（第一部分　服務情形）

服	服務項目	服　務　内　容	服務日期	服務時數	服務運用單位	登錄人簽章
務						

内頁（第二部分　訓練情形）

訓	訓　練　課　程	訓練時數	訓練日期	訓練單位蓋章
練				

內頁（第三部分　表揚獎勵情形）

	表揚單位	獎　別	受獎日期	具　體　事　蹟	認證章
表揚獎勵					

內頁（第四部分　其他）

其他登錄事項	

志工倫理守則

一、我願誠心奉獻，持之以恆，不無疾而終。

二、我願付出所餘，助人不足，不貪求名利。

三、我願專心服務，實事求是，不享受特權。

四、我願客觀超然，堅守立場，不感情用事。

五、我願耐心建言，尊重意見，不越俎代庖。

六、我願學習成長，汲取新知，不故步自封。

七、我願忠心職守，認真負責，不敷衍應付。

八、我願配合志願服務運用單位，遵守規則，不喧賓奪主。

九、我願熱心待人，調和關係，不惹事生非。

十、我願肯定自我，實踐理想，不好高騖遠。

十一、我願尊重他人，維護隱私，不輕諾失信。

十二、我願珍惜資源，拒謀私利，不牽涉政治、宗教、商業行為。

附錄四　志工倫理守則

中華民國九十年四月二十四日內政部台(90)內中社字第九〇七四七五〇號

一、我願誠心奉獻，持之以恆，不無疾而終。

二、我願付出所餘，助人不足，不貪求名利。

三、我願專心服務，實事求是，不享受特權。

四、我願客觀超然，堅守立場，不感情用事。

五、我願耐心建言，尊重意見，不越俎代庖。

六、我願學習成長，汲取新知，不故步自封。

七、我願忠心職守，認真負責，不敷衍應付。

八、我願配合志願服務運用單位，遵守規則，不喧賓奪主。

九、我願熱心待人，調和關係，不惹事生非。

十、我願肯定自我，實踐理想，不好高騖遠。

十一、我願尊重他人，維護隱私，不輕諾失信。

十二、我願珍惜資源，拒謀私利，不牽涉政治、宗教、商業行為。

附錄五　志工服務績效認證及志願服務績效證明書發給作業規定

中華民國九十年四月二十四日內政部台(90)內中社字第九○七四七五○號

一、本規定依志願服務法第十七條第二項規定訂定之。

二、志工服務年資滿一年，服務時數達一百五十小時以上者，得向志願服務運用單位申請認證服務績效及發給志願服務績效證明書。

三、志工因升學、進修、就業或其他原因需志願服務績效證明者，應檢附志願服務紀錄冊及相關證明文件向志願服務運用單位提出申請。

四、志願服務運用單位受理第三點申請後，經業務相關承辦人、志工督導及負責人覈實審查後，於七日內發給志願服務績效證明書（格式如附件）。

五、志工申請志願服務績效證明書時，志願服務運用單位裁併、解散或結束業務者，得向承接其業務者或目的事業主管機關申請發給。

六、志工持志願服務績效證明書申請升學、就業、服相關兵役替代役或其他目的者，應依相關目的事業主管機關法令規定辦理。

附件

志 願 服 務 績 效 證 明 書		
項目	內　　　　　　　　　　　　　　　容	
志 工 基 本 資 料	姓名： 住（居）所地址： 出生年月日： 國民身分證統一編號： （或護照號碼）	
服 務 績 效	一、服務起迄時間： 二、服務項目及時數： 三、服務內容： 四、特殊績效：	
志 願 服 務 運 用 單 位	一、名稱： 二、評語：	負責人（簽章）： 志工督導（簽章）： 承辦人（簽章）：
發證單位： 中　華　民　國　　　　年　　　　月　　　　日		

附錄六　志願服務獎勵辦法

中華民國九十年六月二十一日內政部台(90)內中社字第九○七四六六九號

第一條　本辦法依志願服務法第十九條第六項規定訂定之。

第二條　本辦法獎勵之志工為從事志願服務工作，服務時數三千小時以上，持有志願服務績效證明書者。

第三條　志工符合前條規定，得填具申請獎勵事蹟表（如附表一），檢同相關證明文件，於每年七月底前送志願服務運用單位，志願服務運用單位於八月底前送地方目的事業主管機關辦理。不屬地方目的事業主管機關之志願服務運用單位，報由中央目的事業主管機關審查並造冊，送中央主管機關辦理。

　　　　目的事業主管機關受理前項申請後應審查並造冊（如附表二），於九月底前送中央主管機關辦理。

　　　　志願服務運用單位為中央主管機關或所屬之機關、機構、學校者，應逕予審查並造冊，於九月底前送中央主管機關彙辦。

第四條　本辦法之獎勵，由中央主管機關每年辦理一次。

第五條　本辦法之獎勵等次如下：

　　　　一、服務時數三千小時以上，頒授志願服務績優銅牌獎及得獎證書。

　　　　二、服務時數五千小時以上，頒授志願服務績優銀牌獎及得獎證書。

　　　　三、服務時數八千小時以上，頒授志願服務績優金牌獎及得獎證書。

　　　　前項獎勵以公開儀式行之。

第六條　本辦法同等次獎牌及得獎證書之頒授，以每人一次為限。

第七條　志願服務表現優良者，申請列入升學、就業之部分成績，應依相關目的事業主管機關規定辦理。

第八條　本辦法自發布日施行。

附表一

志願服務申請獎勵事蹟表

申請日期：

申 請 人	（簽名蓋章）	基 本 資 料	性別： 國民身分證統一編號（或護照號碼）： 住（居）所地址： 聯絡電話：	出生年月日：
重 要 事 蹟	1. 服務時數 ____ 時 2. 主要績效（詳附服務績效證明書）			
志願服務運用單位意見		負 責 人 核 章		
審 查 機 關 意 見		首 長 核 章		

			申　請　服　務	
			次　等　時　務	
			數　時　務	
			姓　　　名	
			性　　別	
			出　生　年　月　日	
			國民身分證統一編號（或護照號碼）	
			住（居）所地址	
			電　　話	
			志願服務運用單位	
			審查機關	

附錄七　志工申請志願服務榮譽卡作業規定

中華民國九十年四月二十四日內政部台(90)內中社字第九○七四七五○號

一、為辦理志工申請志願服務榮譽卡，特訂定本規定。

二、志工服務年資滿三年，服務時數達三百小時以上者，得檢具一吋半身照片二張、服務紀錄冊影本及相關證明文件向地方主管機關申請志願服務榮譽卡。

三、志願服務榮譽卡使用期限為三年，期限屆滿後，志工得檢具第二點相關文件重新申請。

志工依前項重新規定申請志願服務榮譽卡，其服務年資及服務時數不得重複計算。

四、志願服務榮譽卡格式如附件，由地方主管機關印製發用。

志願服務榮譽卡格式

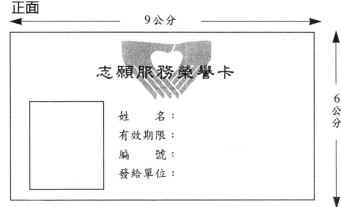

正面

9公分

志願服務榮譽卡

姓　　名：
有效期限：
編　　號：
發給單位：

6公分

背面

注意事項：
一、志工服務年資滿三年，服務時數達三百小時以上者，得檢具一吋半身照片二張、服務紀錄冊影本及相關證明文件向地方主管機關申請志願服務榮譽卡。
二、志願服務榮譽卡使用期限為三年，期限屆滿後，志工得檢具前開相關文件重新申請。
志工依前項重新規定申請志願服務榮譽卡，其服務年資及服務時數不得重複計算。
持卡人出生年月日：
國民身分證統一編號（或護照號碼）：

附錄八　役男申請服替代役辦法部分條文

中華民國九十年八月十日內政部台(90)內役字第九○七九三六七號

第一章　總則

第一條　本辦法依替代役實施條例第五條第四項及志願服務法第二十一條
　　　　規定訂定之。

第二條　役男經徵兵檢查為常備役體位者，得申請服替代役。但有下列情
　　　　形之一者，不得申請：
　　　　一、有緩徵、申請改判體位或延期徵集等事故者。
　　　　二、大專程度以上役男具預備軍、士官資格者。
　　　　前項第一款緩徵事故於申請之年緩徵原因消滅者，或具前項第二
　　　　款資格，於申請時切結俟核准服替代役後即放棄預備軍、士官資
　　　　格，不受前項不得申請之限制。

第四條　服替代役之申請資格區分如下：
　　　　一、專長資格：役男具有替代役各類別需用機關指定之國家考試
　　　　　　及格證照者，得選定正、備選志願各一種，並優先甄試。
　　　　二、志工資格：從事志願服務相關項目工作滿一年且服務時數達
　　　　　　一百五十小時以上，具有志願服務績效證明書之役男，得優
　　　　　　先服該相關類別替代役。
　　　　三、家庭因素：役男因家庭狀況合於第八條規定而申請者。
　　　　四、宗教因素：役男因宗教信仰理由合於第十五條規定而申請
　　　　　　者。
　　　　五、一般資格：役男不具前四款所列資格或因素而申請者。
　　　　以前項第一款至第四款資格申請之役男，如經甄審未入選或條件
　　　　不合時，得依其志願再參加一般資格之甄選。
　　　　第一項第一款之正選志願，以需用機關指定之主要證照專長為範
　　　　圍；備選志願以需用機關指定之次要證照專長為範圍。

第二章　專長、志工及一般資格申請服替代役

第五條　鄉（鎮、市、區）公所受理專長、志工及一般資格服替代役申請
　　　　案件後，即行初審，如核驗專長證照或證明文件發現不符或錯誤
　　　　時，應請原申請人於截止申請日前補正；符合規定者，於截止申
　　　　請日後二日內，分類繕造名冊及統計表，連同專長證照或證明文

件影本，陳報直轄市、縣（市）政府。

第六條　直轄市、縣（市）政府收到前條陳報之役男服替代役申請案件後，應即複審，並依下列規定辦理：

一、專長資格申請案：依年次、教育程度及專長彙整，陳報主管機關。

二、志工資格申請案：依年次、教育程度及類別彙整，陳報主管機關。

三、一般資格申請案：統計陳報案件總數，陳報主管機關。俟主管機關配賦員額後，申請人數在配賦員額內時，逕予核定；逾額時，以抽籤決定，並得併常備兵抽籤辦理。

第七條　主管機關收到前條陳報之申請案件，依下列規定辦理：

一、專長資格申請案：各類別申請人數未逾核定員額時，會同需用機關審查後逕予核定；逾額時，會同需用機關辦理抽籤作業。如役男未抽中正選志願，而其備選志願尚有餘額時，得遞補錄取該備選志願。但備選人數超出該類別之餘額時，仍以抽籤決定之。

二、志工資格申請案：各類別申請人數未逾核定員額扣減專長資格錄取名額後之餘額時，會同需用機關審查後逕予核定；逾額時，會同需用機關辦理抽籤作業。

三、一般資格申請案：以各類別核定員額扣減專長資格及志工資格錄取名額後之餘額總數，再按各直轄市、縣（市）政府陳報之一般資格申請案件總數，配賦各直轄市、縣（市）員額。

前項兼具符合同一類別專長及志工資格條件者，應最優先服該類別替代役。

附錄九　行政院暨所屬各機關實施志願服務要點

行政院85.3.20台八十五年政力字第○八七七三號函核定

一、行政院為有效運用社會人力資源參與公共事務，以提昇服務品質及行政效能，特訂定本要點。

二、志願服務工作人員（以下簡稱志工），係指經各機關自行遴選，不佔機關職缺，不支待遇，志願協助機關辦理指定工作者。

(一)社會福利。

(二)勞工福利。

(三)衛生保健。

(四)教育文化。

(五)公共安全。

(六)環境保護。

(七)生態保育。

(八)觀光旅遊。

(九)其他適合運用志工之業務。

前項實施志願服務之機關，屬中央暨所屬機關者，由各該中央主管機關指定並統籌推動；屬地方政府暨所屬機關者，由省（市）政府指定並統籌推動。

四、志工之遴選資格及工作內容，由各需用機關（構）視其業務性質自行訂定。

五、志工之招募，得依志工職業特性區分為一般人員招募體系與退休公教人員招募體系。

六、各需用機關為掌握進用時效，得採左列途徑招募一般志工：

(一)運用媒體公開招募。

(二)定期編印志願服務簡訊。

(三)協洽地區志願服務協會，建立志工人力供需管道，受理各機關（構）、學校、團體之求才登記，及有志參與志願服務之社會熱心人士登記，將資料建檔，並作媒合、轉介工作。

(四)其他適當方法。

七、為加強推動退休公教人員從事志願服務，得採左列方式招募之：

(一)各機關應主動調查屆齡或自願退休公教人員擔任志工之意願，並蒐集需用志工機關提供之工作需求，建立資料提供資訊交換。

(二)各機關應將前項建立之資料送該地區退休公教人員協會予以轉介，或送請需用機關參考遴用。

(三)各直轄市政府及縣市政府應積極輔導退休公教人員協會建立退休公教人員人事資料，形成退休人員人力銀行，強化其媒合、轉介之功能。

八、各運用志工之機關應依志工所擔任工作性質，給予必要之訓練或講習，以提高服務品質。

九、各運用志工之機關對於志工之出勤狀況與工作分配，應善盡管理督導之責，並輔導志工自我管理，促進志工與機關員工協調合作。

十、志工服務情形應定期予以考核，對服務績優之志工，各運用志工之機關應予以適當獎勵；服務情形欠佳或有不適任之情事者，應停止其服務工作。

十一、為激勵志工參與志願服務，各運用志工之機關得視經費情形，擇採左列鼓勵措施：

(一)得視工作需要製發服裝、徽章、識別證。

(二)酌予補助誤餐費、交通費。

(三)服務成績優良具有特殊事蹟者，予以公開表揚。

(四)志工在服務期間遇有婚喪喜慶，得以適當方式致意。

(五)其他適當方式。

十二、志工服勤時，遇危險事故致殘廢、死亡得比照適用「公務員工因執行職務遭受危險事故致殘廢死亡發給慰問金實施要點」。

十三、各使用志工之機關，其當年度之實施成果，應於次年一月底前陳報各主管機關彙整後函送本院人事行政局報院備查。

十四、本要點第三點所列推動志願服務之機關，應積極加強運用志工措施，以節約機關用人需求。如果業務需要確需請增員額時，應將該機關志工推動運用情形併案報核。

十五、各運用志工之機關辦理本要點規定事項所需經費，得編列年度預算支應。

十六、各主管機關對於志願服務已訂有規定者，從其規定。

十七、各主管機關得依據本要點訂定實施計畫及補充規定。

附錄十　廣結志工拓展社會福利工作——祥和計畫

84.6.28 台(84)內社字第八四七七四二一號函頒
89.7.11 台(89)內中社字第八九八四六三四號第一次函頒修正
90.12.14 台(90)內中社字第九〇七三一九四號第二次函頒修正

一、目的：為激勵社會大眾秉持施比受更有福，予比取更快樂的理念，發揮助人最樂，服務最榮的精神；擁抱志工情，展現天使心，胸懷燃燒自己、照亮別人之德操，踴躍投入志願服務行列，積極散播志願服務種子，共同為協助拓展社會福利工作及增進社會祥和而奉獻心力。

二、召募對象：願運用餘暇參與志願服務之社會大眾，確具服務熱忱與興趣者，即可參加志願服務隊。志願服務運用單位召募志工之方式及志工資格依志願服務法規及各單位規定辦理。

三、任務編組及組織聯繫

(一)志願服務隊：志願服務運用單位為推展本計畫之服務項目得召募志工二十人以上組成志願服務隊，每隊設隊長一人、副隊長一人至三人。各隊成立後，應將隊長、副隊長名單及隊員人數函報當地直轄市或縣（市）主管機關備查。

(二)主管機關得召開志願服務會報以整合規劃、研究、協調及開拓社會資源、創新社會服務項目等事宜。

(三)志願服務隊得依工作需要設置下列各組，負責辦理各項有關事宜：

1.組訓組：負責志工之召募訓練、組織編隊及資料管理等有關事宜。

2.輔導組：負責志工之任務分配、輔導考核及團康聯誼等有關事宜。

3.行政組：負責志願服務隊之文書、庶務、會計及出納等有關事宜。

四、教育訓練

(一)基礎訓練：以結合志工新秀、灌輸志願服務理念為主；由志願服務運用單位安排所屬新進志工參加；訓練期滿，發給結業證明書。

課程內容包括：

1.志願服務的內涵　　　　　　二小時

2.志願服務倫理　　　　　　　二小時

3.(1)自我了解及自我肯定

　(2)快樂志工就是我

　　　以上二種課程二選一　　二小時

4.志願服務經驗分享　　　　　二小時

5.志願服務法規之認識　　　　二小時

6.志願服務發展趨勢　　　　　二小時

　以上共計十二小時。

(二)特殊訓練：以強化志工專業知能，熟悉工作環境為主；由志願服務
運用單位安排曾經接受基礎訓練之志工參加；訓練期滿後，發給結
業證明書。

　課程內容包括：

1.社會福利概述　　　　　　　二小時

2.社會資源及志願服務　　　　二小時

3.(1)人際關係

　(2)說話藝術

　(3)團康活動

　　　以上課程三選一　　　　二小時

4.志願服務運用單位業務簡介　二小時

5.志願服務工作內容說明及實習　二小時

6.綜合討論——集思廣益論方法　二小時

　以上共計十二小時，志願服務工作內容說明及實習時數，得由志
願服務運用單位依實際需要延長之。成績優良者，發給結業證明
書。

(三)成長訓練：以結合資深志工，精進志工知能為主；參與志願服務一
年以上，且曾參加基礎訓練、特殊訓練，並持有結業證明書者，由
志願服務運用單位推薦參加；訓練期滿後，經考評及格，發給結業
證明書。

　課程內容包括：

1.志願服務的方法及技巧　　　二小時

2.社會資源的結合及運用　　　二小時

3.志工團隊的統合及協調　　　二小時

4.志工團體的運作及成長　　　二小時

5.雙向溝通　　　　　　　　　二小時

6.活動及方案設計　　　　　　二小時

志願服務理念與實務

7.團康技巧 二小時
8.溝通技巧 二小時
9.綜合討論——縝密思考研方案 二小時
以上共計十八小時。

(四)領導訓練：以培訓志工幹部為主；參與志願服務三年以上，且曾參加成長訓練，並持有結業證明書者，由志願服務運用單位推薦參加；訓練期滿後，經考評及格，發給結業證明書。

課程內容包括：

1.領導志工的原則及技巧 二小時
2.志工及志工督導之心理調適 二小時
3.非營利組織概述 二小時
4.志願服務及社會需求 二小時
5.民主素養及志工團體 二小時
6.如何塑造志願服務文化 二小時
7.領導藝術 二小時
8.即席演講 二小時
9.綜合討論——精益求精創新猷 二小時
以上共計十八小時。

五、服務項目

(一)身心殘障福利服務：協助社政機關及身心障礙福利機構或團體推展身心障礙福利有關服務事宜。

(二)老人福利服務：協助社政機關及老人福利機構或團體推展老人福利有關服務事宜。

(三)婦女福利服務：協助社政機關及婦女福利機構或團體推展婦女福利有關服務事宜。

(四)少年福利服務：協助社政機關及少年福利機構或團體推展少年福利有關服務事宜。

(五)兒童福利服務：協助社政機關及兒童福利機構或團體推展兒童福利有關服務事宜。

(六)諮商輔導服務：協助社政機關及諮商輔導機構或團體推展諮商輔導有關服務事宜。

(七)家庭福利服務：協助社政機關及家庭福利機構或團體推展家庭福利有關服務事宜。

(八)社區福利服務：協助社政機關及社區福利機構或團體推展社區福利有關服務事宜。

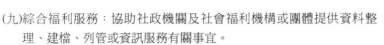

(九)綜合福利服務：協助社政機關及社會福利機構或團體提供資料整理、建檔、列管或資訊服務有關事宜。

六、實施方式

(一)頒授志願服務隊隊旗：志願服務隊隊旗由各直轄市、縣（市）主管機關分別頒授（負六號旗），並按各志願服務隊成立之先後順序分別編隊，各隊之運用單位名稱得置於隊旗上（格式如附件二），藉以顯現團隊精神，凝塑團隊意識。各隊隊旗之顏色由頒授單位自行訂定。

(二)製發志願服務證：各志工均由各機關、機構或團體自行製發「志工服務證」，藉以識別，並示榮譽，俾以提昇服務品質。

(三)發給志願服務紀錄冊：志願服務運用單位應依內政部訂定之志願服務證及服務紀錄冊管理辦法規定向目的事業主管機關申請發給志願服務紀錄冊，用以考核服務績效，並憑作獎勵表揚之參據。

(四)製發志工服務背心：志願服務運用單位得製作志工服務背心，藉以突顯服務標誌，廣收服務效果。

(五)頒發志願服務隊幹部聘書：志願服務隊隊長、副隊長，由直轄市、縣（市）主管機關頒發聘書，藉以激勵助人最樂，服務最榮之士氣。

(六)訂定志願服務週：每年十二月第一週配合國際志願服務日定為志願服務週，擴大舉辦各項宣導活動，俾使志願服務蔚為風氣。

七、獎勵

(一)個人獎勵

　1.參與志願服務一千五百小時以上之志工，得依內政業務志願服務獎勵辦法申請獎勵。

　2.參與志願服務三千小時以上之志工，得依志願服務獎勵辦法申請獎勵。

　3.舉辦志願服務楷模選拔及表揚：積極參與志願服務之志工或協助推展志願服務之熱心人士，得由各志願服務隊所屬單位推薦，參加志願服務楷模之選拔活動，其實施計畫另定之。

(二)團體獎勵：積極推動志願服務工作著有績效之志願服務隊，經評鑑成績優良者，得由內政部予以獎勵，並公開表揚，其評鑑計畫另定之。

(三)直轄市、縣（市）主管機關獎勵：積極推動志願服務工作著有績效之志願服務隊，經評鑑成績優良者，得由內政部予以獎勵，並公開表揚，其評鑑計畫另定之。

附件一　志願服務教育訓練結業證明書樣式

（正面）　A4大小

志願服務教育訓練結業證明書

課　目	時數	授課講座

21公分

29.7公分

（反面）

結業證明書　第　　號

出生於民國○○年○月○日自民國○○年○月○日至○月○日參加○○○○舉辦之志願服務教育訓練第○○○○結業並經考評及格

志工人員○○○

此證

中華民國　　年　　月　　日

承辦單位：

負責人：

說明：1. 志願服務教育訓練結業證明書大小（長29.7公分；寬21公分）

2. 「○○○○」請填寫「基礎訓練、特殊訓練、成長訓練或領導訓練」

3. 「○○○○……」請填寫「承辦單位名稱」

4. 承辦單位關防或印信

附件二　志願服務隊隊旗樣式

祥和計畫—志願服務
○○○○○○○○

○○○第○○隊

說明：

1. 上圖○○○○○○○○應書寫服務隊全名，例如：內政部
   北區老人之家志願服務隊；雲林縣老人福利保護協會志工
   隊。

2. 下欄○○○第○○隊應書寫某某縣（市）第○隊，例如：
   台北市第五隊；高雄縣第三隊。

3. 旗子大小採負六號旗。

附錄十一　廣結志工參與緊急救護工作──鳳凰計畫

中華民國八十八年九月二十一日八十八消署護字第八八Ｇ○一一三一號

一、目的：為激勵社會大眾秉持「以服務充實人生，用關懷增進溫情」的理念，發揮「助人最樂，服務最榮」的精神，進而擁抱「鳳凰情」，展現「天使心」，踴躍投入志工行列，積極散播服務種子，共同為協助緊急救護工作及增進社會安祥而奉獻心力。

二、召募對象：凡願提供餘時參與救護工作之社會大眾，確具助人熱忱與服務志趣者，均歡迎踴躍參加。

三、任務編組

(一)鳳凰志工分隊：凡認同並響應「鳳凰計畫」，誠心參與志願服務協助推展緊急救護工作者，經參加訓練合格後，每二十人以上即可組織一鳳凰志工分隊，每分隊設分隊長一人，副分隊長一至三人。各分隊成立後，各直轄市暨縣市消防局應將分隊長、副分隊長、幹部名單及隊員人數建立檔案資料。

(二)鳳凰志工隊：各直轄市暨縣市消防局應分別輔導成立「鳳凰志工隊」，負責轄區內各鳳凰志工分隊之協調聯繫；每隊設隊長一人，副隊長一至三人。各隊成立後，應將隊長、副隊長及幹部名單建立檔案資料，並轉報內政部消防署。

(三)鳳凰志工指導小組：內政部消防署成立「鳳凰志工指導小組」，負責有關鳳凰志工各項工作之統籌規劃、督導考核；指導小組設召集人一人，委員九至十五人，並設執行秘書一人及幹事若干人。

(四)鳳凰志工顧問團：內政部消防署輔導成立「鳳凰志工顧問團」，遴聘對緊急救護學有專長或志願服務著有貢獻之有志之士擔任顧問，顧問團設團長一人，副團長一至三人，顧問十五至二十一人。各直轄市暨縣市消防局亦得比照輔導成立，顧問團設團長一人，副團長一人，顧問十一至十五人。

(五)前述各鳳凰志工分隊、鳳凰志工隊得依工作需要設置下列各組，負責辦理各項有關事宜。

　1.輔導組：負責志工之召募編組、任務分配等有關事宜。

　2.管考組：負責志工之工作考核、資料管理等有關事宜。

3.行政組：負責各隊本部之文書處理、庶務工作等有關事宜。

四、教育訓練

(一)初級訓練

1.受訓資格：應具國中、初中以上學校畢業或同等學歷。

2.訓練課程：

(1)專業課程：應依行政院衛生署訂頒「救護技術員管理要點」之規定，至少接受六十小時初級救護技術員專業訓練。

(2)通識課程：應接受志願服務基本理念訓練課程四小時，其中包括：①志工應有的認知與素養二小時，②志願服務倫理二小時。

3.資格證明：完成初級救護技術員訓練，並經訓練單位甄試合格者，由訓練單位發給結業證明，並發給初級救護技術員合格證明，合格證明有效期限二年，其格式依照「救護技術員管理要點」之規定。

4.繼續教育：初級救護技術員接受初級救護技術員訓練課程綱要表所列訓練科目相關之繼續教育八小時以上（其中緊急救護基本技術至少四小時）者，得延長其合格證明效期，每次得延長一年。

(二)中級訓練

1.受訓資格：應具高中、高職以上學校畢業或同等學歷，並具初級救護技術員資格。

2.訓練課程：

(1)專業課程：應依行政院衛生署訂頒「救護技術員管理要點」之規定，至少接受二六四小時中級救護技術員專業訓練。

(2)通識課程：應接受志願服務角色認知訓練課程四小時，其中包括：①志工應有的角色與任務二小時，②社會資源與志願服務二小時。

3.資格證明：完成中級救護技術員訓練，並經甄試合格者，由訓練單位發給結業證明，並由委託辦理之衛生、消防主管機關發給中級救護技術員合格證明，合格證明有效期限二年，其格式依照「救護技術員管理要點」之規定。

4.繼續教育：中級救護技術員接受中級救護技術員訓練課程綱要表所列訓練科目相關之繼續教育二十四小時以上（其中緊急救護基本技術至少四小時）者，得延長其合格證明效期，每次得延長一年。

五、救護範圍

(一)初級救護技術員得執行之救護範圍如下：

　　1.檢傷分類及傷病檢視。

　　2.量血壓。

　　3.以聽診器量心音、呼吸聲等。

　　4.基本心肺復甦術及清除呼吸道異物。

　　5.使用口咽、鼻咽呼吸道。

　　6.給予氧氣。

　　7.止血、包紮。

　　8.病患姿勢選定及體溫維持。

　　9.骨折固定。

　　10.現場病患救出及搬運。

　　11.送醫照護。

　　12.正常生產接生。

　　13.心理支持。

　　14.其他經中央衛生主管機關公告之項目。

(二)中級救護技術員得執行之救護範圍如下：

　　1.初級救護技術員得執行之救護範圍。

　　2.血中氧暨心電圖監測。

　　3.使用抗休克褲。

　　4.灌洗眼睛。

　　5.給予口服葡萄糖。

　　6.催吐。

　　7.周邊血管路徑之設置及維持，並得給予酸林格氏液或生理食鹽水。

　　8.其他經中央衛生主管機關公告之項目。

六、實施方式

(一)頒授「鳳凰志工隊隊旗」：各鳳凰志工分隊隊旗由各直轄市暨縣市消防局分別頒授；鳳凰志工隊隊旗由內政部消防署統一頒授；藉以顯現團隊精神，凝塑團隊意識。其各類隊旗之樣式由內政部消防署訂定。

(二)製發「志工服務證」：各志工均由各直轄市暨縣市消防局自行製發「志工服務證」，藉以識別，並示榮譽，俾以提昇服務品質，其樣式由內政部消防署訂定。

(三)製發「志工服務記錄證」：各志工均應依規定申請核發「志工服務記錄證」，各鳳凰志工分隊可依實際需要造冊申請；藉以了解各志

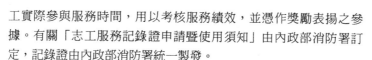

工實際參與服務時間，用以考核服務績效，並憑作獎勵表揚之參據。有關「志工服務記錄證申請暨使用須知」由內政部消防署訂定，記錄證由內政部消防署統一製發。

(四)製發「志工服務背心」：各志工均由內政部消防署統一製發「志工服務背心」，藉以突顯服務標誌，廣收服務效果。

(五)頒發「鳳凰志工隊幹部聘書」：各鳳凰志工分隊分隊長、副分隊長由各直轄市暨縣市消防局頒發聘書；隊長、副隊長由內政部消防署頒發聘書；藉以激勵「助人榮己」之士氣。

(六)訂定「鳳凰志工週」：每年一月第三週配合「一一九消防節」訂為「鳳凰志工週」，擴大舉辦各項宣導活動，俾使參與緊急救護的志願服務蔚為風氣。

七、獎勵

(一)個人獎勵

　　1.頒發獎狀：凡參與緊急救護服務工作滿一年之志工，總服務時數達二〇〇小時以上成績優良者，得由各直轄市暨縣市消防局頒發獎狀予以鼓勵，其具有初級救護技術員資格者，並納編為義消。

　　2.頒授「鳳凰志工獎章」：凡積極參與緊急救護服務工作滿二年之志工，總服務時數達四〇〇小時以上成績特優者，得由各直轄市暨縣市消防局推薦向內政部消防署申請頒授「鳳凰志工獎章」，其頒授原則另訂。

(二)團體獎勵：凡積極參與緊急救護服務工作滿一年著有績效之鳳凰志工分隊或鳳凰志工隊，經評鑑成績特優者，得由內政部消防署予以獎勵，並公開表揚，其評鑑計畫另訂。

八、經費：推展鳳凰計畫所需經費由內政部消防署暨各直轄市、縣市消防局編列預算支應，並結合社會資源支援。

九、本計畫陳奉核定後實施，修正時亦同。

附錄十二　凝結民力參與緊急災害救援工作
——睦鄰計畫

內政部八十八年十二月十日台(88)內消字第八八七六三〇九號函核定
內政部八十九年四月十九日台(89)內消字第八九八六四五三號函修正

一、緣起：台灣地區今（八十八）年發生百年罕見的九二一大地震，天轉
　　地動，舉國震驚；雖然災害發生之際，國內、外民眾同胞及救難團隊
　　均有效發揮救災無國界的大愛精神，冒險犯難，紛紛投入救災行列；
　　但各方力量的熱烈支援，仍然深感心餘力絀、力不從心。

　　為期重大災害發生後，正規救災人員尚未及時抵達災區進行搶救，或
　　災情過重、災區過大，政府救災單位調派不出足夠人力進行救援前，
　　民間經過適當訓練的民眾所具備自救救人的基本技能，能夠自動自
　　發、踴躍參與自我保護，甚或進行受困民眾簡易救援、障礙排除、滅
　　火、止血包紮、傷害檢傷分類等工作，以達加速救災效率、減緩人命
　　傷亡及減輕正規人員負擔等效能，確有積極凝結民力組織救援團隊，
　　協助緊急災害救援工作之迫切需要；因為這種充分運用民力的作法，
　　將能產生下列的實質功能。

　　(一)促使救援團隊隊員學習緊急災害發生時個人保護自己的功能。
　　(二)促使救援團隊隊員家人與社區鄰居相互配合做好應付緊急災害的準
　　　　備。
　　(三)促使救援團隊隊員能於緊急災害發生時提供社區救援服務，協助社
　　　　區居民共同度過災難浩劫。

二、目的：為激勵社會大眾秉持「給人希望是天使，救人苦難是菩薩」的
　　理念，發揮「敦親睦鄰，守望相助」的精神；於重大災害發生時，奮
　　不顧身，主動投入救援行列；共同為自救甚或拯救受困鄰居脫離緊急
　　災害而努力，進而達到緊急災害救援社區化的期望目標。

三、編組架構：以社區為單位，結合社區之內的社區發展協會、救難團
　　體、義消、義警、義交、民防、社區巡守隊、鳳凰志工隊、慈濟工作
　　隊、民間醫療院所及其他志願服務團隊四十人以上本諸自發意願共同
　　組成「睦鄰救援隊」（Neighborhood Rescue Team，簡稱NRT）；每隊
　　設隊長一人，任期兩年，不得連任；副隊長三人，分別負責掌理組
　　訓、輔導、行政等相關業務；並依工作需要設置下列各組，負責辦理

各項有關事宜，每組設組長、副組長各一人；另爲因應業務發展需要，每隊得聘顧問七至十一人。

(一)滅火組：負責用滅火器撲滅簡易火災；在必要時將居民撤離危險物品洩漏地區，並阻止居民進入。

(二)搜救組：負責搜查結構未損毀的建築物，並在外表留下記號以資辨識；在搜索過程中營救出傷者，衡量傷者傷勢，將傷者送往醫療站。

(三)救護組：負責設立安全且遠離危險情況的醫療站，爲護送至醫療站的傷者做進一步檢查；傷者病情如有變化，立即更改傷者的傷情分類，協助將需要立即處理的傷者送往「重傷醫療中心」。

(四)後勤組：負責提供其他各組所需物品、工具、糧食及水；支援其他各組作爲後備隊員；並應設立通訊網，負責隊員間通訊聯絡、傳遞訊息給其他各組、隊員及支援單位。

四、實施期程

(一)第一階段（民國八十九年二月底前）：洽商彰化縣先行選定一個鄉鎮市進行試辦成立一隊。

(二)第二階段（民國八十九年六月底前）：台中市、台中縣、南投縣、雲林縣、嘉義市、嘉義縣、台南市、台南縣等八縣市各應成立一隊。

(三)第三階段（民國八十九年十二月底前）：除前述九縣市外，其他各直轄市及縣市至少均應成立一隊。

(四)第四階段（民國九十年一月起）：各直轄市及縣市應逐年擴大實施，於民國九十年一年內每一直轄市及縣市至少均應成立五隊；並期每年逐步成長。

五、訓練課程

(一)災害準備：包括災例介紹、災情的危害與影響、認識建築與非建築物的危險、減災策略等內容。

(二)火災滅火：包括火災化學原理、危險物品認識、如何減緩住家與辦公場所火災危險、NRT決斷、滅火器材認識與使用、滅火安全等內容。

(三)醫療救護：包括認識與生命危害狀況的處置、傷患分類、全身狀況評斷、骨折、燒傷、拉扭傷、凍傷處置等內容。

(四)簡易搜救：包括計畫擬定、搜尋與救助的決斷、搜尋與救助採行方式、器具的操作使用等內容。

(五)災害心理與團隊組織：包括災害心理、NRT組織、如何做正確決

定、文書製作、書面模擬作業等內容。

(六)志願服務倫理：包括志工應有的基本認知與素養、志工應遵守的倫理守則、社會資源的結合與運用等內容。

(七)課程複習與模擬：包括期末測驗、課程回顧複習、災害模擬處置、實際演練與器材操作等內容。

以上訓練課程至少應有十八小時以上；凡參加訓練結束後，並經訓練單位考評合格者，由訓練單位發給結業證明書。另應於每年四月、十月對初訓合格領有結業證明書之隊員辦理複訓一次，時間為十小時以上，藉以維持並增強災害救援之技能與方法。

六、實施要領

(一)選定組隊社區：以社區或聯合鄰近社區為核心，以生活共同圈之服務輸送可近性、社區居民參與性、社會資源完整性作為規劃NRT之範圍，經勘察研商決定後實施。

(二)規劃宣導工作：編印為何需要成立NRT「Q&A」單張摺頁說帖，舉辦工作說明會，加強宣導，溝通觀念，激發社區民眾產生患難與共的社區意識，踴躍參加NRT服務行列。

(三)召募徵選志工：研訂志工召募、甄選計畫，呼籲確具助人熱忱與服務志趣，且體力良好、反應敏捷的有志之士響應「睦鄰計畫」，熱烈參與。

(四)辦理志工訓練：依照「睦鄰計畫」所訂訓練課程，排定授課時間，洽聘優良專業師資，施予志工基本救災的專業訓練與參加志願服務應有的認知與素養，強化志工災害救援技能及服務倫理。

(五)完成組隊運作：志工訓練辦理完畢後，即應進行組隊編組，並依隊員個別專長分配任務；另擇期舉行授旗儀式，對外公開宣布「睦鄰救援隊」正式成立，積極展開運作，適時參與救援服務。

(六)充實救援裝備：為使NRT參與緊急救難工作時能夠充分發揮預期功能，務須要有完整的裝備；救援隊成立後，第一要務就是應該爭取經費或運用資源，協助購置救援必備的各項器材，確實做到「工欲善其事，必先利其器」。

(七)舉辦演練觀摩：為提昇訓練成果及展現救援效能，團隊成立後務須研訂災害發生假設狀況舉辦演練觀摩，以收檢討改進、力求精良之效果；並期於災害真正發生時，確實展現緊急應變之功能。

(八)逐步推廣實施：「睦鄰計畫」的有效實施，應該採取漸進的方式逐步推廣；首先務須選定參與感及配合度較高的社區進行試辦，然後再將成功的案例透過經驗傳承的途徑，由點而線連結成面，最後建

構成完整的緊急災害救援網絡。

七、配合措施

(一)頒授「隊旗」：各睦鄰救援隊隊旗由內政部消防署統一頒授，藉以顯現團隊精神，凝塑團隊意識。

(二)製發「服務證」：各隊隊員均由內政部消防署統一製發「服務證」，藉以識別，並示榮譽，俾以提昇服務品質。

(三)製發「服務背心」：各隊隊員均由內政部消防署統一製發「服務背心」，藉以突顯服務標誌，廣收服務效果。

(四)頒發「幹部聘書」：各睦鄰救援隊隊長、副隊長均由內政部消防署頒發聘書；藉以激勵「助人榮己」之士氣。

八、權責分工

(一)指導小組：內政部消防署成立指導小組，負責策劃與督導「睦鄰計畫」之執行，並對各直轄市與縣市政府提供輔導與協助。

(二)推動小組：各直轄市與縣市消防局應協調各隸屬政府機關之民政、社政、警政、衛生等相關單位成立推動小組，負責規劃與指導「睦鄰計畫」之執行，並對如何廣結民力熱烈響應計畫之推展，提供諮詢與協助。

(三)工作小組：各直轄市與縣市消防局應自行成立工作小組，負責研商與落實「睦鄰計畫」之執行，並對「睦鄰救援隊」提供必要之支援與協助。

九、獎勵

(一)個人獎勵

1.頒發獎狀：凡參與緊急災害救援工作滿一年成績優良者，得由各直轄市暨縣市消防局列冊簽請隸屬政府首長核發獎狀予以鼓勵。

2.頒授「睦鄰榮譽獎章」：凡積極參與緊急災害救援工作滿二年成績特優者，得由各直轄市暨縣市消防局推薦向內政部消防署申請頒授「睦鄰榮譽獎章」，其頒授原則另訂。

(二)團體獎勵：凡積極參與緊急災害救援工作滿一年著有績效之「睦鄰救援隊」，經評鑑成績特優者，得由內政部消防署頒發獎牌及獎金予以獎勵，並公開表揚，其評鑑計畫另訂。

十、經費：試辦期間推展「睦鄰計畫」，所需經費由內政部消防署八十八年下半年度及八十九年度相關經費預算項下支應，自九十年度起由內政部消防署逐年編列預算辦理。

十一、本計畫陳奉核定後實施，如有未盡事宜得隨時補充、修正之。

附錄十三　義勇消防組織編組訓練演習服勤辦法

中華民國九十年六月一日台（九十）內消字第九○八六六四六號令訂定發布

中華民國九十二年三月二十六日台內消字第○九二○○九二六三號令修正發布

第一條　本辦法依消防法第二十八條第一項規定訂定之。

第二條　義勇消防人員應接受消防指揮人員之命，協助消防工作。

第三條　直轄市、縣（市）政府設義勇消防總隊（以下簡稱總隊），總隊視勤務需要，得設大隊、中隊及分隊，其編組如附表。

前項總隊之內部管理事項，由直轄市政府消防局、縣（市）消防局（以下均簡稱消防局）會同義勇消防總隊定之。

第四條　新進義勇消防人員應具備下列資格：

一、年滿二十歲、身心健康之中華民國國民。

二、設籍並居住當地且未參加其他義勇或民防組織者。

三、未曾受有期徒刑以上刑或感訓處分之裁判確定者。但因過失犯罪者，不在此限。

擔任顧問者，不受前項第二款規定之限制。

具備第一項規定資格之退役替代役消防役役男，得優先遴聘擔任義勇消防人員。

第五條　各級義勇消防人員，除顧問外，其遴聘程序及資格規定如下：

一、總隊之總隊長、副總隊長由消防局自曾任或現任義勇消防中隊長以上職務（顧問除外）合計滿三年，並曾經高級幹部講習班訓練合格之人員遴選，層報內政部核聘；總隊之其他人員，由總隊自曾任或現任義勇消防分隊長以上職務合計滿二年，並曾經中級幹部講習班訓練合格之人員遴選，報請消防局核聘。

二、大隊之大隊長及副大隊長，由總隊自曾任或現任義勇消防分隊長以上職務合計滿二年，並曾經中級幹部講習班訓練合格之人員遴選，報請該轄消防大隊核轉消防局核聘；大隊之其他人員，由該轄義勇消防大隊自曾任或現任義勇消防小隊長

以上職務合計滿一年，並曾經初級幹部講習班訓練合格之人員遴選，報請該轄消防大隊核轉消防局核聘。

三、中隊之所有人員，由該轄義勇消防大隊自曾任或現任義勇消防小隊長以上職務合計滿一年，並曾經初級幹部講習班訓練合格之人員遴選，報請該轄消防中隊或分隊核轉消防局核聘。

四、分隊之分隊長、副分隊長，由該轄義勇消防大隊或中隊自曾任或現任義勇消防副小隊長以上職務合計滿一年，並曾經基礎幹部講習班訓練合格之人員遴選，報請該轄消防分隊核轉消防局核聘；分隊之幹事、助理幹事、小隊長及副小隊長，由該轄義勇消防分隊自曾任或現任義勇消防隊員以上人員遴選，報請該轄消防分隊核轉消防局核聘。

五、分隊之隊員，由該轄義勇消防分隊遴選，報請該轄消防分隊核轉消防局核聘。

前項第一款至第四款之人員應由聘任機關成立審議小組評審之；其評審作業要點由內政部消防署（以下簡稱本署）定之。

各級顧問之遴聘程序規定如下：

一、總隊之顧問，由總隊遴選，報請消防局核聘。

二、大隊之顧問，由該轄義勇消防大隊遴選，報請該轄消防大隊核轉消防局核聘。

三、中隊之顧問，由該轄義勇消防大隊遴選，報請該轄消防大隊核轉消防局核聘。

四、分隊之顧問，由該轄義勇消防分隊遴選，報請該轄消防分隊核轉消防局核聘。

第六條 義勇消防人員除顧問外，年齡規定如下：

一、總隊長及副總隊長為六十八歲以下；總隊之其他人員為六十五歲以下。

二、大隊長及副大隊長為六十五歲以下；大隊之其他人員為六十三歲以下。

三、中隊之所有人員為六十三歲以下。

四、分隊除隊員以外之所有人員為六十歲以下；分隊之隊員為五十五歲以下。

第七條 經聘任之義勇消防人員，除顧問、分隊之幹事、助理幹事、小隊長、副小隊長及隊員外，其聘期為三年，成績優良者得予續聘，並以二次為限。

前項義勇消防人員於聘期中因故出缺，繼任人員以補足其聘期為限。繼任人員聘期逾二年者，以聘任一次計之。

第八條　義勇消防人員，有下列情形之一者，由聘任機關予以解聘：

一、喪失中華民國國籍者。

二、身心障礙無法勝任義勇消防工作者。

三、未居住當地或參加其他義勇或民防組織者。但擔任顧問者，不在此限。

四、受有期徒刑以上刑或感訓處分之裁判確定者。但因過失犯罪者，不在此限。

五、年齡逾第六條各款規定者。

六、無故不參加第十條至第十五條規定之訓練、第十六條規定之演練（習）或第十八條規定之服勤，一年內達三次以上者。

七、其他不適任或足以影響團隊形象之行為者。

第九條　義勇消防人員之訓練分為基本訓練、專業訓練、幹部訓練、常年訓練及其他訓練。

第十條　基本訓練由消防局辦理，集中新進人員施以四十八小時以上之訓練。

第十一條　專業訓練由消防局於基本訓練結束後，依編組勤務特性，分別施以二十四小時以上之訓練。

第十二條　幹部訓練之種類及辦理方式規定如下：

一、高級幹部講習班：由本署辦理，就曾任或現任義勇消防中隊長以上職務合計滿三年以上之人員，施予十二小時以上之講習訓練。

二、中級幹部講習班：由消防局辦理，就曾任或現任義勇消防分隊長以上職務合計滿二年以上之人員，施予十六小時以上之講習訓練。

三、初級幹部講習班：由消防局辦理，就曾任或現任義勇消防小隊長以上職務合計滿一年以上之人員，施予二十小時以上之講習訓練。

四、基礎幹部講習班：由消防局辦理，就曾任或現任義勇消防副小隊長以上職務合計滿一年以上之人員，施予二十四小時以上之講習訓練。

第十三條　常年訓練由消防局辦理，以分隊、中隊或大隊為單位，集中訓練，全年訓練時數應達二十四小時以上。

第十四條　其他訓練由本署或消防局視協助推展消防業務及各項講習、宣

導工作需要辦理之。

第十五條　義勇消防人員各種訓練之科目、進度、課程分配及教材等，由各級訓練單位自行訂定。

第十六條　消防局得視勤務需要，召集義勇消防人員實施勤務演練或綜合演習。

第十七條　消防局得視勤務需要對義勇消防人員實施在隊服勤。

第十八條　義勇消防人員接獲勤務通知時，應迅速赴指定地點服勤，如有特殊事故，應循編組系統請假報准後，始得免除服勤。

第十九條　義勇消防人員參加訓練、演習及服勤時，應穿著規定服裝，佩戴齊全。但情況急迫者，不在此限。

第二十條　義勇消防組織應配置下列協勤裝備，供義勇消防人員使用：
一、消防衣、帽、鞋、雨衣。
二、空氣呼吸器或防護裝備。
三、拆卸器材。
四、其他協助消防必要之裝備。

第二十一條　義勇消防組織之旗幟及人員之服務證，統一由消防局製發。
前項之服務證式樣，由本署定之。

第二十二條　義勇消防組織不得獨立對外行文。

第二十三條　義勇消防人員訓練、演習、服勤之勤惰優劣，由消防局考核，作為續聘之參據。

第二十四條　本署每三年至少應對義勇消防總隊實施考評、點閱各一次。

第二十五條　本辦法所需各項經費，在中央由本署、在直轄市、縣（市）由直轄市、縣（市）政府編列預算支應。

第二十六條　港務消防隊得比照消防局編組義勇消防組織，協助消防工作，其編組、訓練、演習及服勤規定比照本辦法辦理。

第二十七條　本辦法自發布日施行。

附表

編組別	職稱別	人數	督導權責	備註
總隊	總隊長	一人	義勇消防總隊受消防局長督導。	消防局應派員協辦總隊業務。
	副總隊長	一人至二人		
	總幹事	一人		
	副總幹事	一人至二人		
	幹事	二人至六人		
	顧問	三十人以下		
大隊	大隊長	一人	總隊下設若干大隊，受消防局長、相關消防救災救護大隊以上幹部或義勇消防總隊長督導。	相關消防救災救護大隊應派員協辦大隊業務。
	副大隊長	二人		
	總幹事	一人		
	副總幹事	一人至二人		
	幹事	一人至三人		
	助理幹事	一人至三人		
	顧問	三十人以下		
中隊	中隊長	一人	大隊下設若干中隊，受相關消防救災救護大隊長、中隊長或義勇消防大隊長以上幹部督導。	相關消防救災救護大隊或中隊應派員協辦中隊業務。
	副中隊長	一人至二人		
	幹事	一人至二人		
	助理幹事	一人至三人		
	顧問	三十人以下		
分隊	分隊長	一人	中隊下設若干分隊，受相關消防救災救護分隊長或義勇消防中隊長以上幹部督導。	相關消防救災救護分隊應派員協辦分隊業務。
	副分隊長	二人		
	幹事	一人		
	助理幹事	一人		
	顧問	三十人以下		
	小隊長	二人至六人		
	副小隊長	二人至十二人		
	隊員	十八人至七十二人		

附錄十四　協助執行災害防救工作民間志願組織認證辦法

中華民國九十年六月一日內政部台（九十）內消字第九〇八六三八號令發布

第一條　本辦法依災害防救法第五十條第一項規定訂定之。

第二條　協助執行災害防救工作之民間志願組織，應檢附下列文件向內政部（以下簡稱本部）申請認證：

一、申請書。

二、組織成員名冊及其救災相關專業訓練合格證明。

三、向直轄市、縣（市）政府或中央災害防救業務主管機關登記及工作許可文件。

前項第一款申請書應記載組織名稱、設立地點、聯絡電話、負責人姓名、年齡、職業、住址、電話、專長等資料。

第三條　前條第一項第二款有關組織成員救災相關專業訓練合格證明，其訓練得由相關災害防救業務主管機關依規定辦理或委託其他具相關救災專業之機關、機構、團體或學校辦理之。

第四條　民間志願組織協助執行災害防救，其工作地區在單一縣（市）行政區域內，由當地消防機關受理認證申請案件，核轉本部辦理；其工作地區跨越二縣（市）以上之行政區域者，得逕向本部申請認證。

本部為辦理前項認證，得會同相關中央災害防救業務主管機關及學者、專家共同組成審查小組審查之。

第五條　民間志願組織經認證通過，由本部發給合格證明書。

前項合格證明書之有效期限為二年；期限屆滿得重新申請認證。

第六條　經認證之民間志願組織成員如有異動，應檢附成員異動名冊送原登記機關備查；其有新增人員者，並應檢附新增人員之救災相關專業訓練合格證明。

第七條　經認證之民間志願組織，應於每年十月底前將下一年度工作計畫送達原登記機關核定後實施，並於每年二月底前將上年度工作執行成果送原登記機關備查。

第八條　經認證之民間志願組織，應接受本部與原登記機關督導評鑑。

第九條　經認證之民間志願組織檢附之組織成員專業訓練合格證明爲不實者，應撤銷其認證。

第十條　經認證合格之民間志願組織有下列情事之一者，得廢止其認證：

一、組織成員人數不足二十人者。

二、協助執行災害防救工作，不聽從主管機關之指揮、督導或所爲顯非經認證之工作許可範圍，嚴重影響救災進行，致生不良後果者。

第十一條　經撤銷或廢止認證之民間志願組織，自撤銷或廢止之日起六個月內不得重新申請認證。

第十二條　民間志願組織未經認證合格，不得參與協助執行災害防救工作。

第十三條　本辦法自發布日施行。

附錄十五　加強勞工志願服務推行要點

行政院勞工委員會80.9.6台八十勞福三字第二三六三○號

一、為推廣助人美德、激發勞工對社會之責任感及奉獻心,促進社會和諧,增進勞工工作生活品質,結合勞工服務力量,推動勞工志願服務工作,特訂定本要點。

二、勞工志願服務係勞工本奉獻服務之精神,不接受金錢或其他物質報酬,利用工作餘暇,參與公益性、慈善性之服務工作。

三、工作要領及方法

　　(一)組織原則

　　　　1.在事業單位內透過工會、職工福利委員會及勞工輔導員強化現有的或籌組新的服務性團隊,並輔導辦理登記。由直轄市政府、縣(市)政府、科學園區及加工出口區督導協助之。

　　　　2.各勞工育樂中心及勞工服務中心應運用勞工志願服務人員(簡稱勞工志工)協助推展各項服務工作,並以勞工育樂中心為轄區內勞工志願服務團隊之聯繫協調中心。

　　　　3.直轄市政府、縣(市)政府、科學園區及加工出口區應主動輔導協助現有由勞工組成之服務團隊或鼓勵輔導設立勞工志願服務團隊,從事直接服務。

　　　　4.縣(市)政府宜結合現有工商青年社會服務隊等團隊展開服務工作,並相互配合辦理志工召募組訓等事宜。

　　　　5.直轄市、縣(市)、科學園區及加工出口區應成立「勞工志願服務推動委員會」,由勞工志願服務團隊負責人及工作幹部代表組成之,協助辦理有關整體規劃、需求調查、資訊交換、相互支援等事項。

　　(二)推動過程及人員培訓

　　　　1.勞工志工之召募、遴選、訓練、實習、授證、督導、考核等工作,由直轄市政府、縣(市)政府、科學園區及加工出口區辦理之,詳如勞工志願服務組訓流程圖,有關辦法由中央另訂之。

　　　　2.勞工志願團隊領導幹部之訓練,由省(市)政府及中央辦理之。

　　　　3.勞工志願服務指導(輔導)人員之培訓工作,由中央辦理之。

　　(三)加強福利保障

　　　　1.已授證之勞工志工應辦理平安保險,辦法由中央另訂之。

2.各級勞工行政單位對勞工志工參加受訓、研習、觀摩及服務過程所需使用之經費如交通津貼、誤餐費、文具費應酌予補助之，以期服務更能持續。

3.由各級勞工行政單位製發具識別效用、闡揚志工精神之實物，以示對志工貢獻心力之重視與感謝。

4.各級勞工行政單位定期辦理勞工志工聯誼活動，以增進勞工志工之參與動機。

(四)擴大舉辦宣導活動

1.每年四月第二週訂為「勞工志願服務週」，各級勞工行政單位擴大舉辦各項宣導活動，以使勞工志願服務蔚為風氣。

2.於每年十二月間舉辦資深及績優勞工志工勞工建設參觀活動，以增進其對勞工政策及措施之了解，由中央辦理之。

3.各級勞工行政單位設計印製志願服務宣介品，分送事業單位，鼓勵勞工參與服務行列。

(五)定期辦理表揚活動

1.省（市）、縣（市）政府每年定期表揚績優勞工志工及團體，辦法由中央另訂之。

2.省（市）政府於每年二月底前遴選特優勞工志工、團體及推行勞工志願服務績優事業單位，報由中央審核表揚。

3.經表揚之全國績優勞工志工及團體，將其優良事蹟彙集成冊分送有關單位，期發揮見賢思齊之效能。

(六)協調聯繫

1.各級勞工行政單位視需要辦理座談會、觀摩會或聯繫會報，以增進工作經驗交流。

2.各級勞工行政單位視需要編印「勞工志工通訊」，以增進志工團隊間之聯繫。

(七)其他配合事項

1.各級勞工行政單位應於勞工育樂中心或其他適當之地點設置圖書專櫃，陳放有關志願服務之專書，供勞工志工參考研讀。

2.價購及彙編志工叢書，以供勞工志工進修研讀，申中央辦理之。

3.為建立全國勞工志工連絡網，直轄市政府、縣（市）政府、科學園區及加工出口區應將勞工志工及團隊之基本資料建檔或輸入電腦，並於每年五、十一月底函報中央。

4.「勞工志工服務記錄證」，由中央統一製發，全國統一編號，為勞工參與服務之榮譽證明。

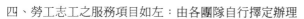

四、勞工志工之服務項目如左：由各團隊自行擇定辦理

    (一)訪視慰問服務：對遭逢職業災害、重大疾病或急難之勞工、及其家屬適時提供服務與關懷。

    (二)人力支援服務：事業單位或勞工行政單位舉辦各類休閒育樂、教育進修等活動時，視需要支援人力。

    (三)行政支援及諮商服務：為勞工育樂中心、勞工服務中心等提供資料整理、建檔及接聽電話等服務。

    (四)社福服務：為老、幼、殘障提供服務。

    (五)其他服務：合乎地方需求或特性之創新項目。

五、經費：加強推行勞工志願服務經費，各級勞工行政單位應視實際需要編列預算支應。

六、附則：省（市）、縣（市）政府、科學園區及加工出口區，應依本要點於每年九月三十日前將年度執行計畫提報中央備查。

七、本要點奉核定後實施，修正時亦同。

附錄十六　中華民國青年參與國內地區志願服務實施要點

中華民國八十六年十月十五日(86)青輔肆字第四○○四五二號函核定

一、依據

(一)行政院青年輔導委員會組織條例第六條第五款「其他有關青年一般輔導及福利服務等事項」及辦事細則第八條第三款第三目「關於青年輔導志工之培訓、聯繫及服務事項」。

(二)行政院八十六年六月二十八日台八十六教二六五四七號函核定輔導青年參與志願服務計畫。

二、目標

(一)培養青年樂觀進取、積極奉獻、關愛社會的服務人生觀。

(二)激發青年對國家使命感及熱愛鄉土之情感。

三、內容

本要點之實施，係針對當前社會上最迫切之服務需求訂定服務項目，由行政院青年輔導委員會（以下簡稱本會）結合公民營企業、民間團體、機構、學校及各政府單位之人力和資源，來鼓勵青年在國內參與部分時間志願服務，其內容如左：

(一)青年志工資格條件：年滿十五歲未滿四十五歲之在學或社會青年，具服務熱誠且身心狀況足以擔任所服務項目之內容。

(二)服務項目及內容

服務項目	服務內容
1.社區聯防	協助推展社區守望相助、社區聯防等事宜。
2.衛生保健	協助醫療保健、公共衛生、食品衛生、防疫及反毒等事宜。
3.教育及輔導	協助各級學校輔導、校園安全維護服務等事宜。
4.青少年休閒及輔導服務	協助推展青少年休閒活動及輔導等事宜。
5.環境保護	協助推展環境保護宣導教育、資源回收、認養及維護公共場所、公害防制等事宜。
6.監所教化	協助輔育院及監獄教化輔導等。
7.社會福利	協助推展兒童、少年、老人、身心障礙者、婦女、低收入戶等福利。

(三)訓練與服務

　本項志願服務如屬短期或簡易性服務，依照服務地區、工作性質提供行前講習，但凡屬專業性或輔導性之志願服務需甄選及施予十二小時以上之服務訓練。

(四)保障福利

　1.服務期間，發給青年志願服務榮譽卡，並於每次服務時登錄服務時數，累積服務時數達二百小時以上之績優志工頒給青年服務榮譽章及公開表揚和安排首長接見。

　2.專業性及持續性的活動服務期間，投保平安保險，並於每次服務時，超過三小時者，酌予補助交通費壹佰元。

四、執行方式

(一)建立青年志願服務供需資訊網路：委請民間專業機構，將現有社會福利、文化、環保、醫療等各種志願服務供需資源予以整合，並鍵入網際網路中供社會各界使用，擴大志願服務管道。

(二)調查及結合服務需求

　1.製作宣導錄影帶：製作不同服務項目之宣導短片於電視台播放，鼓勵青年踴躍參與志願服務工作。

　2.凡志願參與服務之在學青年，得向就讀學校或各財團法人、社會團體、機構報名參加。

　3.召開志願服務宣導說明、座談會：邀集當地縣市政府、學校、民間團體、公民營企業及青年參加，並鼓勵民間團體依本計畫規定籌組服務隊向本會提出。

　4.請各縣市政府調查本計畫中所列服務項目之需求及人數。

(三)申請與輔助

　1.申請單位：

　　(1)國內各高中（職）、大專院校。

　　(2)依法設立之財團法人、社會團體、機構。

　2.申請時間：各學校除有急迫情形得採專案申請外，服務期間為暑假及上學期者於每年三月二十日前填具申請表及計畫表備妥相關資料向本會提出申請，服務期間為寒假及下學期者，於每年十月二十日前填具申請表及計畫表備妥相關資料向本會提出申請；俾利本會統一審查及辦理後續相關事宜。

　3.補助項目：

　　(1)平安保險費：每人投保保額壹佰萬元之平安保險，核實全額補助。

(2)交通補助費：從事專業及持續性的活動，每人每次服務時間超過三小時，酌予補助交通費壹佰元，每月最高補助陸佰元。

(3)訓練費用：訓練時數達十二小時以上者，每人最高以補助一、○○○元為原則，每次最高補助五○、○○○元。如訓練內容特殊或時數超過十二小時以上，得專案另行核定補助金額。

(4)專案服務補助費：視服務地區內容專案性及持續性所需之活動及服務費用，予以補助。

(5)行政補助費用：按本會補助訓練及專業服務費用總額百分之二十內核給。

五、督導與獎勵

(一)登錄時數：各學校或各團體對於青年志工參與志工願服務達一定時數時，得依本會相關規定辦理獎勵。

(二)獎勵：各學校或各團體服務績優及青年志工參與志願服務達一時數時，得依本會相關規定辦理獎勵。

六、附則

(一)國內地區志願服務工作，由本會結合相關部會、當地縣市政府及民間團體、機構共同辦理；先行辦理國內地區部分時間志願服務工作，視推動情形，依序辦理國內地區全時時間志願服務工作及大陸地區、國際地區志願服務工作。

(二)現有國內非本要點所列志願服務項目如有需青年參與服務時，亦得依本要點規定提出計畫申請，本會得視經費情形，酌予補助及提供必要之人力支援。

(三)另有關青少年休閒服務之申請仍依本會訂頒「補助青年事務團體辦理青少年休閒活動作業要點」及「培訓暨運用青少年休閒輔導志工實施要點」辦理。

(四)本實施要點經提報青年參與志願服務推動小組通過，並經本會核定後實施，修正時亦同。

附錄十七 行政院文化建設委員會表揚文化機關（構）績優義工辦法

中華民國八十九年十月十七日文建壹字第二○○二二九四二號令發布

第一條 行政院文化建設委員會（以下簡稱本會）為表揚文化機關（構）績優義工，特依文化藝術獎助條例第十二條第六款規定，訂定本辦法。

第二條 本辦法名詞定義如下：
一、文化機關（構）：指從事文化藝術事業之文化局、文化中心、圖書館、美術館、博物館、紀念館、社教館、演藝廳及其他有關文化機關（構）。
二、績優義工：指志願擔任無給職之績優工作個人及團隊。

第三條 文化機關（構）績優義工之表揚，其類別、等級及名額如下：
一、個人
(一)金質獎：十名。
(二)銀質獎：二十名。
(三)銅質獎：四十五名。
(四)特別獎：不限名額。
二、團隊：五個單位。
前項受表揚者，個人部分得由本會安排進行國內外文化觀摩交流活動，團隊部分得發給獎金，以資鼓勵。

第四條 文化機關（構）對所屬績優義工得由其首長向本會推薦。推薦標準如下：
一、個人有下列情形之一者：
(一)金質獎：連續服務六年以上，服務時數累計達一千八百小時以上，並曾獲頒銀質獎後繼續服務滿兩年，績效卓著，且未曾獲頒金質獎者。
(二)銀質獎：連續服務四年以上，服務時數累計達一千小時以上，並曾獲頒銅質獎後繼續服務滿兩年，具有勞績表現特殊，且未曾獲頒銀質獎者。
(三)銅質獎：連續服務二年以上，服務時數累計達四百小時以上，服務熱心工作績優，且未曾獲頒銅質獎者。

(四)特別獎：當年度對所服務文化機關（構）具特殊貢獻者。

二、團隊需具備下列各款條件：

　　(一)訂有義工服務團隊組織規定，團隊成員達三十人以上，且服務團隊成立達一年以上，組織健全，運作良好者。

　　(二)支援所屬文化機關（構）推廣文化活動，或協助策劃文化相關事務有具體優良事蹟者。

　　(三)三年內未曾獲頒績優文化機關（構）義工團隊獎者。

第五條　前條之推薦案件，應於每年一月底前就被推薦個人或團隊填具推薦書表；個人需檢附服務年資與時數證明文件及績優事蹟相關資料，團隊需檢附組織規定、成立時間、團隊表現及服務績效相關資料。

前項個人推薦人數以不超過該機關（構）服務滿一年年資義工人數之十分之一為限，並應將服務滿一年之義工造冊併送本會查核。

第六條　第四條之推薦案件，由本會組成初評小組初審，聘請學者專家及有關人士組成評審委員會進行複審，由本會委員進行決審。

第七條　前條評審原則如下：

一、個人：就其品德、服務態度、服務年資、服務時數、績優事蹟等項綜合評定。

二、團隊：就團隊精神、整體表現、成立日期及服務績效等項綜合評定。

第八條　文化機關（構）績優義工表揚，每年舉辦一次，由本會以公開方式為之。

第九條　本辦法自發布日施行。

附錄十八　衛生保健志願服務獎勵辦法

中華民國九十年十二月十一日衛署企字第○九○○○七四一五號令發布

中華民國九十一年十二月四日衛署企字第○九一○○七八○六一號令修訂

第一條　本辦法依志願服務法第十九條第六項規定訂定之。

第二條　本辦法獎勵之志工為從事醫藥衛生、疫病防治、預防保健、食品衛生、社區健康、醫院服務、全民健保或其他有關衛生保健業務之志願服務工作者。

第三條　本辦法所稱之優良事蹟係指下列情形之一：

一、勤勉負責，積極參與，有具體績效者。

二、奉獻愛心，熱心公益，有傑出貢獻者。

三、分享專業，創新服務，有特殊表現者。

第四條　本辦法之獎勵等次及標準如下：

一、銅牌獎：服務年資滿三年，服務時數累計達六百小時以上，持有志願服務績效證明書，並具優良事蹟者。

二、銀牌獎：服務年資滿五年，服務時數累計達一千小時以上，持有志願服務績效證明書，並具優良事蹟者。

三、金牌獎：服務年資滿七年，服務時收累計達一千四百小時以上，持有志願服務績效證明書，並具優良事蹟者。

對從事危險性、困難度較高或特殊性質之志願服務工作，持有志願服務績效證明書，並具優良事蹟者，得視需要頒給績優貢獻獎，不受前項服務年資及時數之限制。

對曾榮獲金牌獎或績優貢獻獎，具有特殊貢獻事蹟，足為志願服務工作楷模者，得視需要頒給最高榮譽獎。

第五條　前條之獎勵應頒給獎章（座）及得獎證書，並以公開儀式行之。

第六條　衛生保健志願服務運用單位（以下簡稱志願服務運用單位），得就其所轄志工符合第五條規定者辦理推薦作業，每五十人推薦一人，不足五十人以一人計，填具推薦書表，檢同相關證明文件，於每年三月底前送轄區衛生局辦理。

前項志願服務運用單位志工人數之計算，以服務滿一年年資之志工人數為標準。

衛生局受理第一項推薦後，應組成評審委員會初審並造冊，於四月底前連同推薦書表送行政院衛生署（以下簡稱本署）辦理。

志願服務運用單位為本署或所屬機關（不含本署醫院）者，應逕予推薦並審查造冊，於四月底前送本署辦理。

第七條　依前條推薦之志工，由本署進行複審，各獎項名額由本署每年公告之。

第八條　本辦法同等次獎章（座）頒授，以每人一次為限；已獲頒高一等次之獎章（座）者，不得再領低一等次之獎章（座）。

志願服務運用單位所填送之各項推薦資料，經查明有不實者，由本署公告撤銷其獎項，並前項志願服務運用單位，三年內不得辦理推薦作業。

第九條　本辦法自發布日施行。

附錄十九　結合環保義工協助環保工作——天使計畫

台北市政府80.6.18第六一六次市政會議審議通過

一、依據

(一)廢棄物清理法及其台北市施行細則。

(二)台北市推行全民自治維護里鄰環境整潔實施方案。

(三)台北市政府環境保護局加強維護重要道路環境整潔實施計畫。

二、目的

為響應中央「環境清潔從我家做起」暨「環境清潔從社區做起」政策，並貫徹執行「台北市推行全民自治維護里鄰環境整潔實施方案」暨「台北市政府環境保護局加強維護重要道路環境整潔實施計畫」；以喚起市民建立「環境保護、人人有責」及「環保要好，有賴大家勞」之共識，進而廣結熱心公益的有志之士，踴躍參與環保工作，積極散播環保種子，共同將台北市建設成為一個潔淨、美麗、清新、翠綠的國際大都市。

三、召募對象

凡台北市各里鄰、社區、團體、學校、公司、廠場、醫院及寺廟等不分男女老少，確具工作熱忱與服務志趣，志願協助維護本市環境整潔工作者，均歡迎踴躍參加。

四、任務編組

(一)環保義工隊：凡各行政區（含里鄰、社區）或機關、學校、團體、公司、廠場、醫院及寺廟。關心環保問題，志願參與環保工作之人士，每二十人至三十人即可組織一環保義工隊，每隊設隊長一人、副隊長一人。各隊成立後，應將隊長、副隊長名單及隊員人數知會台北市政府環境保護局。

(二)環保義工中隊：凡各行政區（含里鄰、社區）或機關、學校、團體、公司、廠場、醫院及寺廟，每組織四支環保義工隊，即可成立一環保義工中隊，每中隊設中隊長一人、副中隊長二人、中隊成立後應將隊長、副隊長名單及隊員人數知會台北市政府環境保護局。

(三)環保義工大隊：台北市成立環保義工大隊一隊，由台北市政府環保局輔導成立。凡各環保義工隊之義工均為環保義工大隊之成員，大

隊設大隊長一人、副大隊長三至七人。

以上各義工隊、義工中隊及義工大隊均得視工作需要，設下列各組：

1.組訓組：負責義工之召募、訓練、組織、編隊及資料管理等有關事宜。

2.輔導組：負責義工之任務分配、輔導考核及團康聯誼等有關事宜。

3.行政組：負責隊部之會計、出納、庶務及文書等有關事宜。

(四)環保義工輔導小組：凡各行政區（含里鄰、社區）或機關、學校、團體、公司、廠場、醫院及寺廟均得設置環保義工輔導小組，由各單位指派熟悉業務之主管以上人員擔任召集人，邀集機關之熱心環保人士為委員，負責輔導各單位環保義工隊，協助推動環保工作有關事宜。

(五)環保義工指導小組：台北市政府設置環保義工指導小組，由環保局局長或副局長擔任召集人，邀集市府各相關局處業務主管以上人員暨學者專家或熱心環保人士為委員，負責策訂推動環保義工有關計畫、辦理環保義工教育訓練暨指導環保義工順利協助環保工作。

五、教育訓練

(一)基礎訓練：以結合義工新秀為主，凡志願參與協助環保工作者均得參加。

(二)進階訓練：以強化義工素質為主，凡志願參與協助環保工作持續達三個月以上者得自由參加。

(三)成長訓練：以精進義工知能為主，凡志願參與協助環保工作持續達六個月以上者得自由參加。

(四)幹部訓練：以培訓義工幹部為主，凡志願參與協助環保工作持續達一年以上者得自由參加。

六、服務項目

(一)經常服務工作

1.先以本市重要道路之環境清潔維護、巡察、勸導、反映等工作著手，進而達到認養制之輔導實施。

2.協助維護社區、街道巷弄等環境清潔之維護、巡察、勸導及反映等服務工作。

(二)特別服務工作

1.慶典節日及重要活動協助環境清潔維護。

2.天然災害後災害地區環境清潔之搶救、復原及更新。

七、實施方式

(一)創設「環保專線」：於台北市政府環保局創設「環保專線」，讓市

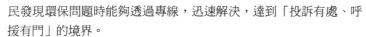

民發現環保問題時能夠透過專線，迅速解決，達到「投訴有處、呼援有門」的境界。

(二)製發「環保義工服務記錄證」：各環保義工均由台北市政府環保局統一製發服務記錄證，各單位可依實際需要申請。俾以了解各環保義工實際參與服務時間，藉資考核服務績效，並憑作獎勵表揚之參據。

(三)頒授「環保義工服務證」：各環保義工由各單位製發服務證，藉資識別，並示榮譽，俾以提昇服務品質。（服務證樣式由台北市政府環保局統一規定）

(四)頒授「環保義工隊旗」：各環保義工隊、中隊、大隊均由各相關單位頒授隊旗，俾以顯現團隊精神，凝塑團隊意識。（隊旗樣式由台北市政府環保局統一規定）

(五)製發「環保義工服務背心」：各環保義工隊得由各相關單位斟酌實際需要製發服務背心，俾以突顯服務標誌，廣收服務效果。（背心樣式由台北市政府環保局統一規定）

(六)實施「排班制」：每位義工每週以服務四小時為原則，按各義工所能提供之服務時間配合實際服務需要，實施排班輪值，務以不影響參與服務人員之工作、課業或家務為前提。

(七)推行「認養制」：俟各環保義工隊服務工作日見績效後，則再尊重各隊意願輔導自行選擇重要道路路段或人行地下道推廣實施認養制度，以隨時保持各重要道路或人行地下道之環境清潔。

八、獎勵

(一)個人獎勵

　1.「環保獎章」：凡志願參與環保工作之義工及實際從事環保工作之人員服務成績優良者，得由各相關單位向台北市政府環保局申請頒授「環保獎章」。環保獎章分特別、一等、二等、三等四種，其頒授要點另定。

　2.創辦環保楷模「金環獎」選拔與表揚：凡志願參與環保工作之義工及實際從事環保工作之人員服務成績優良者，由各相關單位向台北市政府環保局推薦參加環保楷模「全環獎」之選拔活動，其實施辦法另定。

(二)團體獎勵：凡志願參與環保工作之義工團隊、輔導環保義工團體有功之單位，或實際負責環保工作之區隊，經評鑑成績優良者，得由台北市政府環保局建請敘獎，其評鑑辦法另訂。

九、經費

所需經費由台北市政府環保局由年度環境清潔維護業務相關經費項下支應，並結合社會資源支援。

十、本計畫提報市政會議審議通過後實施。

附錄二十　廣結勞工推動志願服務工作——敦睦計畫

台北市政府八十二年十月五日第七三一次市政會議准予備查

一、依據
(一)行政院勞工委員會訂頒之「加強勞工志願服務推行要點」。
(二)台北市政府勞工局創新業務措施。

二、目的
　　為貫徹執行中央「加強推動勞工志願服務」政策，激勵勞工朋友秉持「施比受更有福，予比取更快樂」的理念，發揮「助人最樂，服務最榮」的精神；擁抱「勞資情」，弘揚「和諧心」，踴躍投入志願服務行列，積極散播志願服務種子，共同為「增進勞資和諧，力謀勞資兩利」，進而協助推展市政建設而努力打拚。

三、召募對象
　　凡台北市各產職業工會、職工福利委員會、事業單位之勞工朋友，或一般社會大眾，確具工作熱忱與服務樂趣，志願協助推動勞工行政及市政建設者，均歡迎踴躍參加。

四、任務編組
(一)勞動志願服務團：凡各產職業工會、職工福利委員會、事業單位之勞工朋友，或一般社會大眾，關心勞工問題，志願參與勞工福利行政工作之有志之士，每二十人以上即可組織一勞動志願服務團，每團設團長一人，副團長一至三人。各團成立後，應將團長、副團長名單及團員人數函報台北市政府勞工局備查。
(二)勞動志願服務總團：台北市成立「勞動志願服務總團」，由台北市政府勞工局輔導成立，負責勞動志願服務工作之規劃執行，及各勞動志願服務團隊之協調聯繫。凡各勞動志願服務團之志工均為勞動志願服務總團之成員；總團設總團長一人，副總團長七至十一人，並設執行長一人，副執行長三至五人。
　1.組訓組：負責志工之召募訓練、組織編隊及資料管理等有關事宜。
　2.輔導組：負責志工之任務分配、輔導考核及團康聯誼等有關事宜。

3..行政組：負責團部之文書、庶務、會計及出納等有關事宜。

　　(三)勞動志願服務指導小組：台北市政府勞工局設置勞動志願服務指導小組，由局長擔任召集人，邀集專家學者及市府相關局處業務主管以上人員為委員，負責策訂推動勞動志願服務工作有關計畫，辦理勞動志願服務人員教育訓練暨指導勞動志願服務團順利推動志願服務工作。

五、教育訓練

　　(一)認知訓練：以結合志工新秀為主，凡志願參與協助勞工福利行政者均得參加。

　　(二)進階訓練：以強化志工素質為主，凡志願參與協助勞工福利行政持續達三個月以上，且曾參加認知訓練者得自由參加。

　　(三)成長訓練：以精進志工知能為主，凡志願參與協助勞工福利行政持續六個月以上，且曾參加進階訓練，並經考評及格者得自由參加。

　　(四)領導訓練：以培訓志工幹部為主，凡志願參與協助勞工福利工行持續達一年以上，且曾參加成長訓練，並經考評及格者得自由參加。

六、服務項目

　　(一)諮商協談服務：為勞工服務中心及勞工諮詢專線接聽電話及解答疑難問題。

　　(二)訪視慰問服務：為遭遇職業災害、重大疾病或緊急困難之勞工及其家屬，適時提供關懷與協助。

　　(三)藝文活動服務：為勞工行政機關或事業單位舉辦休閒育樂或教育訓練活動時，視實際需要提供人力支援。

　　(四)就業輔導服務：為就業輔導機構提供求職人就業諮詢及薪資資訊。

　　(五)行政支援服務：為勞工行政機關或勞工服務中心提供資料整理、建檔及列管服務。

　　(六)社會福利服務：為老幼或殘障同胞擇時提供訪視及慰問。

　　(七)環境維護服務：為社區、公園或人行地下道、街道清潔箱提供認養維護工作。

七、實施方式

　　(一)創設「志工專線」：於台北市政府勞工局創設「志工專線」，讓誠心參加服務的勞工朋友或社會大眾能夠透過專線，迅速達到「奉獻有處、服務有門」的境界。

　　(二)製發「志工服務記錄證」：各志工均由台北市政府勞工局統一製發「志工服務記錄證」，各勞動志願服務團可依實際需要申請；藉以了解各志工實際參與服務時間，用以考核服務績效，並憑作獎勵表揚

之依據。

(三)製發「志工服務證」：各志工由台北市政府勞工局統一製發「志工服務證」，藉以識別，並示榮譽，俾以提昇服務品質。

(四)製發「志工服務背心」：各志工由台北市政府勞工局統一製發「志工服務背心」，藉以突顯服務標誌，廣收服務效果。

(五)頒授「勞動志願服務團團旗」：各勞動志願服務團暨總團均由台北市政府勞工局統一頒授團旗，藉以顯現團隊精神，凝塑團隊意識。

(六)頒發「勞動志願服務團幹部聘書」：各勞動志願服務團團長、副團長暨勞動志願服務總團總團長、副總團長、執行長、副執行長及顧問，均由台北市政府勞工局統一頒發聘書，藉以顯現「助人最樂，服務最榮」之真諦。

(七)創設「志工人力銀行」：於台北市政府勞工局創設「志工人力銀行」，使樂意參加志願服務的勞工朋友或社會大眾經過訓練後，將其資料利用電腦建檔儲存，俾透過「志工專線」之媒合，讓志工的需求面與供給面相互呼應。

八、獎勵

(一)個人獎勵

　1.頒授「勞動志願服務獎章」：凡積極參與志願服務之志工，或協助推動勞動志願服務之熱心人士，其服務成績優良者，得由各勞動志願服務團所屬單位向台北市政府勞工局申請頒授「勞動志願服務章」。獎章分特別、一等、二等、三等四種，其頒授原則另定。

　2.舉辦勞工楷模「金工獎」選拔與表揚：凡積極參與志願服務之志工，或協助推動勞動志願服務之熱心人士，得由各勞動志願服務團體所屬單位向台北市政府勞工局推薦，參加勞工楷模「金工獎」之選拔活動，其實施計畫另定。

(二)團體獎勵：凡積極推動志願服務工作著有績效之勞動志願服務團，經評鑑成績優良者，得由台北市政府勞工局予以敘獎，其評鑑計畫另定。

九、經費

推動勞動志願服務所需經費由台北市政府勞工局向行政院勞工委員會申請專案補助，並結合社會資源支援。

十、本計畫提報市政會議准予備查後實施。

附錄二十一　志工學苑

80.4.台北市志願服務協會　創設
81.8中華民國志願服務協會　合辦

一、「志工學苑」設置要點

(一)中華民國志願服務協會與台北市志願服務協會（以下簡稱兩會）爲激發志願服務意願，提昇志願服務品質，建立志願服務訓練制度，培育志願服務優秀人員，以期協助推動社會福利工作，建立溫馨關懷、安居樂業的社會，特共同設立「志工學苑」（以下簡稱本學苑）。

(二)本學苑之任務爲：

　1.關於志願服務訓練計畫之研擬。

　2.關於志願服務訓練課程之研究。

　3.關於志願服務訓練教材之編撰。

　4.關於志願服務訓練成果之展示。

　5.關於志願服務學術研討之舉辦。

　6.關於志願服務講座名錄之建立。

　7.關於志願服務機構團體之聯誼。

(三)本學苑以理事會爲最高決策機構，由理事長兼任主任，並由學苑輔導長暨主任委員兼任副主任。

(四)本學苑設教育長一人，綜理志願服務訓練工作全般事宜；並設執行秘書一人，承教育長之命，辦理各種訓練工作有關事宜；另依業務需要分設訓練、輔導、行政三組，各組設組長一人，組員若干人，各組織掌如下：

　1.訓練組：負責各種訓練之招訓規劃、課程編排、教材及講座聘請等有關事宜。

　2.輔導組：負責各種訓練之輔導、考核、團康及聯誼等有關事宜。

　3.行政組：負責各種訓練之會計、出納、庶務及文書等有關事宜。

(五)本學苑辦理志願服務訓練之種類分爲認知訓練、進階訓練、成長訓練及領導訓練四種：

　1.認知訓練：以結合志工新秀爲主。

　2.進階訓練：以強化志工素質爲主。

　3.成長訓練：以精進志工知能爲主。

4.領導訓練：以培訓志工幹部爲主。

　　(六)本學苑辦理志願服務訓練之方式分爲自行辦理、合作辦理及委託辦
　　　　理三種：

　　　　1.自行辦理：由兩會依業務需要培訓有關志工人員。

　　　　2.合作辦理：與各相關機關、機構或團體依工作需要合訓有關志工
　　　　　人員。

　　　　3.委託辦理：承各相關機關、機構或團體依特殊需要委訓有關志工
　　　　　人員。

　　(七)本要點提經兩會理監事聯席議審議通過後施行，並報請內政部社會
　　　　司及台北市政府社會局備查。

二、「志工學苑」訓練簡則

　　(一)中華民國志願服務協會與台北市志願服務協會（以下簡稱兩會）爲
　　　　激發志願服務意願，提昇志願服務品質，建立志願服務訓練制度，
　　　　培育志願服務優秀人員，以期協助推動社會福利工作，建立溫馨關
　　　　懷、安居樂業的社會，特共同設立「志工學苑」（以下簡稱本學
　　　　苑）。

　　(二)本學苑辦理志願服務訓練之種類分爲認知訓練、進階訓練、成長訓
　　　　練及領導訓練四種：

　　　　1.認知訓練：以結合志工新秀爲主，其基本課程及時數爲：

　　　　　(1)志願服務是什麼　　　　　　　　二小時
　　　　　(2)快樂志工就是我　　　　　　　　二小時
　　　　　(3)自我了解與自我肯定　　　　　　二小時
　　　　　(4)經驗分享－服務最榮的自述　　　二小時
　　　　　(5)分組聯誼－說說自己、認識別人　二小時
　　　　　(6)綜合討論－歡聚一堂談服務　　　二小時
　　　　　合計十二小時

　　　　2.進階訓練：以強化志工素質爲主，基本課程及時數爲：

　　　　　(1)志願服務倫理　　　　　　　　　二小時
　　　　　(2)社會福利概述　　　　　　　　　二小時
　　　　　(3)社會資源與志願服務　　　　　　二小時
　　　　　(4)人際關係　　　　　　　　　　　二小時
　　　　　(5)說話藝術　　　　　　　　　　　二小時
　　　　　(6)團康活動　　　　　　　　　　　二小時
　　　　　(7)分組討論－愛心大家有、服務大家做　二小時
　　　　　(8)綜合討論－集思廣益論方法　　　二小時

合計：十六小時。配合服務項目所需之專業課程及時數由各單位依需要酌增。

3.成長訓練：以精進志工知能為主，其基本課程及時數為：

(1)志願服務的方法與技巧　　　　　　　二小時

(2)社會資源的結合與運用　　　　　　　二小時

(3)志工團隊的運作與成長　　　　　　　二小時

(4)溝通技巧　　　　　　　　　　　　　二小時

(5)方案設計　　　　　　　　　　　　　二小時

(6)團康技巧　　　　　　　　　　　　　二小時

(7)雙向溝通　　　　　　　　　　　　　一小時

(8)成果驗收－服務理念的考評　　　　　一小時

(9)分組討論－助人靠方法、服務要技巧　二小時

(10)綜合討論－縝密思考研究方案　　　　二小時

合計：十八小時。配合服務項目所需之專業課程及時數由各單位依需要酌增。

4.領導訓練：以培訓志工幹部為主，其基本課程及時數為：

(1)督導志工的原則與技巧　　　　　　　二小時

(2)志工與志工督導之心理調適　　　　　二小時

(3)志願服務與社會需求　　　　　　　　二小時

(4)民主素養與志工團隊　　　　　　　　二小時

(5)如何塑造志願服務文化　　　　　　　二小時

(6)領導藝術　　　　　　　　　　　　　二小時

(7)即席演講　　　　　　　　　　　　　一小時

(8)效益評估－怎樣收穫必怎麼栽　　　　一小時

(9)分組討論－志願服務點、線、面　　　二小時

(10)綜合討論－精益求精創新猷　　　　　二小時

合計：十八小時。配合服務項目所需之專業課程及時數由各單位依需要酌增。

(三)本學苑之認知訓練及進階訓練由台北市志願服務協會辦理，成長訓練及領導訓練由中華民國志願服務協會辦理。

(四)本學苑辦理各種訓練核發結業證明書之規定如下：

1.認知訓練：凡參加人員缺席（含請假）時數未超過二小時以上，訓練期滿後，並仍繼續參與志願服務務工作滿三十六小時以上成績優良者。

2.進階訓練：凡參加人員缺席（含請假）時數未超過二小時以上，

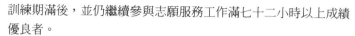

訓練期滿後，並仍繼續參與志願服務工作滿七十二小時以上成績優良者。

　3.成長訓練：凡參加人員全程均無缺席（含請假），並經考評成績及格（六十分）者。

　4.領導訓練：凡參加人員全程均無缺席（含請假），並經考評成績及格（七十分）者。

(五)本學苑得依實際需要辦理其他專業訓練或研習座談，其課程及時數另訂。

(六)本學苑辦理志願服務訓練之方式分為自行辦理、合作辦理及委託辦理三種：

　1.自行辦理：由兩會依業務需要培訓有關志工人員，其費用由兩會籌措支應。

　2.合作辦理：與各相關機關、機構或團體依工作需要合訓有關志工人員，其費用由合辦單位共同負擔。

　3.委託辦理：承各相關機關、機構或團體依特殊需要委訓有關志工人員，其費用由委託單位負責支應。

(七)凡參加本學苑辦理之各種訓練得酌收費用。

(八)凡參加本學苑辦理之各種訓練，經考評成績優良者，得由兩會酌予獎勵。

(九)本簡則提經兩會理監事聯席會議通過後施行，並報請內政部社會司及台北市政府社會局備查。

附錄二十二　志願服務團（隊）組織準則（參考範例）

中華民國八十年六月二十二日
全國「志願服務聯繫會報」第五次會議討論通過

第一章　總則

第一條　本組織準則依人民團體暨志願服務等有關法令規章訂定之。

第二條　本團（隊）定名為「○○○○○○志願服務團（隊）」。（以下簡稱本團或本隊）（說明：本條「○○○○○○」部分應書明志願服務團（隊）隸屬機關、機構或團體之全銜）。

第三條　本團（隊）以培養熱心公益、關懷社會之善良風氣，塑造助人最樂、服務最榮之利他精神，擴大民眾參與層面，激勵民眾貢獻心智，相互策勉，踴躍投入志願服務行列，協助推動○○○○為宗旨。

（說明：本條「○○○○」部分可依隸屬單位之不同性質書明：社會福利工作、文化建設、環保工作、交通服務、醫療服務等文字）。

第四條　本團（隊）隸屬於「○○○○○○」，團（隊）址設於隸屬單位辦公處所「○○○○○○」。

（說明：本條「○○○○○○」部分應書明隸屬機關、機構或團體名稱之全銜，另辦公處所底下之「○○○○○○」應書明隸屬單位之地址）。

第五條　本團（隊）接受「○○○○○○」之指揮監督。

（說明：本條「○○○○○○」部分應書明隸屬機關、機構或團體名稱之全銜）。

第二章　任務

第六條　本團（隊）之任務如下：

　　　　一、

　　　　二、

　　　　三、

　　　　四、

五、

（說明：本條有關團（隊）之任務，應依隸屬單位之特性，及團隊所應扮演之角色書寫）。

第三章　團（隊）

第七條　凡年滿○○歲，關心社會，誓志服務，經參加隸屬單位或有關單位舉辦之志工訓練結業，實際參與志願服務工作滿三個月而績效良好者，得邀請參加本團（隊）為團（隊）員。

（說明：志願服務的基本理念是人人可參與，應無年齡之限制，惟各單位之服務性質不同，可能所需之志工人員在年齡方面必須有所限制，如果是，則本條「○○」部分可書明規定之年齡，否則，該部分文字可免）。

第八條　本團（隊）團（隊）員之權利：

一、發言權及表決權。

二、選舉權、被選舉權及罷免權。

三、參與本團（隊）或隸屬單位，以及有關單位所舉辦之各種志願服務活動。

第九條　本團（隊）團（隊）員之義務：

一、遵守隸屬單位之有關規章及各項決議。

二、遵守本團（隊）組織準則、有關規章及各項決議。

三、執行本團（隊）或隸屬單位分配之服務工作。

四、參與推展各項志願服務活動。

五、繳納團（隊）費。

六、出席本團（隊）或隸屬單位規定應參加之各種會議。

第十條　本團（隊）員得以書面敘明原因向本團（隊）聲明退出服務行列，退出後，其既繳之團（隊）費，概不退還。

第十一條　本團（隊）員有左列情形之一者，得經委員會之決議，按情節輕重，分別予以勸告、警告或除名等處分：

一、違反隸屬單位有關規章及各項決議者。

二、違反本團（隊）組織準則、有關規章及各項決議者。

三、有其他不法行為妨害隸屬單位及本團（隊）名譽者。

四、久未參與服務工作連續達三個月以上者。

凡除名之處分應經團（隊）員大會通過後行之，團（隊）員之除名，其既繳之團（隊）費，概不退還。

第四章　組織及職權

第十二條　本團（隊）以團（隊）員大會為最高決策機構，委員會為執行單位，在大會閉會期間，由委員會執行其職權。

第十三條　本團（隊）設委員○○人，候補委員○○人，均由團（隊）員大會以無記名連記法選舉之，委員遇有缺額時，由候補委員依次遞補，以補足原任任期為限。

（說明：本條規定委員設置之名額以九至十五人為宜，視各團（隊）員人數之多寡而定，候補委員不得超過委員人數之三分之一）。

第十四條　本團（隊）委員組織委員會，并由委員以無記名單記法互選團（隊）長及副團（隊）長各一人。團（隊）長綜理團（隊）務，并對外代表團（隊），副團（隊）長協助團（隊）長處理團（隊）務，任期均為二年，連選不得連任。

第十五條　團（隊）員大會之職權如左：

一、選舉或罷免委員。

二、審查委員會之報告及決議事項。

三、通過及修改組織準則。

四、通過年度服務計畫、經費預決算及志願服務發展方案。

五、議決團（隊）員之除名處分。

六、議決團（隊）組織之解散。

七、其他重要事項之決定。

第十六條　委員會之職權如左：

一、召開團（隊）員大會。

二、辦理團（隊）員入團（隊）事項。

三、審查團（隊）員入團（隊）事項。

四、擬訂團（隊）年度服務計畫、經費預決算及專案服務方案。

五、選舉團（隊）長及副團（隊）長。

六、議決團（隊）長及副團（隊）長或委員之辭職。

七、聘免團（隊）各組幹部。

八、其他應執行事項。

第十七條　本團（隊）委員之任期均為二年，連選得連任，委員均為無給職。

第十八條　本團（隊）得視服務工作需要設研訓、服務、康樂、行政等

組，各組置組長一人，由團（隊）長就團（隊）員中提名經委員會通過後聘任之，各組組長均爲無給職。

（說明：各團（隊）以設研訓等四組爲原則但仍可視服務性質不同之需要，需另以其他名稱分設各組，唯以不超過六組爲宜）。

第五章　會議

第十九條　本團（隊）員大會分爲定期及臨時兩種，均由委員會召集之，召集時應於大會前十五日以書面通知之，并應報請隸屬單位派員指導。前項定期會議每年召開一次，臨時會議由委員會認爲必要，或經團（隊）員三分之一以上之請求時召集之。

第二十條　團（隊）員大會開會時，由團（隊）長主持之，團（隊）長因故未克出席會議時，由副團（隊）長主持。

第二十一條　團（隊）員大會決議，應有團（隊）員過半數同意行之。唯修改組織準則、團（隊）員之除名處分、委員之罷免或團（隊）組織之解散等重大事項須經團（隊）員三分之二以上之出席，出席人數三分之二以上之同意決定之。

第二十二條　委員會每一個月開會一次，由團（隊）長召集并主持之，如團（隊）長因故未克出席會議時，由副團（隊）長主持。

第二十三條　委員會之決議，應有委員過半數之出席，以出席委員過半數之同意行之，贊否同數時取決於主席。

第二十四條　委員會開會時不得委託出席，委員連續二次無故缺席委員會議，視同辭職。

第六章　經費

第二十五條　本團（隊）經費之來源如左：
　　　　　　一、團（隊）員繳交之常年團（隊）費。
　　　　　　二、隸屬單位之補助或獎助費。
　　　　　　三、熱心公益人士或團（隊）員之捐款。

第二十六條　本團（隊）會計年度以每年一月一日至同年十二月三十一日止。

第二十七條　本團（隊）之預決算於每年終了之前後二個月以內，由委員會編製報告書提經團（隊）員大會審議通過，并報請隸屬單位備查。

第二十八條　本團（隊）解散時，其剩餘經費全數捐贈隸屬單位作爲推展志願服務之用，不得以任何方式歸個人所有。

第二十九條　本組織準則如有未盡事宜，悉依人民團體暨志願服務有關規
　　　　　　章及團（隊）員大會之決議辦理之。

第三十條　本組織準則經團（隊）員大會通過，陳報隸屬單位核備後施
　　　　　　行，修正時亦同。

附錄二十三　中華民國志願服務楷模「金駝獎」選拔要點

中華民國七十三年十月由台北市政府社會局與台北市志願服務協會共同創辦

中華民國七十六年起由台北市志願服務協會自行辦理

中華民國八十一年起由中華民國志願服務協會與台北市志願服務協會共同辦理

一、宗旨：為激勵表現優良之志願服務人員，弘揚「志願服務，捨我其誰」之精神，提昇服務品質，藉以促進志願服務工作之發展，特設置「金駝獎」。

二、指導單位：內政部。

三、主辦單位：中華民國志願服務協會
　　　　　　　台北市志願服務協會

四、候選對象：全國各機關、公私立機構及團體（私立者應經政府立案）領有「志願服務紀錄冊」之志願服務人員。

五、候選標準：

(一)凡於每屆選拔開始推薦之日前在全國各機關、公私立機構及團體（私立者應經政府立案）服務滿十年以上，且服務時數累計達二千小時以上，曾榮獲主辦單位「二等志願服務獎章」之志願服務人員，並具有左列優良事蹟之一，足為志願服務工作楷模者，經推薦得為候選人。

1.犧牲奉獻，認真學習，對參與志願服務，充實服務內涵，有具體績效者。

2.勤勉負責，任勞任怨，對推行志願服務，精進服務知能，有顯著成果者。

3.盡忠職守，敦品勵行，對提昇服務品質，獻身志願服務，有特殊表現者。

4.學驗俱豐，積極進取，對創新服務方法，開拓服務範疇，有卓越成效者。

5.熱心公益，多方參與，對提供社會資源，促進社會建設，有傑出貢獻者。

(二)凡對志願服務確有特殊貢獻者，不受前項服務年資、時數及曾獲
　　「二等志願服務獎章」之限制。

六、推薦方式：各機關、機構及團體均得依據本要點擇優推薦具有候選標
　　準者（每單位至多可推薦三人），將其優良事蹟或特殊貢獻之資料填寫
　　於推薦表中向主辦單位推薦。

七、推薦日期：自開始推薦之日起至截止推薦之日止，郵戳為憑，逾期或
　　所送件不全者概不受理。請一律將推薦表（如附表）以電腦打字一
　　式十份（正本一份、影本九份），並檢附推薦表存檔磁碟片一份、候選
　　人志願服務在職證明書（如附件）正本一份及依據「志願服務法」核
　　發之志願服務紀錄冊（含紀錄冊封面及服務時數記載之全部資料；符
　　合候選標準第二項之志工，免附志願服務紀錄冊）、身分證、以往得獎
　　獎狀、傑出成就等有關資料影本各一份（推薦表及影印文件請用 A4 規
　　格紙張，以期文件裝訂整齊），一併掛號寄送台北市中正區忠孝東路一
　　段一四〇號十一樓中華民國志願服務協會收（服務電話：〇二－二三
　　九一七七六六；所送磁碟片及資料概不退還，請自行留底）。

八、評選程序：
　　(一)初審：由主辦單位組成初評小組，就推薦候選人資料選出合格者。
　　(二)複審：由主辦單位委由深具社會工作專業素養之人員，就初審合格
　　　　者資料予以複審，必要時並進行實地訪問後選出優良者。
　　(三)決審：由主辦單位聘請學者專家十一至十五人組成金駝獎評審委員
　　　　會，就複審優良者予以詳細審查，審慎評選決定當選人（最多以十
　　　　五名為限）。

九、獎勵：當選人經評定後，除個別通知外，並擇期舉行頒獎典禮，獎品
　　內容為：
　　(一)金駝獎座　　　　　乙座
　　(二)金質「金駝」獎章　乙枚
　　(三)得獎評定證書　　　乙幀
　　(四)紀念品　　　　　　乙份

十、本要點提經主辦單位理監事聯席會議審議通過後實施，如有未盡事
　　宜，得隨時修正補充之。

中華民國第○○屆志願服務楷模「金駝獎」候選人推薦表

茲推薦

先生
女士 　為中華民國第○○屆志願服務楷模「金駝獎」候選人，敬請　查照。

此致
中華民國志願服務協會
台北市志願服務協會

推薦單位：
負責人：
地址：
承辦人及
聯絡電話：
（簽章）
（請加蓋單位關防或圖記）

中 華 民 國 　　年　　月　　日

候選人資料			
姓名	性別	身分證統一編號	請貼上二吋正面半身近照二張（並請另附二吋正面半身近照二張及3×5格式、不同內容之個人生活獨照二張）
年資及時數計 參與服務自 年 月 日起至 年 月 日止，共計 年 月 日 小時		出生 年 月 日	
通訊處 住宅	電話 行動電話		
服務處	電話		
最高學歷（請註明畢業、肄業或結業）			
經歷			
現職			

志願服務理念與實務

優良事蹟或特殊貢獻	受獎紀錄	推薦單位評語	備	註
（本欄請以條列方式列出具體事蹟，不敷使用時請另用Ａ４規格紙張打字附在推薦表之後）				一、本推薦表一律電腦打字一式十份（正本一份、影本九份），於主辦單位規定之日前以掛號寄送中華民國志願服務協會（台北市中正區忠孝東路一段一四○號十一樓，電話：○二─二三九一七七六六）。 二、請另附本推薦表存檔磁碟片一份、候選人志願服務在職證明書正本一份及依據「志願服務法」核發之志願服務紀錄冊（含紀錄冊封面及服務時數記載之全部資料；符合候選標準第二項之志工，免附志願服務紀錄冊）、身分證、以往得獎獎狀、傑出成就等有關資料影本各一份，以備查考（所送磁碟片及資料概不退還，請自行留底）。 三、推薦表及影印文件請用Ａ４規格紙張，以期文件裝訂整齊。 四、推薦表及志願服務在職證明書下載網址：http://www.vol.org.tw/other/cover.htm

387

志願服務在職證明書

茲證明

　　　　　　先生
　　　　　　女士　自民國　　年　　月　　日起至　　年　　月　　日止，持續參與本單位志願服務工

作，服務年資計　　年　　月，服務時數共計　　小時，現仍繼續服務中。

單位名稱：

負責人：　　　　　　　　　　（簽章）

（請加蓋單位關防或圖記）

中　華　民　國　　　　年　　　　月　　　　日

附錄二十四 志願服務——志工守則

中華民國八十年六月二十二日全國「志願服務聯繫會報」第五次會議討論通過

一、我願誠心奉獻，持之以恆，不無疾而終。

二、我願付出所餘，助人不足，不貪求名利。

三、我願專心服務，實事求是，不享受特權。

四、我願客觀超然，堅守立場，不感情用事。

五、我願耐心建言，尊重意見，不越俎代庖。

六、我願學習成長，汲取新知，不故步自封。

七、我願忠心職守，認真負責，不敷衍應付。

八、我願配合機構，遵守規則，不喧賓奪主。

九、我願熱心待人，調和關係，不惹事生非。

十、我願肯定自我，實踐理想，不好高騖遠。

附錄二十五　國際志工年介說

一、國際志工年的源起

在邁入二十一世紀的時刻，藉由「國際志工年」的訂定，以肯定志工的無私奉獻與非凡成就，並進而促進志願服務發展的構想，於一九九六年首度被提出，並獲得各界的熱烈迴響。於是在一九九七年經由日本政府與民間的倡議與推動，聯合國大會於一九九七年十一月決議正式宣布定公元二〇〇一年為「國際志工年」，並呼籲各國政府、民間組織及個人共同來慶祝響應，一起為促進志願服務的認識、實踐、倡導與推廣，共同奉獻心力，並藉以肯定志工們及志願服務組織多年來的貢獻與付出。

二、國際志工年的目標

(一)增進對志願服務的認識

政府應建立機制以提供志願服務組織參與公共事務或諮詢的管道，其方式可以是：進行專案研究以具體了解或量化陳述志願服務部門對社會福祉的貢獻；或者設置獎項以獎勵表揚績優的志工團體或服務方案。而這些方式都可增進社會各界對志願服務工作的認識與了解。

(二)促進志願服務的實踐

每一個社會都有不同的文化背景以及社經條件，因此各個社會應找出最適合該社會的激勵措施或服務方案，來鼓勵或促進民眾投入志願服務行列。例如：公務員或企業員工得獲特別休假，以暫離工作崗位參與服務、設置志工訓練單位以提昇志工服務知能並加強志願部門的管理等，都是有助於促進志願服務實踐可以研究採行的方法。

(三)志願服務的連結與傳播

電視、廣播、報紙、電子媒體等大眾傳播工具，均有助於志願服務經驗的傳播與連結。尤其，對成功的志願服務經驗或案例的報導或介紹，可以減少摸索與嘗試的過程。這種經驗的分享與複製，在現代無遠弗屆的電子媒體協助之下，不僅可及於鄰里社區之內，更可推廣至地區、全國，甚至是國際之間。

(四)志願服務的倡導與推廣

號召更多的民眾參與志願服務活動，積極爭取社會大眾及政府對志願服務活動更多的支持與認同。尤其，透過前述「增進志願服務認識」「和經

驗的傳播與連結」兩項目標與作法，同時也加強對志願服務的倡導與推廣。而在作法上，可以採行對優秀志願服務楷模、典範的獎勵表揚，或是彰顯志願服務活動對社會的潛在貢獻。（內政部社會司編印）

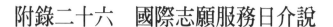

附錄二十六　國際志願服務日介說

　　聯合國大會於一九八五年正式宣布每年的十二月五日為國際志願服務日，並呼籲各國政府、民間，共同來慶祝志願服務工作的成效。目前全世界已有半數以上的國家都將這天訂為志願服務日。每當人間瀰漫著令人感傷及沮喪時擴展重視助人服務的訊息，自是值得欣慰。志願服務精神代表善意關懷、相互扶持及彼此鼓勵，它是人類進步、世界活絡的原動力。幫助四周的人是不同型態社會的文明傳統，他號召男女菁英締造令人感動的真善美事蹟，這些蘊涵關懷的意識、真誠的參與活動，有時甚至超越人的生命。

　　國際志願服務日是屬於獻身任何活動、任何國度內的志工所有。只要曾經貢獻過時間、才能、改善居住環境、做過慈善捐贈、協助病痛人們，或是提供技術支援的人，這個節日就是為你而有。

　　聯合國志願服務工作方案的推動是國際志願服務日的一項重點工作，經由方案邀約不同的參與國家，提供一些可以提昇資源的媒介，不問是你本人或是你的朋友、同事、部屬等，只要在生命過程中曾經幫助別人，就請結合他們在十二月五日來共同慶祝志工節，以便能進一步的提昇及宣傳志願服務工作，並藉之鼓勵其他人的加入，使得不計其數的其他人，在這一天都成為是在共同做志願服務的人。國際志願服務日可以採行的慶祝方式，如：

　　△從事各種不同助人利他的事。

　　△清潔環境。

　　△頒發志願工作人員成就獎。

　　△遊行宣導。

　　△體育活動。

　　△海報比賽。

　　△捐血液、器官。

　　△社區房舍美化。

　　△致贈醫院、學校禮品或慰問。

　　△舉辦研討會、辯論會。

　　△募款。

　　△發行郵票。

　　△以音樂、舞會、傳統民俗來慶祝。

　　又按我國志願服務的履踐自古有之，它不只涵詠實用，更要創新；隨

經社發展，其服務內容有物質扶助，也有精神關懷。是以爲彰顯愛人如己的崇高情操，爲號召熱心民眾貢獻有方向，服務具技巧，政府自民國七十一年即正式以創新方案，積極規劃倡導推展社會福利志願服務，透過理念宣導、啓迪，將服務融於生活中，從而樹立正確的服務意念；象徵榮譽之服務標誌、終生榮譽的服務證照、提昇士氣的服務歌曲、有形約束的服務法規草案、無形規範的服務守則、保障權益的服務保險、獎勵鼓勵的增進福祉，彼此貫連運作；在有組織體系下相互激勵，有制度推展中相得益彰，已蔚爲風氣。

政府爲弘揚志願服務，塑造服務文化，自民國七十五年起相繼訂有獎勵興辦社會福利專業及志願服務相關法規多種，藉以獎勵補助號召結合民間資源共同有計畫、有組織地闡揚志願服務，其服務領域、項目容有不同，而其服務理念、制度模式、策略取向、措施導引都能兼容並蓄，相互串聯成善的連鎖；以致力深度，開拓廣度，研究精度，使志願服務達成「人人可參與，處處可展開，時時生作用，物物可捐獻」的全面性，並與國際志願服務方案相呼應，更顯我國志願服務工作不只國情化，也具國際化。（內政部社會司編譯）

附錄二十七 「二○○一國際志工年標誌」 圖意說明

　　中間核心的圖案是由三個擬人化的「Ｖ」所組成，代表行動中的志工，圖案外圍則環繞以聯合國的桂冠葉標誌。圖案下方則飾以「2001國際志工年」之文字，標示出其意涵。

附錄二十八　「國際志願服務日標誌」圖意說明

　　聯合國定每年的十二月五日為國際志願服務日，並訂頒象徵志工榮譽的服務標誌，目的是鼓勵全球各地政府及團體，於當天共同嘉許及表揚志願服務工作人員對社會所作的貢獻，並藉此提醒社會人士積極支持及參與志願服務工作。

附錄二十九 「社會福利志願服務標誌」圖意說明

　　雙手自然組合，襯托出一顆關懷的心，象徵從事志願服務者，秉持內心助人意願為動力，可化為服務利他的行為。人只要願盡一己之力，就能造眾人之福，彼此串連起來，蔚為風氣，就可產生「助人最樂、服務最榮」的人生觀，也可引導我們的社會漸臻溫馨祥和之境。

附錄三十　「文化義工標誌」圖意說明

　　機構以人爲尊，最重人氣，故以人爲創作重點。標誌中間，是與外溝通的開放心胸，同時屬於此三者，代表眾人之間同心協力、服務社會的精神。整體造型是三角形，穩重厚實，固若金湯。

附錄三十一 「勞工志願服務標誌」圖意說明

　　以兩支扳手形成一顆赤誠的心，象徵勞工志願服務人員秉持關懷助人的熱忱，化為服務助人的動力。紅色代表喜悅、熱情、愉快，顯示勞工朋友透過志願服務之參與，奉獻愛心，服務社會，並可充實自己的精神生活內涵。

附錄三十二 「青年志工標誌」圖意說明

　　三個45度斜角環狀動態橢圓環是青輔會的會徽，象徵青少年充滿活力與自強不息的特色；三個向上箭頭及再形成兩個向下箭頭代表輔導的作用與青少年的回饋，顯示輔導過程互動與發展的特質；青色象徵青少年充滿朝氣與希望。青輔會志願服務宣導對象為年輕人，年輕人的特質就是擁有年輕的人。由英文字母中的Young的「Y」為主軸，象徵年輕的精神，也因為參與志工行列，藉由付出奉獻過程，將年輕的熱力盡情散發，因此年輕生命獲得肯定。

　　運用幾筆隨意揮灑的線條，象徵年輕人奔放的特質，以年輕的心從事這項工作，說明志工是年輕的志業，也在年輕的心中留下美麗的紀錄。

附錄三十三 「衛生保健志願服務標誌」圖意說明

　　以單純簡潔之律動構成主體，其中 H（Health－衛生保健）結合 V（Voluntary Service－志願服務），傳達衛生保健志工無私奉獻的精神，呈現出健康、快樂與無限希望的形象。以鮮明亮麗、對比的色彩，代表志工們熱忱奉獻、積極活力的精神，亦凸顯志工「無私、付出」的健康形象。

附錄三十四 「科學志工標誌」圖意說明

　　紫色與綠色構成「V」字形,係代表Volunteer(志工)的意思,中間白色的「S」型,乃代表Science(科學);鮮明、亮麗的顏色,象徵科學志工朝氣蓬勃,全速啟航。

附錄三十五　志願服務歌

F調 2/4
Allegretto

王公樸 作詞
李中和 作曲

```
5·6 54 | 345 | 1·7 12 | 3·  0 | 2·3 21 |
為了 理想 與信念.    我們在一起.    自動自發
```

```
7 12 0 | 3 3  2 | 1 6 | 5 —— | 5·  0 |
來服務.  歡天 又 喜 地.
```

```
5·6 54 | 321 | 1·2 17 | 6·  0 | 2·3 21 |
志願服務 是奉獻.   不求名和利.    施的受的
```

```
7 65 0 | 5 5  4 | 3·4 2 | 1 —— | 1·  0 |
都有福.  大家 皆 歡  喜!
```

```
{ 6·  6 | 6 4 | 5 5 5 3 | 4 4 4 2 | 3 3  2 |
{ 4·  4 | 4 2 | 3 3 3 1 | 2 2 2 7 | 1 1  7 |
  志  願  服 務  樂無比   樂無比   助人
```

```
{ 1 6 | 5 —— | 5·  0 | 4·  4 | 4 2 |
{ 6·  7 | 7 —— | 7·  0 | 2·  2 | 2 7 |
  又 榮  己.         予 的  取 的
```

```
{ 3 3 3 1 | 2 2 2 7 | 1 1  2 | 7·  6· | 5 — 5·0 |
{ 1 1 1 6 | 7 7 7 5 | 6 6  5 | #4   4  | 5 — 5·0 |
  皆 快 樂.  皆 快 樂.  人 人  可 參   與
```

```
1 1 1 5 | 3 3 3 1 | 5·6 54 | 345 | 1·7 12 |
志願服務.志願服務.人生服務 為目的.   確實有意
```

```
3·  0 | 4 4 4 2 | 3 3 3 1 | 2·3 21 | 7 65 0 |
義.    志願服務.志願服務.人生服務 為目的.
```

```
5 5  4 | 3·4 2 | 1 —— | 1 —— | 1 0 :||
確實  有 意  義。
```

(78080717)

參考文獻

中文部分

王永慈（民76），我國志願福利機構環境與角色之選擇，國立台灣大學社會學研究所碩士論文。

王順民（民83），自願性行動與社會，社區發展季刊，第65期。

王麗容（民81），婦女參與志願服務工作模式之研究，台北市政府社會局。

司徒達賢（民88），非營利組織的經營管理，台北市：天下遠見。

司徒達賢（民89），非營利組織經營管理研修粹要，台北市：洪建全基金會。

江明修（民85），台灣非營利組織之角色與困境，國立政治大學非營利組織研究室。

江明修主編（民88），第三部門經營策略與社會參與，台北市：智勝文化。

江明修主編（民91），非營利管理，台北市：智勝文化。

江亮演（民90），日本志願服務的現狀與特色，社區發展季刊，第93期。

江雪齡（民81），義工的辨識、招攬、訓練與保持，成人教育，第9期。

吳美慧、吳春勇、吳信賢（民84），義工制度的理論與實施，台北市：心理出版社。

李良哲（民89），非營利組織志願工作者離職相關因素之探討研究——以救國團義務張老師為例，中國文化大學兒童福利研

究所碩士論文。

李明憲（民90），網際網路在志願服務上之運用與展望，社區發展季刊，第93期。

李芳銘（民78），志願工作者對督導認知及其滿意程度之研究，東海大學社會工作研究所碩士論文。

李建興、王秋絨（民73），運用社會資源協助社區發展可行途徑之研究，中華民國社區發展研究訓練中心。

李淑君譯（民89），志工實務手冊，台北市：張老師文化。

李鍾元（民82），建立文化機構義工制度的研究，行政院文化建設委員會。

周海娟（民90），紐西蘭志願服務的發展與特色，社區發展季刊，第93期。

林宛瑩（民84），文化中心義工組織承諾及相關因素探討之研究，師範大學社會教育研究所碩士論文。

林東泰、林勝義（民86），青年對志願服務之看法民意調查報告，行政院青年輔導委員會。

林春助（民82），台灣地區民間機構參與社會福利服務之研究，國立中興大學公共政策研究所碩士論文。

林昭文（民81），散爲萬殊、集爲一體──推展志願服務的策略與措施，中華民國社區發展研究訓練中心。

林昭文（民82），志願服務人員的發掘與號召，社區發展季刊，第62期。

林美珠（民83），家庭主婦持續參與志願服務對家庭之影響，東海大學社會工作研究所碩士論文。

林勝義（民75），激勵理論在社會福利行政上之應用──兩因素工作滿足理論調查研究，台北市：楓城。

林勝義（民79），建立社教機構義工制度之研究，教育部社教

司。

林勝義（民83），如何塑造志願服務文化，社區發展季刊，第63期。

林勝義（民83），志願服務與社會教育，社區發展季刊，第67期。

林勝義（民83），國內志願服務的整體規劃——全國性義工調查綜析，社區發展季刊，第65期。

林勝義（民85），如何塑造志願服務文化，健全志願服務制度，迎向二十一世紀志願服務會議實錄，中華民國志願服務協會。

林勝義（民85），志願服務倫理，中華民國志願服務協會。

林勝義（民90），國內志願服務教育訓練之評鑑，社區發展季刊，第93期。

林勝義（民91），社會資源及志願服務，社會福利類志工特殊訓練教材，內政部、中華民國志願服務協會。

林勝義、萬育維（民86），提昇與持續——祥和計畫推展志願服務得獎縣市執行概況，社區發展季刊，第78期。

林萬億（民82），現行公務機關志（義）工人力運用情形之探討，行政院研究發展考核委員會。

林聯章（民91），快樂志工就是我，志願服務基礎訓練教材，內政部、中華民國志願服務協會。

施教裕（民90），各縣市志願服務業務評鑑之觀感，社區發展季刊，第93期。

施孅娟（民73），志願服務人員工作動機與工作滿足之研究，東海大學社會學研究所社會工作組碩士論文。

洪有義（民91），自我了解及自我肯定，志願服務基礎訓練教材，內政部、中華民國志願服務協會。

胡中鵬譯（民78），英國志願服務蓬勃發展的時期，社會福利月刊，第73期。

孫健忠（民77），民間參與社會福利的理念與方式，社區發展季刊，第42期。

秦燕（民77），台中榮民總醫院志願服務工作之評估研究，台中榮民總醫院社會工作室。

馬慧君（民85），志願服務工作者參與類型之初探——以埔里五個團體的志工爲例，國立暨南國際大學社會政策與社會工作研究所碩士論文。

高瑞明、楊震東（民83），高雄美術館義工行銷之研究，高雄市志願服務協會。

張文眞（民83），桃園市婦女的生活型態與參與體育場志工動機之研究，國立體育學院體育研究所碩士論文。

張英陣（民84），青少年社區服務芻議，社會福利季刊，第119期。

張英陣（民86），激勵措施與志願服務的持續，社區發展季刊，第78期。

張英陣（民90），志願服務運用單位之職責，中華志願工作人員協會。

張英陣（民91），志願服務法規之認識，志願服務基礎訓練教材，內政部、中華民國志願服務協會。

張德聰（民91），自我了解及自我肯定，志願服務基礎訓練教材，內政部、中華民國志願服務協會。

梅高文（民83），公民意識與志願服務，社區發展季刊，第65期。

許釧娟（民82），高雄市社會服務機構運用高齡志願服務人力之探討，東海大學社會工作研究所碩士論文。

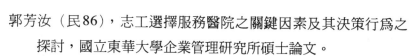
郭芳汝（民86），志工選擇服務醫院之關鍵因素及其決策行為之探討，國立東華大學企業管理研究所碩士論文。

郭靜晃（民90），香港志願服務現況與特色，社區發展季刊，第93期。

陳武宗（民72），台灣志願服務之發展現況與展望，東海大學社會工作學刊，第2期。

陳武宗（民85），如何激勵民眾參與，擴大志願服務範疇，迎向二十一世紀志願服務會議實錄，中華民國志願服務協會。

陳武雄（民72），以色列的志願服務，台北市政府社會局。

陳武雄（民76），志願服務應有的認識與做法，台北市志願服務協會。

陳武雄（民90），志願服務法之剖析，社區發展季刊，第93期。

陳武雄（民91），志願服務倫理，志願服務基礎訓練教材，中華民國志願服務協會。

陳武雄（民92），社會資源與志願服務，社會福利類志工特殊訓練教材，內政部、中華民國志願服務協會。

陳金貴（民83），美國非營利組織的人力資源管理，台北市：聯興圖書。

陳金貴（民90），志願服務工作的功能與推行，中華民國老人學友協會、台北大學社會工作學系。

陳金貴（民91），志願服務的內涵，志願服務基礎訓練教材，內政部、中華民國志願服務協會。

陳金貴（民91），退休公務人員參與志願服務之探討，人事月刊，第34卷4期。

陳義珊（民77），婦女志願工作者之研究，東海大學社會工作研究所碩士論文。

陳靜芬（民79），台北市民間組織參與社會福利之研究，中國文

化大學政治研究所碩士論文。

陸光（民83），我國志願服務推展之過去、現在及未來，社區發展季刊，第65期。

傅仲民（民80），志願服務在社會福利發展中的角色與功能，復興崗學報，第46期。

曾華源（民80），督導志願工作者的原則與技巧，台北市志願服務協會。

曾華源（民84），如何強化志願服務以促進社區發展，全國社區發展會議特刊，內政部社會司。

曾華源（民85），如何落實政策推展，研訂志願服務法規，迎向二十一世紀志願服務會議實錄，中華民國志願服務協會。

曾華源（民86），人群服務組織志願工作者人力運用規劃之研究，社區發展季刊，第78期。

曾華源（民90），對我國擴大參與志願服務途徑與設置志工中心之建議，社區發展季刊，第93期。

曾華源（民91），志願服務發展趨勢，志願服務基礎訓練教材，內政部、中華民國志願服務協會。

曾華源、郭靜晃（民89），地方志工中心可行性之研究，行政院青年輔導委員會。

曾華源、郭靜晃（民89），志工人力資源的整合與開拓，社區發展季刊，第89期。

曾華源、曾騰光（民92），志願服務概論，台北市：揚智文化。

曾華源、鄭讚源、陳政智（民87），志願服務工作發展趨勢——以祥和計畫志願服務之推廣為基礎，內政部社會司。

曾騰光（民83），大學生對志願工作特質的認知和參與意願之研究，東海學報，第35期。

曾騰光（民85），志願工作機構人力資源管理策略對志願工作者

組織承諾影響之研究——以救國團爲例，台北市：張老師文
化。

曾騰光（民90），我國志願服務潛在問題與應有的走向——兼論新
通過之志願服務法，社區發展季刊，第93期。

黃明慧（民76），志願服務機構組織環境與志願工作者工作滿足
之研究，東海大學社會工作研究所碩士論文。

黃春長（民73），志願工作者機構認同和工作滿足之研究，東海
大學社會學研究所社會工作組碩士論文。

黃淑杏（民85），從高雄榮總志工隊的運作來談社會工作員督導
志願服務之經驗，社會福利季刊，第124期。

黃淑霞（民78），台北市兒童福利機構志願工作者持續服務意願
相關因素之研究，中國文化大學兒童福利研究所碩士論文。

黃源協（民90），祥和計畫經費補助與績優表揚之成效與檢討，
社區發展季刊，第93期。

黃源協、許智玲（民86），福利服務民營化趨勢下的志願部門，
社區發展季刊，第80期。

黃蒂（民77），生命線志願工作人員工作價值與工作滿足之研
究，東海大學社會工作研究所碩士論文。

黃蒂（民89），志願服務工作者工作滿足之研究，台中榮民總醫
院社會工作室。

楊孝濚（民85），老人人力資源之規劃與老人人力銀行，社區發展
季刊，第74期。

楊淑玲（民85），台北市義勇消防大隊義工制度之研究，政治大
學公共行政研究所碩士論文。

萬育維（民85），如何激勵民眾參與，擴大志願服務範疇，迎向
二十一世紀志願服務會議實錄，中華民國志願服務協會。

萬育維（民85），志願服務與社會需求，中華民國志願服務協

會。

萬育維（民86），從資源整合和依存的觀點論祥和計畫的未來，
　　社區發展季刊，第78期。

葉肅科（民83），挪威福利國家：政府與志願團體的關係，社區
　　發展季刊，第65期。

葉肅科（民90），澳洲志願服務的發展與特色，社區發展季刊，
　　第93期

劉小菁譯（民90），助人工作者自助手冊——活力充沛的秘訣，台
　　北市：張老師文化。

劉弘煌（民85），老人志願工作之運用與社區發展，社區發展季
　　刊，第74期。

劉宗馨（民78），家庭主婦從事志願服務對自我概念的影響，東
　　海大學社會學研究所碩士論文。

劉明翠（民81），志願服務人員組織承諾相關因素之研究，東吳
　　大學社會學研究所碩士論文。

劉香梅（民84），如何加強志願服務以促進社區發展，全國社區
　　發展會議特刊，內政部社會司。

劉香梅（民85），如何落實政策發展，研訂志願服務法規，迎向
　　二十一世紀志願服務會議實錄，中華民國志願服務協會。

劉香梅（民86），推展志願服務的困境與展望，社區發展季刊，
　　第78期。

劉香梅（民89），如何使用志願服務組織來彌補政府之不足，台
　　灣志願服務的現況與發展研討會論文集，慈濟醫學暨人文社
　　會學院。

劉香梅（民90），志願服務的誘因與倫理，落實志願服務法研討
　　會議實錄，中華志願工作人員協會。

劉香梅（民90），志願服務獎勵表揚之我見，社區發展季刊，第

93期。

劉香梅（民91），快樂志工就是我，志願服務基礎訓練教材，內
　　政部、中華民國志願服務協會。

潘中道（民86），志願服務人力的組織運作，社區發展季刊，第
　　78期。

蔡宜津、鄭純宜、桂雅文譯（民89），幫幫忙，義工管理求救指
　　南，台北市：五觀藝術管理。

蔡美華（民90），韓國青少年志願服務之現況與特色，社區發展
　　季刊，第93期。

蔡崇振（民84），推展老人參與社會服務之策略，台灣省社區發
　　展研究學會。

蔡漢賢主編（民69），志願服務的理論與實務，中華民國社區發
　　展研究訓練中心。

蔡漢賢主編（民73），志願服務工作手冊，台北市政府社會局、
　　台北市志願服務協會。

蔡漢賢主編（民75），大學生志願服務論見選輯，中華民國社區
　　發展研究訓練中心。

蔡漢賢（民79），志願服務的涵義由來範疇與原則，社會建設，
　　第74期。

蔡漢賢主編（民79），志願服務論見彙編，內政部社會司。

蔡漢賢（民81），志願服務政策應有的內涵——建立服務倫理之我
　　見，中華民國社區發展研究訓練中心。

蔡漢賢主編（民90），關心兒童的志願服務——及人之幼的再開
　　拓，中華社會行政學會。

鄭讚源（民85），如何整合民間資源，建立志願服務網絡，迎向
　　二十一世紀志願服務會議實錄，中華民國志願服務協會。

蕭秀玲（民83），志願人員對社區服務工作之認知及滿足感之研

究，東吳大學社會學研究所碩士論文。

賴兩陽（民78），志願服務工作的社會教育功能，社區發展季刊，第47期。

賴兩陽（民91），志願服務的內涵，志願服務基礎訓練教材，內政部、中華民國志願服務協會。

賴樹立（民89），青年參與志願服務，原生雜誌、社福天地10期。

龍季萱（民86），從實務經驗談志工督導的任務與角色，社會福利，第33期。

謝文亮（民90），志工教育訓練與工作投入關係之研究，中山大學人力資源研究所碩士論文。

謝秀芬（民81），實驗社區婦女參與志願服務之研究，中華民國社區發展研究訓練中心。

簡秀昭（民86），公部門志願服務工作者管理之研究，政治大學公共行政研究所碩士論文。

魏希聖譯（民90），志工招募實戰手冊，台北市：張老師文化。

嚴幸文（民82），醫院志願服務人員人格特質工作滿意度之研究，東海大學社會工作研究所碩士論文。

蘇信如（民73），兩性的平等與人力的開發——談現代家庭主婦與志願服務，社區發展季刊，第28期。

蘇信如（民74），志願服務組織運作之研究，台灣大學社會研究所碩士論文。

英文部分

Barkman, S. J. (1990). Job Aids for Volunteers: Tools to Help Them Successful Compete Their Jobs. The Journal of Volunteer Administration.

Billis, D. & Harris, M. (1869). Voluntary Agencies: Challenges of Organization and Management. London: Macmillan Press Ltd.

Billis, D. (1989). A Theory of Voluntary Sector: Implications for Policy and Practice. London: London School of Economics.

Bohldner, G., Shell, S., & Sherman, A. (2001). Managing Human Resources. Ohio: South-Western College Publishing.

Chambre, S. M. (1993). Volunteerism by Elder: Past Treads and Future Prospects. The Gerentologists.

Curtis, K. M. & Fisher, J. C. (1989). Valuing Volunteers: A Naturalistic Approach. The Journal of Volunteer Administration.

Dunn, P. C. (1995). Volunteer Management in Encyclopedia of Social Work (19th).

John Wiley & Sons, Inc. (1995). The Volunteer Management Handbook.

Keaveney, S. M., Saltzman, M. & Sallivan, N. (1991). Volunteers as Customers: A Service Quality Perspective. The Journal of Volunteer Administration.

Kuhnle, S. & Selle, P. (1992). Government and Voluntary Organizations: A Relational Perspective. USA: Alvebury.

Lafrance, J. (1996). Social Work and Volunteers: A Case of Shifting Paradigms. The Journal of Volunteer Administration.

Lucas, C. P. (1996). Management is not Always the Right Work. The Journal of Volunteer Administration.

Mihalicz, D. W. & Goh, S. C. (1996). The Relationship between Motivations and Behavior in Non-profit Organizations. The Journal of Volunteer Administration.

Morris, R. & Caro, F. G. (1996). Productive Retirement: Stimulating

Greater Volunteer Efforts to Meet National Needs. The Journal of Volunteer Administration.

Netting, F. E. (1987). Ethical Issues in Volunteer Management and Accountability. Social Work.

Newton, I. A. (1995). A Study of Attitudes and Perceptions of Volunteers in Nonprofit Organizations. The Journal of Volunteer Administration, 13(2).

Rayn, C. (1990). Do We Volunteer? An Exploratory University Community Service Survey. The Journal of Volunteer Administration.

Sauer, J. (1991). Volunteerism by Students at Risk. The Journal of Volunteer Administration.

Schmidt, S. (1993). Have You Ever Considered Alternative Ways to Build a Volunteer Project. The Journal of Volunteer Administration.

Stone, J. M. (1982). How to Volunteer in Social Service Agencies. Illinois: Charles C. Thomas Publisher.

Straka, K. (1991). Corporate Volunteers. The Journal of Volunteer Administration.

Unger, J. L. (1992). The Impact of a Restructuring on Volunteers. The Journal of Volunteer Administration.

志願服務理念與實務　　　　　社工叢書 22

著　　　者／陳武雄

出 版 者／揚智文化事業股份有限公司

發 行 人／葉忠賢

總 編 輯／閻富萍

執行編輯／范湘渝

登 記 證／局版北市業字第 1117 號

地　　　址／新北市深坑區北深路三段 260 號 8 樓

電　　　話／(02)8662-6826

傳　　　真／(02)2664-7633

E - m a i l ／service@ycrc.com.tw

網　　　址／http://www.ycrc.com.tw

印　　　刷／偉勵彩色印刷股份有限公司

法律顧問／北辰著作權事務所　蕭雄淋律師

初版一刷／2004 年 1 月

初版四刷／2012 年 8 月

定　　　價／新台幣 450 元

ＩＳＢＮ／957-818-577-4

國家圖書館出版品預行編目資料

志願服務理念與實務 / 陳武雄著. -- 初版. -- 台
北市：揚智文化, 2004[民 93]
　　面；　公分. -- （社工叢書；22）

ISBN　957-818-577-4（平裝）

1. 志願服務

547.16　　　　　　　　　　　　　　92019226